통일을 준비하는 사람들

통일을 준비하는 사람들

(통일된 땅에서 더불어 사는 연습–2)

또 하나의 문화 통일 소모임

도서출판
또 하나의 문화

책을 펴내며

1990년대에 들어서면서 남북 당국간에는 교류 협력에 관한 기본 합의서가 체결되었고 남쪽 내에서는 통일 논의가 매우 활발해졌다. 이에 따라 통일의 당위성에 대해서 동의하는 이들이 많아졌으나 막연할 뿐 구체적으로 왜 통일을 해야 하는지에 대해서는 의구심을 갖는 사람들이 줄지 않고 있다. 오히려 통일의 당위성 자체에 대해서 부정적인 목소리가 나오기 시작했다. 이를 테면 통일 거부 내지 연기론들이 그것인데, 그 이유와 논거는 다양하다.

해방 이후 남쪽 사회가 많은 우여곡절을 겪기는 했지만 분단 상태에서도 '잘살게' 되었고, 더욱이 최근에는 꿈에 그리던 금강산 여행이 실현되었을 뿐 아니라 조만간 백두산 관광의 길도 열릴 것이라는 기대를 하고 있는 마당에 굳이 통일을 할 필요가 있겠느냐는 단순한 반론부터 시작해서, 통일이 현실적으로 복잡한 과정을 요할 뿐만 아니라 가까운 장래에 이상적인 통일을 기대하는 것이 어렵다는 판단하에 평화적 분단 관리라는 절충안에 이르기까지 통일에 대한 부정적이고 소극적인 입장은 훨씬 더 다양해졌다.

이러한 현상은 통일을 민족의 염원으로 정의하고 이에 국민 전체가 합의를

이루었다고 하는 가정이 더 이상 진실이 아니라는 자각이며, 동시에 이제야
비로소 무엇에도 억압받지 않고 자유로운 토론의 장이 열리고 있음을 알리
는 신호로서 통일 담론이 일보 발전한 모습이라고도 볼 수 있다.

통일에 관한 논의는 전반적으로 90년대 후반, 특히 김대중 대통령의 '햇볕
정책' 이후에는 그 폭과 열기가 줄어든 감이 없지 않다. 한때 통일 운동을
한다던 사회 단체들의 활동도 이즈음에는 두드러지게 나타나는 것이 없다.
분단의 상황에서 근본적으로 진전된 것이 없는데도 말이다. 이런 변화들이
무엇을 의미하는가는 우리가 한번 짚어볼 만한 일이다.

그러나 통일 논의와 통일 운동이 왜 과거에 비해 저조해졌는가를 분석하는
것이 이 책의 주목적은 아니다. 우리가 주목하는 것은 통일 운동의 성격 변화
이다. 과거 80년대까지의 통일 운동은 군사 정권에 대한 반정부적 사회 운동
과 맥을 같이 하였다. 정치 중심의 쟁점을 가지고 소수의 이론적 지도자 중심
으로 전개되었던 저항 운동이 이제는 상당히 다변화되어 일반인들의 생활
속으로 확산되고 있으며, 그 쟁점 또한 사회 문화적 차원에 이르기까지 매우
다양해지고 있다.

실제로 우리는 통일과 관련하여 변화된 환경 속에서 '조용히' 통일을 준비
하는 여러 개인과 집단을 만날 수 있었다. 그리고 이 책에 그들의 활동을
소개하였다. 이들은 공식 석상에서 통일 정책을 토론하는 정치가도 아니고
이윤을 창출하기 위하여 대북 투자에 고심하고 있는 기업가도 아니다. 아무
런 이해 관계 없이 통일을 만들어 가기 위해, 또 통일될 미래를 준비하기
위하여 각자 자신의 자리에서 작지만 의미 있는 실천들을 펴나가고 있는 일
반 시민과 단체들이다. 그들의 생각과 현재 활동, 앞으로의 계획을 담은 2부
의 내용이 바로 이 책의 핵심이다.

1부와 3부는 이 책을 준비한 사람들이 지닌 통일에 대한 생각을 정리한

부분이다. 1부에서는 우리가 왜 아직도 통일이라는 단어에 집착하는지, 그리고 어떤 통일을 염두에 두고 있는지를 정리하였고, 3부에서는 남쪽 사회 내에서 통일 문제를 둘러싸고 전개되고 있는 논의들 중에서 이미 많은 사람들이 공감하고 있는 몇 가지 주장들의 문제점을 짚어보았다. 이렇게 함으로써 통일 관련 논의가 지금보다 더욱더 활성화되고, 더욱이 지금까지 주류 담론으로 전개돼온 구조나 체제 중심의 정태적 통일 논의보다는 행위자 중심의 역동적 통일 논의, 그리고 결과 지향적 논의보다는 과정 지향적 논의들이 활성화된다면, 이 책의 목적은 어느 정도 달성되었다고 본다.

「또 하나의 문화」 통일 소모임이 이 책을 펴내는 데는 실로 오랜 시간이 걸렸다. 1996년에 『통일된 땅에서 더불어 사는 연습』을 출판하고 바로 그 다음해인 1997년 여름부터 새로운 통일 소모임을 구성하고 후속을 준비해 왔으니 족히 2년은 걸린 셈이다. 한반도를 둘러싸고 발빠르게 변화하는 정치적 환경 탓에 내용을 여러 번 수정한 이유도 있지만, 그보다는 앞서 밝힌 대로 이 책의 핵심인 '통일을 준비하는 사람들'을 찾고 만나는 데에 많은 시간을 들였다. 그것은 곧 통일 정치를 실천하는 개인 혹은 단체들이 아직 많지 않다는 사실의 반증이기도 하다.

2년 동안 준비한 책이라고는 하나 여전히 부족한 점이 많음을 고백하지 않을 수 없다. 『통일을 준비하는 사람들』에 기꺼이 원고를 보내 주시고 인터뷰에 응해 주신 모든 분들께 누가 되지 않았으면 하는 바람이 간절하다. 그리고 이 책 역시 앞서 펴낸 『통일된 땅에서 더불어 사는 연습』처럼 남과 북의 사람들이 함께 읽고 통일을 준비하고 연습하는 데 도움이 되었으면 하는 바람을 가지고 있다. 그래서 우리는 '북한'이 아니라 '북조선'이라 부르는 연습을 계속하기로 하였다.(인용문이나 행사명 등에서 사용된 '북한'이란 말은 그대로 두었다.) 북에서도 우리를 가리켜 '남조선'이란 말을 고집하지 않고 '남한'으로

부르는 연습을 시작하기를 기대하면서.

이 책을 준비한 통일 소모임 구성원은 모두 일곱 명으로, 조형(이화여대 사회학과 교수), 김현옥(아태평화재단 연구위원), 김은미(이화여대 사회학과 박사과정), 마경희(이화여대 사회학과 박사과정), 김현경(연세대 사회학과 석사과정), 임수연(이화여대 사회학과 석사과정), 이은희(크리스챤 아카데미 간사)이다. 우리는 이 책에서 발견되는 모든 문제들에 공동의 책임을 나누고, 앞으로도 통일된 땅에서 더불어 사는 연습을 하기 위한 다양한 방법들을 모색해 나갈 것이다.

이 책이 나오기까지 오래 인내하며 큰 도움을 주신 도서출판 또 하나의 문화 유승희 사장, 안희옥 선생님께 감사드린다. 그리고 서투른 우리가 미처 만나지 못한, 통일을 준비하는 사람들과 단체의 관계자들께 응원과 격려를 보내고 싶다.

1999년 9월

통일을 준비하는 사람들

차례

3부 통일을 둘러싼 몇 가지 쟁점들

하나와 하나 · 하나와 다른 여럿이 · 또 다른 하나가 되는 것

1부 | 분단 정치에서 통일 정치로

남과 북에 사는 사람들은 누구나 매일 분단을 체험하고 있다.
우리들의 삶이 분단이라는 환경 속에서 이루어지고 있기
때문이다. 일상 생활에서는 구체적으로 분단 현실을
의식하지 않고 지나치는 경우도 많지만, 무장 간첩 침투
사건을 비롯한 북의 도발 위협과 남쪽에 주둔하고 있는
미군의 존재와 한미 합동 군사 훈련이, 남과 북에 사는
사람들에게 이 땅에서 전쟁의 위험이 아직도 사라지지 않고
있음을 상기시키고 있다.
일상적 삶의 환경으로서의 분단은 여기서 그치지 않는다.
남과 북의 정치, 경제, 사회, 문화 등 다양한 영역의 깊은
곳에까지도 분단이 각인되어 있다.
　분단은 단지 삶의 환경으로서만 존재하는 것이 아니라,
그 환경 속에서 살아가는 사람들의 생각과 행동으로까지
이어진다. 우리는 개인과 집단, 정부 등 사회 행위자들이
분단 현실에 영향을 받고 그것을 기정 사실화하는 방식으로
행하는 사고와 행동 양태들을 총칭하여 '분단 정치'라고
부른다. 분단 정치는 더욱 역동적으로 분단을 체험하게 할 뿐
아니라, 결과적으로 분단의 체제를 지속시키는 기제가 된다.
우리가 의식적, 무의식적으로 행하는 분단 정치는 의도하든
않든 간에 분단의 체제적 공고화에 기여하기 때문이다.
그러므로 통일된 한반도에 평화적 공동체를 이루기 위해서는
분단 정치를 지양하고 그것을 통일 정치로 전환시켜야 한다.

일러스트 정원일

1부의 중심 주제는 분단 정치와 통일
정치이다. 분단 정치는 분단 체제를
존속시키는 일체의 사고와 행위를, 통일
정치는 통합적 체제를 지향하는 행동이자
통일의 과정을 의미한다.
　독일, 예멘, 베트남 등 앞서 통일을 이룬
국가들의 경험에 비추어 볼 때, 한쪽에 의한
흡수 통일은 엄청난 후유증을 그 대가로
치러야 한다는 사실이 명백해졌다.
섣불리 통일에 접근하는 것이 얼마나
위험한가를 증명해 준 셈이다.
　그렇다면 통일은 왜 해야 하는 것일까?
그리고 우리는 어떤 통일을 이룰 것인가?
　먼저 통일이 되어야 하는 이유를
간단하고도 쉽게 설명하는 방식은
두 가지이다.
한 가지는 "통일이 되면 무엇 무엇이
좋아지기 때문에…", 또 한 가지는
"분단 체제에서는 무엇 무엇이 나쁘기
때문에…"이다. 「분단의 체제화와 그 결과」
에서는 후자의 방식을 택하여, 분단의
체제적 문제, 즉 극복되어야 할 과제가
무엇인지를 설명하고, 「우리가 그리는
통일 사회」에서는 전자의 방식을 택하여
통일이 가져올 미래에 대한 현실적인
전망을 정리해 본다. 그리고 「통일과 통합
체제」에서는 우리가 기대하는 통일 사회의
형태를 '통합 체제'로 명명하고 이에 대해
설명한 다음, 「통일 정치의 실천」에서
통일에 이르는 방법에 관한 논의로서
통일 정치의 일상적 실천을 제안한다.

일러스트 이경희

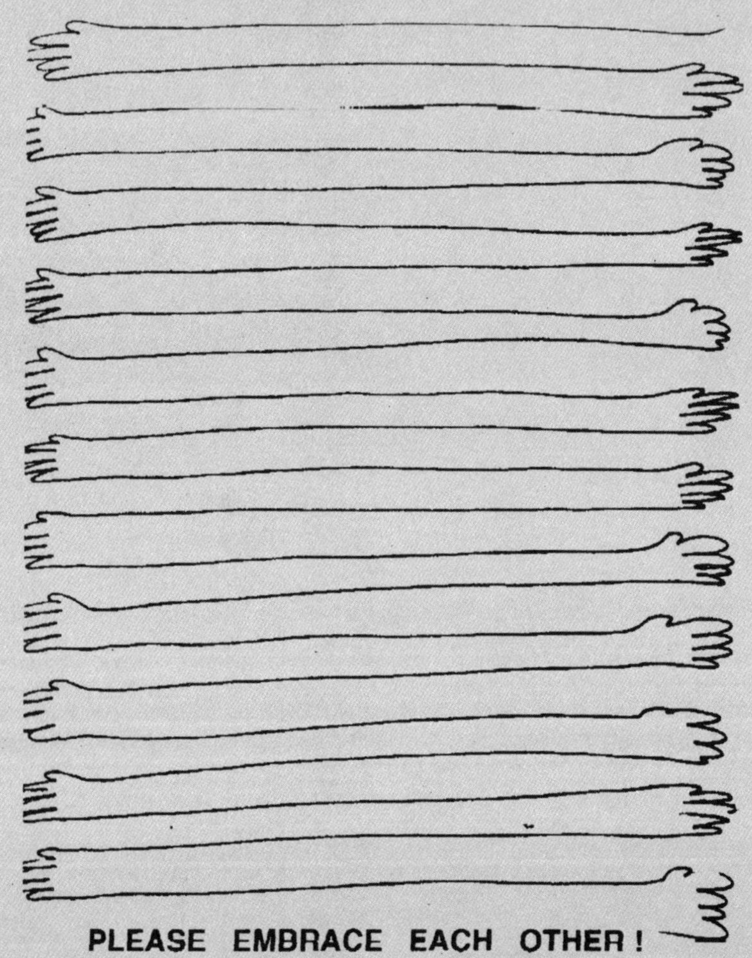

PLEASE EMBRACE EACH OTHER !

분단의 체제화와 그 결과

현재에 이르기까지 남과 북의 사회와 그 속에서의 삶을 왜곡시켜 온 원인을 분단으로 환원하는 것은 무리가 있다. 그러나 여러 요인들의 상당 부분은 분단이 그 원인으로 작용하였음을 부인할 수 없다. 이때 분단은 단순히 영토의 차원에 국한된 것이 아니라 정치, 경제 등 제도적 측면과 함께 사상, 문화 등 일상 생활의 측면까지를 총체적으로 재단한 '체제적 속성'을 갖는다. 따라서 자본주의와 사회주의, 남과 북이라는 직접적 대결 구도가 양산해 낸 가시적인 현상뿐만 아니라 그것이 야기한 간접적이고 더욱 내밀한 양상들을 주목해야 한다. 분단이 이렇게 체제적 속성을 갖는 것이라면 분단 극복으로서의 통일 역시 단순한 영토의 통일이 아니라 우리의 삶 전체를 새롭게 변화시키는 역사적 과정이 될 것이다.

1. 분단 현실을 재생산하는 분단 정치와 분단 체제

남과 북이 각각 자본주의와 사회주의라는 대립되는 이념적 기반 위에 외형상 독립적인 두 개의 국가 사회를 건설하였지만, 한반도에는 지난 반세기 동안 각 사회의 현실과 양 사회간의 관계를 강제하는 근본적인 규정력을 지닌 하나의 체제가 형성되어 왔다. 따라서 한편으로는 남과 북의 국가 사회 체제가 완결성을 갖추지 못한 채 각기 불완전하고 파행적으로 진행되고 있으며, 다른 한편으로는 대결 상태에서도 "양자가 교묘하게 얽혀서 분단 현실을 재생산해 내는" 적대적 공생 관계에 놓여 있다.[1]

또한 분단은 영토, 정치, 군사 부문뿐만 아니라 사회, 문화 부문에도 영향력을 미치고 있다. 결국 분단 체제란 한반도의 영토가 분단된 이후 남과 북이 서로 군사적으로 적대하는 상황 속에서, 각 사회 내부에서 그리고 상호 관계에서 정치, 경제, 사회, 문화적 갈등과 대립, 왜곡과 굴절 현상이 재생산되는 체제를 의미한다. 그렇다면 분단 체제는 어떻게 형성, 발전되었을까? 그리고 어떠한 문제들을 수반하고 있는 것일까?

1) 분단에서 분단 체제로

1945년 이후 현재에 이르기까지 한반도의 역사는 분단의 체제화의 역사이

---

[1] '분단 체제'라는 개념은 백낙청이 창시한 것으로, 이에 관심을 가진 많은 후진들의 논의로 이어졌다. 이 글은 한반도의 분단 상황이 우리들의 삶과 사회 구조를 체질화해 왔고 분단 정치라는 행동 과정을 내면화함으로써 분단된 양 체제의 지속적 재생산이 결과되었다는 점에 주목하면서 분단 체제 개념을 유연하게 사용한다. 분단 체제론에 관한 더 상세한 내용은 백낙청, 『흔들리는 분단 체제』, 창작과 비평사, 1998을 참조하기 바란다.

며, 그것은 남과 북의 양 주체와 주변 강국들이 관여한 분단 정치의 결과물이다.

한반도 분단의 당초 계기는 1945년 패전국 일본의 처리 과정에서 미군과 소련군의 주둔을 위해 '편의상' 만들어진 군사 분계선에서 비롯되었다. 그러나 독립 운동 진영이 분열됨에 따라 국내 정치 상황이 매우 혼란스러워졌으며, 세계 냉전 체제를 주도해 온 미국과 소련이 한반도를 분할 점령함에 따라, 38선은 한반도의 운명을 결정하는 중대한 역사적 분계선이 되었다. 결국 미군이 점령하고 있던 한반도 남쪽에서는 이승만을 중심으로 한 친미 세력이, 소련이 점령하고 있던 북쪽에서는 김일성을 중심으로 한 친소 공산 세력이 각각 1948년 8월 15일과 9월 9일에 단독 정부를 수립하였다. 정치적 이념과 외부 지원 세력을 달리하는 남과 북의 단독 정부 수립은 국가적 분단을 의미했고 이는 분단 체제화의 시작을 알리는 신호탄이었다.

그런데도 많은 사람들에게 분단은 기정 사실로 받아들여지지 않았으며, 한국 전쟁이 발발하기까지는 남과 북의 인적, 물적 교류가 여전히 지속되었다. 38선을 중심으로 영토를 가르는 물리적 분단과 국가적 분단은 있었으나 남과 북의 일반 주민들에게는 실질적인 의미의 분단은 성립되지 않았던 것이다.

다른 한편, 남북의 정부는 각기 외부 세력의 지원을 받는 법과 제도를 갖추어 나가면서도 통일을 최고의 과제로 삼고 있었다. 그러나 남북의 정치권은 서로를 인정하지 않는 적대감을 갖고 있었고 미국과 소련 등 외부 세력들이 이를 더욱 자극함으로써 대화와 타협에 의한 통일은 처음부터 불가능했다.

양측은 각기 한반도 유일의 민족적, 국가적 정통성을 이어받았다고 주장하면서 상대방을 흡수 통일하려 했고 이것은 결국 한국 전쟁의 형태로 나타나게 되었다. 동족간의 전쟁은 남북간의 적대감과 이데올로기 대립을 심화시켜 이후에는 상호 공식적인 교류와 대화가 모두 단절되었다. 분단 정치의 가장 극단적인 형태로 나타난 전쟁 이후 감정적인 민족의 분단이 이루어지고, 이로써 분단의 형식적 완결이 이루어졌다.

전쟁을 치른 뒤, 남과 북은 상대에 대한 적대적 경쟁 의식 속에서 각자의 체제를 구축하고 독자적인 사회로 자리잡을 수 있는 제도적 장치를 마련해 나가기 시작하였다. 본격적으로 분단 정치가 정당화되고 활성화되기 시작한 것이다.

먼저 정치적 측면에서는 각 사회 내부의 분파들을 제거하고 체제를 정당화할 이념적 기반을 공고히 하였다. 남쪽에서는 조봉암을 비롯한 진보적 인사들의 제거, 인혁당 사건(1964), 통혁당 사건(1968) 등을 통해 반정부적인 내부 비판 세력 탄압, 북에서는 남로당을 포함한 일련의 숙청 작업이 단행되었다. 이러한 과정을 거쳐 남에서는 이승만 정권 이후 군사 정권이 독재 권력의 기반을 마련하였고 북에서는 김일성 단일 지도 체계가 확립되었다. 이념적으로 "반공을 국시의 제일의(第一義)"로 삼고 등장한 박정희 군사 정부는 반공법 제정(1961), 중앙정보부 설치(1961) 등을 통하여 반공 이데올로기를 제도화하였고, 북조선에서는 60년대 초반부터 사상·교양 학습 체계를 본격적으로 가동하여 유일 지배 체제의 기반을 마련하였다.

양측은 경제적 측면에서도 서로 다른 근대적 산업화의 길을 택했는데, 남에서는 성장 위주의 경쟁적 산업화가, 북에서는 국유화와 협업화가 추진되기 시작하였다. 하지만 이 과정에서 남쪽의 자본주의 체제와 북쪽의 사회주의 체제는 각기 불완전하고 특수한 형태로 구축되기 시작했다. 남쪽의 자본주의 체제는 시장의 자유 경쟁 원리에 기반하지 않고 재벌 중심 및 수출 지상주의 등 국가 주도의 급속한 경제 성장 정책에 입각한 것이었다. 이에 따라 중소 자본은 억제되거나 소멸되었고, 내수 기반은 부실하여 외국 시장 진출에 의존할 수밖에 없었다. 북쪽의 사회주의 체제 또한 마찬가지다. 집단적 생산과 소유를 통하여 생산력 향상을 목표로 두기보다는 가부장적이고 1인 독재적이며 소수의 권력층에 부가 편중되는 극도의 권위주의적 경제 운용이 이루어졌다. 이로써 점차 생산 의욕과 생산력은 저하되었다.

또한 남과 북의 정권은 국민들로 하여금 전쟁의 상처를 상대에 대한 적대 감으로 대체시켜 자신의 정권 안정에 이용하였다. 국민들은 분단 의식을 내면화하여, 이제 분단은 영토적 의미를 넘어 제도적이고 심리적인 성격을 띠게 된다. 더욱이 분단 상황 자체가 국내 정치에 교묘히 활용됨으로써 분단 정치는 이제 정부 차원을 넘어 일반화·일상화되게 된다.

한편 1970년대에 들어서면서, 국제 정세는 변화하여 냉전 체제가 '데탕트' 분위기로 전환되었다. 그러나 남과 북은 여전히 적대적인 대결 관계를 지속시켜 나갔다. 남쪽은 7.4 남북 공동 성명이 발표되던 해 12월 27일 유신 헌법을 공포하여 유신 독재 체제를, 북쪽 역시 같은 날 최고 인민 회의 제5기 1차 회의를 통해 '조선 민주주의 인민 공화국 사회주의 헌법'을 제정함으로써 유일 지도 체제를 확립하여 각각 독자적 체제로서의 제도를 완성하였다. 1980년대로 접어들면서 남쪽에는 12.12 군사 쿠데타를 통해 새로운 군부 정권이 들어섰고 1980년 10월 27일 제5공화국 헌법을 공포하였다. 북은 1980년 10월 10일부터 14일까지 진행된 북조선 노동당 제6차 대회에서 김정일의 후계자 지위 계승을 공식화하고 후계 체제 확립을 1980년대의 중요한 과업으로 제시하였다.

이러한 가운데 양 사회에서의 경제적 파행은 계속되었고 사회·문화적 경직성과 획일성도 더욱 강화되었다. 정치, 경제, 사회, 문화 전반에 걸쳐 상호 대립적인 평행선을 달리던 남과 북에서는 기득권 세력이 그 권력을 유지하기 위하여 적대적 관계를 활용하는 일도 계속되었다. 이른바 1997년 말 대통령 선거에서 불거진 북풍 사건이 이러한 상황을 입증하는 좋은 사례이다. 시간이 지날수록 남북간의 위험한 공생 관계는 더 이상 위험하지 않은 안정적 상태로 변화하게 되었고 분단 체제는 한층 더 강화되었다.

2) 흔들리면서도 지속되는 분단 체제

1980년대 중반 미하일 고르바초프 소련 공산당 서기장이 페레스트로이카 정책을 표방하면서 세계 냉전 체제는 변화의 조짐을 보이기 시작했다. 1980년대 후반에 동유럽이 시장 경제 체제로 전환하고 소비에트 연방이 해체되면서 사실상 사회주의 진영이 몰락하였고, 세계는 탈냉전 체제로 전환되기 시작하였다.

이렇듯 국제 정세의 급격한 변화에 더하여 1990년대 이후 남과 북의 악화된 경제 상황은 분단 체제에 일단의 동요를 불러일으키고 있다. 지금까지 분단 체제를 지탱해 왔던 요소들이 일종의 위기를 맞게 된 것이다.

먼저 외교 관계가 다변화되고 있는데, 남쪽은 이미 1980년대 말에 그 동안 적대 국가로 규정하였던 소련, 중국과 공식 외교를 수립하였다. 북쪽 또한 세계 사회주의권의 몰락으로 강력한 지원 세력이 퇴조하고 경제난과 식량난이 가속화됨에 따라 이를 해결하기 위하여 미국, 일본과 관계 개선을 시도하고 있다.

둘째로 그 동안 북에 대한 상대적 우위의 경제력을 내세워 정권의 정당성을 호소해 왔던 남쪽 정부가 1997년 말에 IMF 구제 금융 관리 체제로 들어가는 등 심각한 경제 위기에 직면하게 되었다. 북의 경우도 1990년대 중반부터 연이은 자연 재해 등으로 인하여 대규모 식량난이 발생함에 따라 남쪽과의 경쟁은 생각조차 할 수 없는 상황에 놓여 있다. 남북이 공동으로 직면한 경제 위기는 더 이상 분단 체제하의 적대적인 정치 경제적 경쟁이 어느 쪽에도 건강한 경제 체제를 이루는 데에 도움이 되지 않는다는 것을 알리는 경종으로 보이며, 양측의 협력을 어느 때보다도 절실하게 요구하고 있다.

셋째로 세계화의 추세가 남북 주민들에게 일정한 영향을 미칠 수 있다는 점이다. 방송을 비롯한 각종 통신 매체의 발달과 대중적 이용은 지금까지 정부에게만 독점되어 있던 많은 정보들에 제한적이나마 주민들이 접근할 수 있는 기회를 제공해 줄 수 있을 것이다.

한반도를 둘러싼 이들 분단 체제 동요의 요인들은 언뜻 보아 통일을 위한 전제 조건들을 마련해 주고 있는 듯하다. 하지만 분단은 이러한 외적 조건에도 불구하고 그 내적 속성으로 인하여 그리 쉽게 무너질 것 같지는 않다. 분단이 체제적으로 심화되고 체질화되어 있는 상황에서 아직도 계속되는 분단 정치의 양상들은 이를 충분히 짐작할 수 있게 한다.

최근의 예를 들어보자면, 남쪽의 김대중 정부는 과거와 달리 '햇볕론'으로 지칭되는 유연한 대북 포용 정책을 추진하고 있으나, 내부의 냉전적 보수주의 여론은 이것이 결과적으로는 북쪽을 강화시키게 될 것이라고 심각한 우려를 표시하고 있다. 따라서 김대중 정부는 내부의 보수적 여론을 향해서는 이 정책이 국방과 안보를 약화시켜 북쪽을 강화하는 것이 아니라고 설득하는 한편 북쪽 당국에는 민족의 화해와 협력을 위한 정책적 의지로서 북을 절대로 약화시키지 않을 것이라고 해명하고 있다. 이와 같이 '이중적 언술'2) 을 통한 대응은 곧 분단 체제를 해체하기가 얼마나 어려운가를 단적으로 입증하는 것이다.

북쪽 또한 이 정책에 대하여 신뢰감을 보이는 대신 오히려 강도 높게 비판

---

2) 더 자세한 논의는 이종석, 『분단 시대의 통일학』, 한울, 1998을 참조하기 바람.

하고 있어 양측의 신경전은 누그러지지 않고 있다. 북쪽이 이 정책을 신뢰하지 못하는 이유는, 남쪽의 '햇볕론'이 바람보다는 햇볕이 나그네의 옷을 벗기게 된다는 이솝우화에 바탕한 것으로, 남쪽 정부가 결과적으로는 북쪽을 붕괴시켜 흡수 통일하겠다는 의도를 갖고 있다고 생각하기 때문이다.

동해에서는 금강산 관광객을 태운 유람선이 운항되고 서해에서는 해상 군사 분계선을 둘러싼 교전과 갈등이 진행되는 비정상적인 남북 관계가 연출되고 있다. 남과 북은 어느 쪽도 상대방에 대한 분단 정치적 행태를 거두지 않고 있는 것이다.

2. 분단 정치와 분단 체제가 야기한 문제들

앞에서 살펴보았듯이 분단의 체제화는 우리의 근·현대사를 반영하는 대표적 상징이다. 남과 북은 서로를 적대 세력으로 규정함으로써 내적 결속력을 강화시켰다. 이 내적 단결은 남과 북에서 똑같이 때로는 서로에 대한 적개심을 직접적으로 부각시킴으로써, 또 때로는 상대를 압도하기 위한 방편으로 내건 '총화 단결'이라는 이념적 구호를 통해 산출되기도 하였다. '주체' 사회주의 체제를 구축하고 오늘날 어려운 경제적 여건하에서도 단합된 외형을 유지하고 있는 북쪽의 한 관리는 주민들의 '신심'이 있는 한 옛 동구나 소련처럼 무너지지 않는다고 자신감을 피력한다.

한편, 남쪽의 경우 분단 이후 이루어낸 괄목할 만한 경제 성장은 이 내적 단결의 가장 중요한 증거이다. 많은 사람들은 단기간에 이루어진 고도의 경제 성장을 우리 민족의 저력과 근성을 보여준 쾌거라고 말한다. 그렇다면 그 저력과 근성은 어디에서 연원한 것일까?

사실 민족성이라는 것은 독자적 실체이기보다는 역사적으로 형성된 구성물이라 할 수 있다. 우리 민족의 응집력과 그것이 이루어낸 경제 성장은 북을 적(敵)으로 설정한 상태에서 강화된 이념적 총화의 결과라고 보아도 무리가 없을 것이다. 이것은 비단 우리 사회에서만 발생한 현상은 아니다. 미국과 소련을 중심으로 형성된 세계 냉전 체제는 수십 년에 걸쳐 우리의 사고 방식을 지배해 왔다. 일례로 지금까지도 그 생명력을 과시하고 있는 할리우드 영화 007시리즈는 미국과 소련을 '아(我)'와 '적(敵)'으로 혹은 '좋은 사람과 나쁜 놈'이라는 전형적인 냉전 구도를 가지고 있다. 체제로서의 냉전은 무너진 지 오래라고 하지만 의식과 가치를 반영하는 문화적 차원에서 이 구도는 쉽사리 사라지지 않고 있는 것이다.

하지만 이 내적 단결은 매우 엉성하고 심층적으로는 수많은 문제들을 야기했다. 그리고 이를 통한 놀라운 경제 성장의 이면에는 남쪽 사회의 암울한 측면들이 동시에 존재한다. 이것은 무엇보다도 분단 체제가 경직된 권위주의적 군사 문화를 산출하고 군사 정권의 등장과 이에 대한 권력 집중을 정당화시키는 데 크게 기여함으로써 비롯되었다. 군사 정권의 권위주의적인 정치 문화가 결국에는 정치·경제적으로 부패와 무능력을 양산하고 동시에 사회와 개인의 인성 전체를 억압적으로 통제하는 데까지 영향을 미쳤기 때문이다. 아래에서는 이에 대하여 좀더 상세히 살펴보도록 하자.

1) 생존의 문제 — 평화롭게 살 권리의 위협

인간이 살아가기 위한 가장 기본적인 조건은 생존을 위협받지 않는 것이다. 한국 전쟁을 겪은 1세대는 전쟁의 공포를 절감하고 있다. 그리고 2세대는 전쟁을 직접 겪어 보진 않았지만 어릴 때부터 반공 이데올로기를 학습해 오면서 간접적으로 전쟁의 공포를 의식하고 있다. 물론 이제는 그러한 공포와 위협으로부터 벗어났다고 인식하는 사람들이 늘고 있다.

하지만 전쟁이 전면적으로 발발하지는 않더라도 우리 주위에 분단 체제로 인하여 생명의 위협을 받는 경우가 많이 있다. 현재 실제로 나타나고 있지는 않지만 그 위협의 강도가 매우 높은 핵 문제, 그리고 이미 직접적인 위협이 되어 온 대인 지뢰 문제, 그리고 개인의 생명과 직접 연관되어 있지는 않으나 끊임없이 생존을 위협하는 남과 북의 대립과 갈등이 그것이다.

핵무기 개발 및 실험은 사실 개인뿐만 아니라 인류의 생존을 위협하는 중대한 요인이다. 우리는 이미 1998년에 프랑스, 인도, 파키스탄 등이 강행한 핵 실험으로 인하여 전세계가 경악하는 것을 목도하였다. 그것을 언제까지나 남의 일이라고만 생각해서는 안 될 것이다. 오늘날 평화를 저해하는 요소들은 순식간에 벌어져 세계 전체로 확산될 수 있고, 그러므로 우리에게 닥치지 않으리라는 보장은 사실 아무 데도 없다. 그리고 북이 계속해서 핵 문제를 외교적 협상 카드로 사용하는 한 우리의 안전은 확고할 수 없는 것이다.

지뢰에 관해서는 실제로 얼마나 많은 양이 매설되어 있는지조차 모를 정도라고 한다. 국제 기구의 추정에 의하면, 전 세계에 1백만 개 정도의 대인 지뢰가 매설되어 있으며 이를 제거하는 데 약 1천 년 이상의 시간이 소요되고 3백억 원 이상의 비용이 들 것이라고 한다. 1997년에 세계적으로 대인 지뢰를 금지하자는 운동이 전개되었으나 강대국인 미국과 러시아가 이에 불응하였고, 이후 1998년 7월에 미국이 대인 지뢰를 철수하는 데에 동의하였지만 한반도는 여기에서 예외로 남아 있다.

1997년 국방부의 보고에 따르면, 1992년부터 97년 8월까지 모두 44건의 지뢰 사고가 발생하여 35명이 사망하고 43명이 부상을 당한 것으로 집계됐다. 사상자 가운데 어린이를 포함해 민간인은 29명으로 전체 사상자의 37%

에 이른다고 한다.3) 북부 지역에 홍수가 날 때마다 유실된 지뢰의 피해가 거듭되는 실정이고, 공식적으로 집계되지 않은 사고까지 포함한다면 그 피해가 어느 정도인지는 짐작하기도 힘든 실정이다. 게다가 지뢰 피해가 민통선에 한정되지 않고 비무장 지대 부근, 포항의 봉화산, 부산의 중리산 등으로 확산됨에 따라 결국 이 땅 어느 곳에서도 지뢰 사고로부터 안전할 수 없다는 사실이 입증되었다.

핵이나 지뢰가 아니어도 역사적으로 거슬러 올라가면 분단 체제하에서 우리의 생명을 위협하고 안전을 해친 사례들은 무수히 많았다. 그 사례들을 남쪽의 경우로 국한시켜서 꼽는다면, 1968년 1월 무장 공비의 청와대 기습 미수 사건, 1968년 10월 울진·삼척 지역의 무장 공비 침투 사건, 1970년대 땅굴 사건, 1983년 10월 버마 랭군 아웅산 폭파 사건, 1987년 11월 KAL기 폭파 사건, 그리고 90년대에 들어와서는 1996년과 1998년의 잠수함 침투 사건, 북의 인공 위성 발사, 1999년 서해안 교전 등의 사건들이 발생하였다. 이때마다 시민들의 일상 생활은 위협받았고, 실제로 목숨을 잃기도 하였다.

이러한 갈등과 대립이 직접적인 대결 국면에서 발생한 일시적이고 일회적인 것이 아니라 평이한 일상 속에서도 발생하였다는 점, 그리고 앞으로도 반복될 가능성이 있다는 전망이 더욱 경악스럽다. 일부 논자들은 이러한 갈등과 대립을 분단 체제하에서 남북의 양 정권이 생존하기 위한 불가피한 과정으로 판단하고 있다. 이를테면 같은 민족의 고통을 덜어 주어야 한다는 세계 여론과 사회 일각의 주장에도 불구하고, 대북 식량 지원을 하는 데 남쪽 정부가 정부 차원에서 공식적으로 지원하지 않은 사실이 좋은 예이다. 인도주의적 관점에 입각하여 생각해 볼 때, 이것은 사실 비난받아야 마땅한 일이

---

3) 이정화, 「민통선 넘다가 '절름발이'가 된 사람들」, 『말』, 1997년 12월호, 184쪽.

다. 그러나 다른 한편으로 정권 유지 차원에서는 이것이 구조적·체제적으로 불가피한 측면이 있다는 설명이다.

2) 정치적 문제들

분단 체제하의 군사 정권도 한편으로는 그 상황적 필요성이 인정된다 해도 정당화되기는 어려웠다. 따라서 남북의 역대 정권이 이 취약한 정당성을 만회하기 위하여 취해온 주요 전략은 상호간에 군사적 긴장 관계를 유지하는 것과 강력한 중앙 집중 권력을 지속시키는 것이었다. 이 과정에서 정치·사회적 인권 혹은 자율적 시민권은 극도로 억압되었다. 남쪽의 경우 독재적 군사 정권이 수립되어 30여 년 동안 그 생명을 유지하였으며, 북쪽 또한 마찬가지로 군부가 권력의 핵심을 장악하고 있다.

남북 양측은 군사적 대치 상황을 지속시키기 위해 모두 강력한 군비 경쟁을 추진해 왔다. 남쪽의 경우 GNP의 상당 부분을 국방비가 차지하고 있고, 북쪽 역시 절대 액수에서는 남쪽에 뒤떨어지지만 GNP에서 차지하는 비중은 훨씬 더 높은 것으로 알려져 있다. 이러한 사실은 심심찮게 언론을 통하여 보도되어 왔다. 이때 남쪽 보도의 초점은 북이 GNP의 대부분을 군사비에 할애하고 있고 군사력이 매우 강하기 때문에 언제나 남침의 위협이 도사리고 있다는 것이었다. 하지만 질적인 측면에서 비교해 보면, 남쪽의 군사력이 첨단적인 데 비해 북의 군사력은 전통적인 재래식이므로 크게 우려할 필요가 없다고 덧붙였다. 여기에는 절대로 남쪽의 군사비를 감축할 수 없고 오히려 북의 군사력을 훨씬 능가하기 위한 군사비 증액과 첨단의 군사력을 확보해야 한다는 주장이 담겨져 있다.

남북의 경제력 성장에 대한 비교가 정권의 정당성 획득에 기여하였다면,

남북의 군사력 비교는 군사적 적대 관계를 상기시키고 전쟁의 위협을 상존시킴으로써 정권의 권력을 증대시키는 데 절대적으로 기여하였다. 탈냉전에 발맞추어 북방 외교를 실현한 남쪽의 경우 다른 사회주의 국가들에게는 우호적인 태도를 견지하면서도 유독 북쪽에 대해서는 일말의 여지도 없이 배척하는 모순된 태도, 그리고 미국, 일본과는 대화하지만 남쪽과는 대화할 수 없다는 북의 태도는, 모두 그러한 적대적 태도가 정권을 유지할 수 있는 유일한 방도였기 때문이다.

앞에서도 언급했듯이 1998년 6월과 7월에 일어난 북의 잠수함 및 간첩 사건과 1999년 5월 서해안 교전, 금강산 관광객 억류 사건 등은 남쪽 내에서 정부의 온건한 대북 정책에 대한 비난 여론을 불러일으켰다. 남북 관계가 개선되어 가는 시점에서 북이 왜 그런 호전적 행동을 취했는가에 관하여 논란이 있었지만, 가장 설득력 있게 받아들여진 것이 바로 북의 위기감, 즉 남쪽 정부의 온건 정책에 대한 북의 위기 의식의 표현이라는 입장이다. 그 이전에도 남쪽의 중요한 정치적 일정에 맞춰 북쪽이 도발 행위를 했던 소위 '북풍(北風)'은 비록 남쪽 안기부의 개입과 조작이 있었다고는 하나 북쪽의 정권 유지를 위한 방편 중 하나이기도 했다. 남북 모두 상호 긴장과 갈등을 유지시켜야만 각각의 취약한 정권 유지가 가능했던 것이다.

한편 군사적 대립 관계 속에서 남북의 정치 권력은 중앙 집중화되었다. 이미 남북의 정권은 군대와 결코 뗄 수 없는 관계에 있었고, 강력한 국가의 힘은 사회 제 부분에 대한 국가의 통제를 강화시켰다.

그리고 이러한 국가 권력의 강화는 일차적으로 국민의 기본적 인권 혹은 시민적 자율권을 억압함으로써 유지되었다. 이것은 일상적 '감시' 체계의 작동을 수반한다. 국가의 감시와 억압에 관하여, 우리는 흔히 북쪽의 '5호 담당제'를 전형적인 예로 떠올리곤 한다. 물론 북에서 실시하고 있는 각종 감시와 억압 기제는 극도의 중앙 통제적 경향을 강화시킨다. 하지만 남쪽의 경우에도 감시와 억압을 통한 국가의 통제는 끊임없이 진행되어 왔다. 직접적으로는 친북 사상과 좌익 인사들을 억압하고, 간접적으로는 정치적 비판자 또는 주류 문화에 저항하는 모든 도전 세력들을 용인하지 않았다. 노동 운동이나 사회 운동이 '반국가적 불순 세력,' 더 나아가서는 '좌경 - 용공 세력'으로 몰려 처벌당해 온 것도 바로 이러한 맥락에 있다.

북쪽도 마찬가지로 1972년 제정된 신헌법에 주체 사상과 주석 제도를 도입하여 명시함으로써, 법·제도적으로 김일성의 유일 지배 체제가 확립되었다. 김일성 개인으로의 권력 집중을 공식적으로 제도화한 주석 제도는 국가 주석이 국가의 수반으로서 국가 주권을 대표하는 최고의 권한을 지니며 실질적으로 입법과 행정은 물론 국가 권력의 핵심인 노동당 정치국을 장악하는 절대적 권력임을 의미한다. 김일성 주석 사후 1998년 9월 김정일의 국방 위원장 취임은 사실상 주석직으로의 등극을 의미하는 것으로서, 북의 유일 지배 체제, 중앙 정권의 절대적 권력 집중은 완화될 기미를 보이지 않고 있다. 이러한 과정에서 북의 인권 문제 또한 매우 심각한 것으로 나타났다. 불법 구금과 고문, 각종 정치·사회적 자유의 억압 등은 이미 잘 알려져 있는 사실이다. 그리고 북은 자국의 인권 침해를 규제하기 위하여 UN 인권 소위원회가 채택한 안건에 대해 반발하며 1997년 8월 28일에 국제 인권 규약을 탈퇴하였다.

또 다른 측면에서, 국가의 권력과 통제는 '사상적 순수성을 강조'함으로써 유지되었다. 정치인을 포함하여 모든 국민들은 사상적으로 순수한 사람이어야 한다. 물론 이때 사상적 순수성이란 '빨갱이가 아니어야' 한다는 규정에서부터 강력한 국방 의무 인식 및 반공 의식을 가져야 한다는 적극적인 규정에 이르기까지 그야말로 완벽한 반공주의자가 되어야 함을 의미한다. 오랫동안 남쪽 사회의 악법으로 평가되어온 국가 보안법은 그러한 사상적 순수성을 유지하고 관리하기 위한 제도적 기제이다.

1960-80년대에 우리가 가진 반공의 경험은 '불순분자들은 쥐도 새도 모르게 사라진다'는 것이었다. "사람이 모이는 곳에 총부리가 먼저 모인다"는 싯구처럼 사회 내의 비판 세력들은 밀폐되고 폐쇄된 곳을 찾아다녔다. '보안 유지,' '도청,' '불심 검문'과 같은 군사 정보 관련 용어들이 일상적으로 통용되었고, 단순한 정치적 비판자들도 종종 공산주의자로 규정되었다.

1990년대의 제도적 반공주의는 좀 덜 가시적인 특성을 보인다. 과거처럼 반공 영화 단체 관람도 없어지고 반공 영화의 제작 자체가 줄어들었다. 또 빨갱이니 공산당이니 하는 말들도 많이 사라졌다. 이상한 행동을 하는 사람에게 "혹시 북에서?"라고 했던 말은 장난기 섞인 농담에 불과하다. 마르크스의 이름이 들어가는 책만 가지고 있어도, 혹은 마르크스의 이름을 긁적여 놓은 메모지만 있어도 공산주의자로 매도되던 시기는 지나간 듯하다. 이제는 과거와는 다른 방식으로 반공이 경험되고 있다. 더 정확하게 표현하면, '반공의 여파'가 경험되고 있는 것이다. 즉 직접적 반공에서 내면적인 적대 논리로 변화되었다고 할 수 있다.

우리가 지난 대선 때 대통령 입후보자들의 TV 토론회, 관훈 토론회 등을 통해 경험한 바 있듯이, 정치인들의 사상적 경력은 우리의 현실에서는 대단히 중요한 문제로 부각된다. 그 뿐만이 아니다. 그 자식들의 군 병역 문제도 그러하다. 병역 의무 기피라는 형평성 위반의 문제도 물론 지적되었다. 하지만 그보다도 군 병역을 미필한 사람 혹은 그 아버지가 군 통수권자가 될 수 없다는 강력한 '국방 의식'이 전면에 부각되어 우리의 분단 현실을 다시금 실감하게 하는 계기가 되었다.

준법 서약서와 관련된 논쟁도 이러한 맥락에서 조명될 필요가 있다. 1998

년 7월 2일, 사상 전향서 없이 비전향 장기수를 사면하겠다는 대통령의 의지
가 표명되었다. 이것은 역대 정권하에서 정치적 비판자(양심수)들에 대한 사
상 전향의 요구가 실제로 존재했다는 사실을 인정한 것이고, 또한 사상적
순수성을 강요해 왔던 제도적 억압이 매우 위헌적이라는 점을 입증했다는
차원에서 상당히 의미 있고 획기적인 조처로서 받아들여졌다. 그러나 '양심
의 자유는 보장하나 서약서는 써야 한다'는 정부의 모순된 요구가 한편으로
는 사상 전향서와 준법 서약서가 전혀 다를 바 없다는 비판을 낳았다. "지난
날 사상범들에 대해 요구했던 사상 전향이란 것도 그 법률적 근거가 없었듯
이 전형적인 양식이 있었던 것이 아니다. 전향서, 각서, 생활 계획서라는 형
태로 강요하였다. 따라서 준법 서약이란 그 내용이나 형식에서 사상 전향의
변형일 뿐이다."4)

북쪽 또한 사상적 순수성은 매우 중요하다. 분단 이후 지속적으로 진행되
어 온 '불순 분자'에 대한 숙청 작업, 그리고 정치범 수용소에의 감금,5) 북조
선 이탈 주민에 대한 억압, 월남인 가족에 대한 연좌제 등은 모두 사회주의
이외의 사상은 불순한 것으로 배제하는 사상적 순수성에 대한 북쪽 정권의
집착을 보여 주는 것이다.

세번째로 국가의 권력과 통제는 지배층과의 '결탁'을 통해 강화된다. 국가
가 통제를 지속적으로 강화하기 위해서는 그것을 유지하는 데 필요한 자원
이 있어야 한다. 그러나 이 자원들이 서로 얽혀 심각한 사회 문제로 나타나는
것이 바로 우리들이 익숙하게 들어 온 정경 유착, 관치 금융, 지역주의, 부정

---

4) 차병직, 「침묵의 자유를!」, 『한겨레신문』, 1998년 8월 19일.

5) 1997년에 민족 통일 연구원에서 발행한 『북한 인권 백서』에 의하면, 1996년 현재 10여 개의
정치범 수용소에 약 20만 명의 정치범이 수용되어 있는 것으로 추정되고 있다.

부패의 구조이다. 북의 경우 과거 김일성 주석과 현재 김정일을 중심으로 엮어지는 권력 서열층, 그리고 당 관료와 군부의 결탁은 사회주의 국가의 부패를 드러내는 예로서 자주 제시되고 있다. 비록 서로 물고 물리는 권력 다툼이 있기는 하지만 그것이 곧 이러한 결탁 구조를 바꾸거나 제거하는 것은 아니다.

남쪽 역시 정치인과 관료들이 권력의 중심을 점하고 있으며 정치적 굴곡이 심한 역사에서 투쟁과 갈등, 그리고 반목을 심화시켜 왔다. 권력을 쟁취, 보존하려는 목적에서 이루어지는 정치인들의 비생산적인 언쟁과 대결은 대다수 국민들이 정치인에 대하여 부정적인 이미지를 갖도록 만드는 데 큰 역할을 하였다. 그리고 많은 국민들이 이들에 대한 상대적 박탈감과 적개심을 가지고 있는 것이 현실이다. 하지만 많은 사람들이 이 권력의 중심을 향해 대기하고 있고 끊임없이 투쟁하고 있는 것 또한 사실이다. 서로 결탁하고 연결되어 있어 부패의 연결고리를 찾아내기도 무척 어렵다. 권력을 소유하는 것이 얼마나 많은 이득을 가져다주는지 잘 알고 있기 때문에 서로 이합집산을 거듭한다.

또한 이들 기득권층은 그 동안 특정 '지역'을 중심으로 형성되어 있어서, '지역 갈등 = 이념 갈등'이라는 허구적 인식을 강화시키기도 하였다. '호남권 = 공산주의자'라는 인식이 그것이다. 주로 영남을 중심으로 한 지역 개발과 영남권 인사들의 활발한 사회 진출 및 지배층 진입은 그들의 기득권을 유지하기 위한 방편으로서 호남권에 대한 억압과 배제를 지속시켜야 했고, 그때 호남권 배제의 이유로 가장 강하게 주장되었던 것이 바로 '호남권 = 공산주의자'라는 것이었다. 북쪽 역시 분단 이후 함경도 출신의 지배층 진입과 평안도 출신 배제 현상이 두드러졌다.6)

이렇게 특정 집단들간의 결탁과 그 이외 집단의 배제 현상이 두드러진 가운데, 남과 북은 정치, 경제적으로 사회 개혁의 요구가 제기될 때마다 상대(북의 경우는 남, 남의 경우는 북)의 '침략에 대비'하고 '안정과 질서를 유지'하며 '국방력을 튼튼히 해야' 한다는 이유로 문제 해결을 미루어 왔다.

분단 체제는 남북 사회 모두에서 군사적 대립 관계와 국가 권력 및 통제의 강화 현상을 수반하였고 이것은 시민권의 억압과 감시 체계의 강화, 사상적 순수성 강조를 통한 획일성 강화, 지배층간의 결탁을 통한 여러 종류의 갈등 구조 창출에 크게 기여하였다. 동시에 경제적 위기를 초래하여 국민의 기본적 삶을 위협하는 데 일정한 영향력을 행사하기도 하였다.

3) 경제적 문제

아마도 대부분의 사람들은 경제 문제가 분단 체제와 무슨 관련이 있겠느냐고 생각할지 모른다. 하지만 여기에는 뗄 수 없는 분명한 연관성이 존재한다. 분단 체제로 인하여 경제가 정치화되고, 남과 북엔 왜곡된 경제 체제가 구축되었으며, 지나친 군비 경쟁으로 인하여 사회 복지가 축소 또는 부재한 상황이 초래된 것이다.

분단 이후 오랜 기간 동안 남쪽의 경쟁 상대는 북이었다. 결코 북쪽에 뒤져서는 안 된다는 것이 절대 명제였다. 남북 교류가 진행됨에 따라 직접 금강산을 관광하면서도 우리의 사고 속에는 '공산주의는 나쁜 것, 우리보다 열등한 것'이라는 인식이 자리잡고 있다. 북에 대한 우월 의식과 공산주의에 대한 피해 의식, 그리고 '무슨 수를 써서라도' 북을 능가해야 한다는 강박 관념이 우리 안에 내재되어 있다.

---

6) 박광주, 『한국 권위주의 국가론』, 인간사랑, 1992.

이렇게 남쪽의 경제 성장은 부국 강병의 차원에서 그리고 북조선을 이기기 위한 의도에서 이루어졌다. 그리고 이것은 군사 쿠데타라는 폭력적인 방식으로 집권한 남쪽 정권의 취약한 정당성을 만회시켜 주는 훌륭한 구실이 되었다. 전쟁의 폐허에서 한강의 기적을 이룩하고 북과 경쟁하여 남쪽의 우위를 입증함으로써 반쪽에 불과한 민족의 자존심을 추켜세우는 방식으로 말이다. 이것은 오늘날까지도 보수층에 의해 박정희 정권의 공적(功績)으로 치부되고 있다. 한편 경제 위기를 맞고 있는 현재의 상황에서도 여전히 신문지상에는 북의 경제가 남쪽보다 침체되어 있고 GNP 차이가 현격하다는 등 남과 북의 경제 지표를 비교하는 내용이 보도되고 있다.

하지만 가시적인 GNP 성장은 이루었을지 모르나 분단 이후 남쪽의 자본주의 전개 과정은 지속적으로 왜곡되어 왔다. 일단 산업화를 통한 국력 증강을 발전의 목표로 삼고 경제 발전의 중심적 역할을 국가가 담당해 오면서 '경제의 정치화' 현상이 심화되었다. 더욱이 정부가 시장에 직접 개입하여 대기업, 특히 특정 재벌 위주의 경제 성장 정책을 추진함으로써 중소 기업의 성장 기반이 박탈되었다.

결국 대기업의 거대화가 초래되었고 금융을 비롯한 정책적 지원이 몇몇 특정 대재벌에 집중되었다. 이 과정에서 기업과 금융권, 정치권 간의 긴밀한 유착 관계가 형성되었으며 이것은 만성적 부패 고리를 형성하게 된다. 자연히 기업의 자생적 발전 능력은 소멸되었고 기업 경영 구조의 부실화가 초래되어 부채 비율이 높아지자 차관 및 금융, 재정 지원을 위한 뇌물과 로비가 성행한 것이다.

또한 내수의 기반이 없이 수출 증대만을 강조하다 보니 우루과이라운드, 그린라운드, 경제 제재 슈퍼 301조 등 외국으로부터 경제 개방 압력을 받을 때마다 경기 침체 등 불안이 야기되었다. 전적으로 외국 시장에 의존해 왔던 수출 지상주의 경제는 점차 외국 자본에도 손을 벌려 지금까지 막대한 외채를 누적해 왔다.

이를 통해 가시적 성장은 이루었으나 그 결과는 바로 **IMF** 관리 체제를 불러왔다. 경제의 대외 의존성 심화, 기업의 부실 경영, 자산의 수십 배를 넘는 부채 비율, 관치 금융, 정경 유착, 경제 논리를 무시한 경영 체제… 바로 이러한 것들이 **IMF** 관리 체제를 유발시킨 요인들로서, 이것은 북과 경쟁하여 우위를 점함으로써 정권의 정당성을 확보하려 했던 과거 정권들로부터 이어져 온 무모한 전략들의 결과이다. 이 과정에서 중소 기업의 몰락, 금융 체계의 불안정화, 조세 제도의 형평성 파괴, 외화 낭비 등 균형적 경제 발전을 저해하는 제반 문제들이 발생하였다.

북쪽 역시 마찬가지이다. 폐쇄적이고 국가 주도적인 경제 운영은 생산성과 능률을 저하시켰다. 실제로 **1989**년을 정점으로 하여 경제 성장이 멈추고 이후 계속 마이너스 성장을 기록하고 있다. 지속적인 군사비 강화로 인한 자본 투자의 약세, 폐쇄성으로 인한 외국과의 교역 축소, 각종 통제로 인한 생산 의욕의 저하, 군부 등 지배 집단에의 부의 집중 등 분단 체제의 한 축을 이루는 사회주의권의 취약성이 시간의 흐름에 따라 본격적으로 가시화되었다. 게다가 외채 누적, 에너지 부족, 식량 공급 부족 현상에 더하여 **1990**년대 이후 자연 재해 등으로 경제 상황이 악화되었고 급기야는 생존을 위협하는 절대적인 의미에서의 대규모 식량난까지 발생하게 되었다.

한편 앞에서도 언급했듯이, 남과 북의 군사력 경쟁은 정부의 타 예산 부문의 삭감을 통해 이루어졌다. 남쪽의 경우 국방비 삭감은 절대로 있을 수 없는 일로 인식되어 매년 미국 등지로부터 수많은 무기를 반입해 오고 있다. 이에 비해 사회 복지 비용은 경상비인데도 불구하고 마치 예비비처럼 상황에 따라 삭감되기 일쑤다.

북의 경우 역시 극도의 식량 위기 상황에서, 외국으로부터 지원되는 상당 규모의 식량이 군인들에게 우선 지급되고 있다는 보도가 종종 나오고 있다. 그것의 사실 여부를 확인할 수는 없으나, 남쪽과의 적대적 긴장 관계 속에서, 북쪽 정권은 사회 내부의 혼란과 외부로부터의 침략 가능성을 방지하기 위해서는 군이 절대적으로 필요했을지 모른다. 그런 가운데 일반 주민들의 생존은 중요하게 고려되지 않고 있는 것이다.

이러한 양상은 남과 북이 국가의 경제를 국방 위주로 운영하고 있고 그로 인하여 일반 국민들의 생존과 삶의 질의 향상은 대부분 방치되거나 유보되고 있음을 보여 준다. 이래도 경제 문제가 분단 체제와 상관없다고 말할 수 있을까?

4) 의식과 일상 생활의 문제

아마도 분단 체제의 영향력이 우리 눈에 가장 잘 띄지 않는 분야가 의식 및 일상 생활 분야일 것이다. 하지만 분단 체제는 눈에 보이지 않게 우리 생활을 규정한다.

물론 분단 체제하에서 가장 중요하게 인식되는 사회 분야는 군(軍)이다. 국방과 안보가 최우선 규범이기 때문이다. 그러므로 분단 체제하의 문화는 군사 문화가 대표적이라 해도 과언이 아니다. 이때 "일상 생활이나 언론에서 말하는 군사 문화란 지난 30년 동안 정치 군인들이 총칼로 정권을 잡고 군사 독재를 하면서 우리 사회에 군사 작전 식의 풍토가 절대선인 양 깊고 넓게 뿌리 내린 데 대한 부정적인 평가가 이미 그 속에 내재해 있는 용어라 할 수 있다. 따라서 군대라는 특별한 조직이 운영되기 위해 만들어져야 할 군대 고유의 문화와는 구별되어야 한다."[7]

부정적인 의미에서의 군사 문화란 획일성, 경직성, 집단주의 등을 그 내용으로 한다. 언론을 통해 고발된 바 있는 우리의 폭탄주 문화는 '속전 속결' 정신, 개인의 상태를 무시한 집단주의적 성격 등 군사 문화적 성격을 드러낸 하나의 실례이다. 그러면 분단 체제와 군대 문화는 우리의 사고와 일상 생활에 어떠한 악영향을 미쳤는가?

(1) 권위주의

우선적으로 꼽을 수 있는 것이 권위주의이다. 우리 사회는 다른 아시아 국가들과 마찬가지로 과거로부터 권위주의적 경향이 강했던 사회이다. 중앙 집중적인 절대 왕정 시기가 있었고, 근대로 넘어오는 과정에서도 시민(혹은 민간)보다는 국가의 역할이 중심이었으며, 현재에 이르기까지 계급, 연령, 성, 직위, 학력 등의 요소들로부터 도출된 각종 권위주의가 강하게 존속되고 있다. 하지만 분단 체제 이후 전개된 한반도의 권위주의는 아시아 국가들에서 일반화되어 있는 권위주의와는 또 다르다. 한반도의 분단 체제는 권위주의 중에서도 명백한 적대 세력이 설정된 상태에서 강화되는 군사적 권위주의를 가장 우선시하는 것으로서 그것은 극도의 경직성과 획일성 그리고 폐쇄성을 특징으로 한다.

북의 경우는 주석이 '수령', 그리고 더 나아가 신격화되는 형태의 극단적 권위주의가 표출되고 있다는 것은 이미 모두에게 잘 알려져 있는 사실이다. 김일성 주석 사망 후 그 아들인 김정일이 노동당 당수, 군의 최고 통수자, 그리고 사실상 주석직에 오르게 되는 상황은 북이 국가 권위주의적이고 가부장적인 성격을 강하게 지니고 있음을 보여 준다. 또한 북이 국가적 수준에

---

7) 김선주, 「군사 문화는 청산되어야」, 『한겨레신문』, 1995년 5월 19일, 5면.

서 여타 자본주의 국가들과 교섭하기 시작한 것은 그리 오래된 일이 아니다.

남쪽 사회에서도 신문지상에 '교권 침해', '부권 침해' 같은 말들이 종종 등장한다. '권위'가 중요한 것이다. 군부 정권에서 그리고 민간 정부 집권 이후에도 계속 그 지위를 유지하고 있는 남쪽 내 상당수의 정치인과 관료들은 지위 고하를 막론하고 다른 사람들은 할 수 없는 '많은 일'을 할 수 있는 사람들로 여겨져 왔다. 그리고 이때 많은 일이란 주로 비합법적이거나 예외적인 일들을 가리킨다.

우리 주위에서는 일이 뜻대로 안 되거나 혼자 힘으로는 할 수 없는 일을 정치인이나 공무원에게 부탁하는 경우가 비일비재하다. 여기저기 힘을 써줄 수 있는 사람들을 많이 알고 있는 것이 곧 힘이고 자랑이다. 지금은 규제되고 있지만, 얼마 전까지만 해도 각종 관혼 상례에는 정치인이나 고위급 공무원의 이름이 적힌 화환이 하나쯤은 있어야 체면이 서는 것으로 여겨졌다. 반대로 결혼식장에 그 '흔한' 국회의원 화환 하나 못 받으면 초라하고 못난 사람 취급을 받았다.

물론 권력을 지니고 싶어하는 것은 모든 인간들의 기본적인 욕구일 것이다. 하지만 우리에게 중요한 점은 정치권의 권위주의에 의해 일반 국민들이 어떻게 취급되는가 하는 것이다. 다시 말해 국민 주권이 실현되고 있는가 하는 것을 점검해 보아야 한다는 말이다.

일반 서민의 입장에서 볼 때 소위 사회 지배층의 거들먹거림은 하루 이틀 겪는 일이 아니다. 오죽하면 1년 365일이 선거일이었으면 좋겠다는 이야기가 나올까? 최소한 선거일만은 정치인이 국민에게 고개를 숙이니 말이다. 국민들의 세금으로 마련되어야 하는 국회의원 세비(歲費) 증액, 국회 파행, 국회의원의 도박판, 고위급 공무원의 재산 빼돌리기… 더 이상 놀라운 일이 아니다. 국민들의 생활 및 의사와는 무관한 정치권의 결정들과 정책 결정… 그것도 더 이상 놀랄 일이 아니다.

그렇다면 이런 모습은 어떨까? 정치권이 모든 정책 결정 이전에 국민들의 의견을 청취하여 반영하고 국민들이 관공서를 편리한 정보 수집 공간으로 활용하는 것, 또 환경 보호를 위해 대중 교통을 이용하는 국회의원, 대형 사무실을 반으로 나누어 국민 접대실로 꾸민 국회의원… 그러나 현재로서는 너무 낯설다. 그렇다면 앞으로는 가능할 것인가?

사실 이런 모습은 언젠가 우리에게 올 수 있는 미래의 이상향이 아니라 과거부터 누려 왔어야 하는 권리이다. 그러나 무언가에 의해 계속 저지당한 채 수십 년을 살아온 것이다. 그럼에도 정치적 권위주의가 너무나 익숙해져 이제 그것이 당연하다고 생각되는 것이다.

남과 북에서 이러한 정치적 권위주의가 어디에서 연원하였는지 그 시발점을 꼬집어 말하기는 매우 어렵다. 우리의 역사 내내 이러한 권위주의가 표출되어 왔기 때문이다. 오히려 현실적으로 더욱 중요한 물음은 이 "정치적 권위주의가 어떻게 유지되고 있는가" 하는 것이다. 그리고 정치적 권위주의를 유지시켜 온 요인들 중 커다란 것 하나가 바로 분단 체제라는 것이 이 글에서 주장하고자 하는 핵심 내용이다.

(2) 사고의 획일성

그 다음으로 우리의 일상 생활에 영향을 미쳐온 분단 체제적 요소 중 하나는 획일성이다. TV를 통해 자주 접하게 되는 북쪽 주민들의 복장, 말투, 뉴스 보도, 군대의 훈련 모습들은 그러한 획일성을 단적으로 보여 준다. 남쪽의 경우에도 동일한 교복 착용과 두발 모양, 고등학교에서의 군사 훈련 등 획일적 모습이 완화된 것은 그리 오래 되지 않았다.

하지만 획일성은 겉으로 드러나는 모습만으로 그치지는 않는다. 의식의 측면에서 볼 때 우리의 사고는 상당히 이분법적이다. 1960, 70년대에는 직접적으로 '반공'이 문제시되었지만, 지금 1990년대는 더욱 간접적인 형태의 이분법적 논리가 지배적인 사회이다. '반공'은 직접적으로 공산당에 반대한다는 의미뿐 아니라 그로부터 파생되는 다른 개념들을 의미하는 것이 되어 왔다. 질서, 안정, 순종, 보수 등이 그것이다. 그리고 반공의 대립항에는 공산당뿐 아니라 혼란, 불안정, 저항, 진보 등이 포진하고 있다. 냉전이 종식된 지 오래지만 우리의 사고는 이 기본틀에서 크게 벗어나지 않는다. 모든 것이 질서 정연하게 나 자신의 관리하에 있어야 한다는 생각말이다. 이것은 질서와 안정을 지키려고 하는 보수적 성향이며 바로 분단 체제를 빌미로 유포되어 왔던 하나의 이데올로기다.

우리는 흑백 논리에 익숙하다. 내 편이 아니면 다 적(敵)이고 내 입장과 다르면 다 잘못된 의견이다. 무슨 일이 있어도 내 입장을 관철시키기 위하여 종종 남의 의견은 묵살해 버린다. 일정한 틀 안에 들어오지 않는 것은 철저하게 외면당한다. 나와 다른 것을 결코 인정하지 않는 극도의 배타성은 분단 체제의 산물이다. "공산당은 무조건 무찔러야 하고 퇴치해야" 하며, 이때 '공산당'이라는 말이 '불순 분자' 혹은 '정치적 비판자'로 바뀌어도 그 명제는 성립한다. 따라서 우리 사회에서의 공산주의란 매우 포괄적인 개념으로서 정부 비판적 세력과 '비주류' 세력 모두를 일컫는 말이다. 외국에 살고 있는 어떤 동포는 "우리 나라만 벗어나면 모든 것이 펼쳐져 있는데, 우리만 안에 갇혀 있는 것 같다"고 말한다. 마찬가지로 북에서도 "남조선 괴뢰 정부는 민족의 반역자이고 쳐부수어야 하는" 대상이다. 남쪽의 것은 듣지도 보지도 말하지도 말아야 하는 절대 금기 사항이다.

획일성의 대립항은 다양성이다. 우리는 다양성을 잘 인정하지 않는다. 다양성을 다양성으로 보는 것이 아니라 '이상한 것', '비정상적인 것'으로 본다.

더 나아가 이것들은 없어져야 할 대상으로 인식된다. 사회적 약자, 여성, 어린이, 노인, 장애인, 외국인 노동자 등에 대한 우리의 오랜 편견과 배타적 감정 등을 생각해 본다면 우리가 얼마나 다양성을 인정하지 않는지 알 수 있다. 그래서 나타나는 현상이 바로 '이지메'이고 '왕따'이다. '우리'와 다르다는 것이 놀림과 경멸의 대상이 되고 그래서 물리적인 폭력까지 동원되는 사회, 이것이 바로 현재 우리 사회의 본 모습인 것이다.

이러한 상태는 자연스럽게 주입식 교육을 낳게 되었다. 교사는 학생들의 다양하고 창의적인 의견을 듣기보다는 '옳고 그름'을 명백히 가르쳐 주어야 하는 규범의 잣대 역할을 해야 했기 때문이다. 물론 공동체의 유지를 위해서 규범에 입각한 규제가 이루어져야 한다는 점에 대해서는 동의한다. 실제로 자유 경쟁적인 시장의 질서에만 맡겨 놓을 수 없는 일들이 많기 때문이다. 그러나 중요한 문제는 무엇이 부당한 규제이고 정당한 통제인지를 가늠하는 기준에 대한 사회적 합의가 없었다는 점이다. 또한 그 합의를 산출해 내는 메커니즘도 우리는 가지고 있지 않다.

이처럼 분단 체제는 우리가 누렸어야 할 자유와 창의력 발휘를 저해하고 획일적이며 통제된 수동적인 인성을 낳았다. 또한 사회적인 결탁과 부정 부패, 내실 없는 경제 성장을 가져 왔다. 따라서 분단 체제의 극복이란 바로 이러한 사회적 제반 문제들의 극복을 포함한다. 그리고 그것은 우리의 삶을 더욱 풍요롭고 활발하게 만들어줄 수 있는 것으로 기획되어야 할 것이다.

우리가 그리는 통일 사회

통일은 왜 해야 하는 것인가의 문제를 생각하면서 앞 장에서는 지난 반세기 동안 분단 이후 우리 사회 전반에 각인되어 온 부정적인 요소들을 살펴보았다. 분단은 군사나 정치적 측면에서 체제화된 것은 물론이고 우리들의 일상적 삶에까지도 깊숙이 체질화되어 버렸다. 우리는 분단 체제에 너무나 익숙해져서 주변의 정치·경제적 상황 변화나 기타 일상적 사건들과 생활 태도 등이 분단과는 전혀 관계가 없는 것처럼 간주하고 지나친다. 이 모든 문제들이 전적으로 분단 때문만이라고 단정할 수는 없겠지만 적어도 문제를 악화시키는 데에 분단이 크게 기여한 것만은 분명하다.

그렇다면 통일이 가져올 수 있는 이점은 무엇인가를 따져 볼 차례이다. 이 장에서는 분단 체제가 극복된다면 지금까지 남과 북의 사회를 왜곡하고 주민들의 삶을 위협하거나 불안하게 만들어온 부정적인 문제들이 어떻게 해결될지를 생각해 본다. "통일이 되면 당연히 좋아질 수밖에 없다"는 결론은 하나의 당위적인 언설이거나 희망 사항일 뿐, 현실적으로는 고려되어야 할 문제들이 너무나 많고 복잡하다. 따라서 과연 어떤 측면이 달라질 것인가,

또한 더욱 좋아지려면 어떤 조건이 필요한지를 살펴볼 필요가 있는 것이다.

통일에 대하여 깊이 생각해 보지 않았다 해도 통일이 되면 무엇이 달라질지, 무엇을 하고 싶은지에 대해 누구나 한두 가지 정도는 이야기할 수 있을 것이다. 이론적으로나 경험적으로 통일이 되면 무엇이 어떻게 달라질지에 대한 인식은 매우 다양하다. 가족의 분단 경험 유무, 사회 계층, 학교나 직장 등 사회 생활에서의 각자의 체험에 따라 다를 것이다.

남쪽 내에서도 이렇게 통일에 대한 생각이 다양하다고 할 때, 상이한 체제 하에서 살아온 남과 북의 사람들의 통일 인식은 당연히 차이가 날 것이다. 하지만 일상적인 통일의 의미는 의외로 비슷할 수도 있다. 따라서 어느 쪽의 통일 인식이 옳으냐 그르냐를 따지는 것은 무모한 일이다. 다만, 유사하다면 그것의 의미를 생각해 보고, 또 다르다면 그 다름이 당연하다는 사실을 수용하는 상식적인 이해가 중요하다. 여기서부터 통일이 시작되기 때문이다.

1. 통일이 되면 나는?

분단과 통일의 문제를 생각하는 방식은 크게 두 차원으로 나뉜다. 먼저 통일이 자신에게 어떤 의미가 있는가, 또 어떤 영향을 미칠 것인가에 대해서 우선적으로 고려하는 개인적 차원이 있고, 그리고 사회 전체가 어떻게 변화할 것인지, 또 그것이 바람직한지를 먼저 생각하는 사회 중심적인 차원이 그것이다. 물론 이 두 가지는 분리해서 취할 수 없고 다만 우선 순위상의 문제일 것이다.

먼저 개인적 차원의 다양한 통일 인식에 대해서 살펴보자. 대개 개인들은 통일이 내게 어떤 영향을 줄 것인지, 그것을 어떻게 활용할 수 있을지를 생각한다. 그리고 나름대로의 통일 인식에 따라 통일이 되기를 원하는 사람과 통일이 되는 것을 우려하는 사람들로 나뉘게 된다.

그러나 모든 사람들이 '통일이 되면' 하고 생각할 때 공통적으로 떠올리는 것은, 아마도 한반도의 남과 북을 가르는 군사 분계선이 철폐되고 철조망을 비롯하여 그곳을 순시하던 군인들과 양쪽에서 상대방을 향해 확성기로 울려대던 선전 경쟁도 없어진 조용하고 평화로운 푸른 지역일 것이다. 이는 곧 생존을 위협하던 전쟁의 위험이 사라지는 것이며, 따라서 개개인들이 느끼던 알 수 없는 많은 불안감들을 떨쳐 버리게 해줄 수 있을 것으로 기대한다. 다음으로는, 경계가 삼엄하던 비무장 지대에 이제는 민간인들이 드나들고, 나아가 남과 북을 왕래하고 어디든지 자유로이 여행하게 되리라는 기대를 한다. 요즘 현대그룹이 추진하는 금강산 관광이 이 기대를 훨씬 현실감 있는 것으로 만들어 주고 있다.

이렇게 남북을 가로지르던 휴전선이 풀리면, 이산 가족처럼 빨리 고향을 방문하여 친척을 만나게 되기를 바라는 사람들 이외에도, 자기 자신에게 돌아올 어떤 성취 기회를 생각하는 사람들이 적지 않다. 예를 들면, 경제인들은 자신들의 기업에 필요한 자원과 노동력과 시장에 관심을 기울인다. 타산이 맞는 곳에 공장을 세우고 투자를 하여 이득을 보려는 것이다. 또한 북쪽에 가서 취직을 하거나 정치 활동을 하여 성공의 기회로 삼을 수 있다고 생각하는 사람들도 있다. 특히 요즈음처럼 실업자가 늘어나는 때에는 통일을 취업 문제 해결 방안의 하나로 생각하는 사람들이 적지 않을 것이다. 또는 아예 공해가 적은 북쪽 어느 곳에 거주지를 옮기면 좋겠다고 생각하는 이들도 있을 것이다.

남쪽 사람들이 통일을 이처럼 개인적인 이해 관계를 충족시키는 계기로 보는 것과 똑같이, 북쪽 사람들도 통일이 되면 남쪽의 경제 기반이나 주민들을 이용하여 개인적인 성취의 기회를 얻을 수 있다고 생각한다. 한 탈북자는 북쪽 주민들이 정치·경제적인 극한 상황을 극복하는 데에 통일에 대한 환상이 '진통제' 내지 '환각제'로 작용하고 있다고 증언한다.[1] 통일이 되면 "이밥과 고깃국에 고래등 같은 기와집에 살면서 한자리 해서 남쪽 사람들을 부리게" 된다는 꿈이 오늘의 고역을 이길 수 있는 힘이 된다는 것이다.

남쪽에서는 그 동안 경제적 또는 정치적인 어려움을 겪을 때 해외 이민을 생각하고 실제로 떠난 사람들도 적지 않다. 앞으로 통일의 가능성이 점쳐질 때에는 북쪽에서 재활의 기회를 잡아 보려는 사람들이 늘 것으로 보인다. 그러나 북쪽과 다른 점은, 남쪽 주민들이 통일에 대해 더 현실적으로 바라본다는 것이다. 따라서 1990년대의 경제 위기가 아무리 힘겹더라도 이를 극복하는 데에 통일이 진통제나 환각제 같은 효과를 거두기는 어려울 것이다.

통일에 대하여 남과 북의 주민들 다수가 개인적인 이해의 관점에서 사고하게 되는 것은 일면 당연한 일이고 또 그것이 통일을 앞당길 수 있는 동인이 될 수도 있다. 그러나 개인적인 관점에서만 파악한다면 큰 틀을 놓칠 수 있다. 즉, 통일은 개인적인 차원뿐만 아니라 국가적·사회적인 차원에서도 매우 중요하며, 따라서 개인적인 기대를 충족시키지 못한다 해서 통일을 거부할 수는 없는 것이다. 또 통일은 국가·사회적인 수준에서의 절차와 과정이 필요하므로 이것이 개인의 성취 기대와 같은 방향으로 이루어질 수 있도록 적극적으로 이 과정에 참여하는 것이 중요하다. 이 때문에 때로는 자기가 속한 남이나 북이 정치 경제적으로 우월한 위치에서 통일 과정을 주도해야 한다는 집념에 사로잡히게 될 수 있다. 그렇게 되면 남에 의한 흡수 통일이나 아니면 북에 의한 혁명 통일이냐에 신경을 곤두세울 수밖에 없어진다. 또

---

1) 김수행, 「통일은 나에게 무엇이었고 또 지금은 무엇인가?」(미발표 원고).

이런 사람들 중에는 급기야 자신에게 이득이 되지 않을 통일은 굳이 할 필요가 없다고 주장하기까지 한다.

아마도 젊은 세대들 중의 대부분이 이와 비슷한 생각을 할 것이다. 이러한 태도는 일면 매우 냉정하고 합리적인 것으로 보인다. 우선 그들은 분단과 전쟁을 체험한 세대에 비해 통일의 당위성을 이야기하는 것에 거부감을 보인다. 그리고 심지어는 통일 문제를 생각할 때 민족 내지 가족 중심의 감정적 접근을 혐오하기도 한다. 통일은 지극히 어려운 문제로 보이고, 더욱이 50년 동안이나 대책 없이 외치기만 해온 통일이라는 두 글자가 지겹게 느껴질 것이다. 그들의 이런 생각은 기성 세대들로 하여금 반성할 문제를 제기하는 것으로서 충분한 가치를 지닌다. 그러나 이는 번거롭고 손해볼 일은 하지 않겠다는 다분히 개인주의적이며 단순 경제 논리에 입각한 주장이다. 여기에 그치지 않고, 통일이 개인이나 사회에 이렇다 할 커다란 이익을 보장해 주지도 못하면서 번거로운 절차에 비용만 많이 든다면 굳이 통일할 필요가 없고, 그냥 두 개의 이웃 국가로 공존하는 것이 낫다고 주장하는 젊은이들도 있다.

그러나 통일이 개개인들에게 직접적인 보상을 줄 것으로 또는 주어야 한다고 믿는 사람들이 증가한다면 결국 통일 이후에 심각한 경쟁과 갈등으로 인하여 지금보다 더 큰 혼란으로 이어질 것이 불 보듯 훤하다. 통일로 인해 개인들은 불안 심리에서 벗어나 자유의 폭을 증대시킬 수 있는 기회를 갖게 되지만, 이에 더하여 발생할 경제적 또는 정치적 이득은 사실 부차적이며 또 모든 사람들에게 찾아오는 것이 아니기 때문이다. 그러므로 통일의 근거를 개인적인 의미나 차원에 국한시키지 말고 사회적 차원에서 어떤 변화가 어떻게 일어날 것인가를 고려해야 한다.

2. 통일된 이후의 사회는?

사회적 차원에서 그려지는 통일은 어떤가?

그 동안 통일 사회의 모습에 대하여 제시된 비전은 크게 이상론적 접근과 현실주의적 접근으로 나누어진다. 먼저 전자의 경우에는 통일 사회가 어떠해야 하는지의 당위론적 논거들을 제시하는데, 일반적으로 현실적인 조건과는 무관하게 바람직한 이상적 공동체의 모습만을 그리고 있다.

좋은 사회, 아름다운 나라란 과연 어떤 나라인가? 그것은 통일 이후 과연 어떤 국가 모델을 선택할 것인가 하는 문제와 관련이 있다. 원론적으로 이야기할 때 좋은 나라란 자유와 평등, 성장과 복지가 균형과 조화를 이루는 나라이다. 그리고 균형과 조화는 사람을 소중하게 생각하는 휴머니즘에 이끌려야 한다. 그리고 사람들 사이의 의사소통이 자유롭고 환경과 문화와 지성과 땀방울의 가치를 소중하게 여기는 문화의 대국이라야 한다.[2]

힘이 없다고 능멸당하지 아니하며, 가진 것이 부족하다고 해서 피눈물 흘리지 아니하고, 부모의 경제 역량에 따라 그 자녀의 미래까지 결정되는 운명적 억울함이 존재하지 아니하며, 오랜 세월 동안 노동을 쌓아온 아버지들이 낡은 세대라고 버림당하지 않는 그런 사회를 꿈꾸어야 하지 않을까? 정치는 비인간적 모순을 재생산하는 온갖 위계 질서를 해체하는 데 힘쓰고, 경제는 누구도 소외되지 않도록 필요에 따른 생산과 분배에 주력하고, 사회는 함께 사는 즐거움을 나누려는 창조적인 노력이 격려되며, 문화와 교육은 그런 꿈들을 키워 가는 기쁨으로 충만한 아름다운 통일 미래를 그려 본다.[3]

---

2) 김광식, 『풀뿌리 네트워크가 통일을 만들어 간다』, 풀빛, 1997, 38쪽.
3) 김민웅, 「더불어 사는 사람들의 나라」, 『통일샘』, 1997, 1·2월호, 36-43쪽.

이것은 통일 사회가 지향해야 할 청사진을 설정하고 거기에 도달하는 것을 통일 과정의 목표로 삼게 한다는 점에서는 가치가 있지만, 반면에 위험성을 내포한다. 자칫 그것을 현실의 구도로 착각하게 만들 수도 있고, 그 모형대로가 아니라면 통일이 의미가 없다는 식의 반통일론 또는 통일 불가론의 근거를 제공할 수도 있다. 즉, 현실적인 조건을 고려할 때 남북간의 평화적 통일은 불가능하고, 또 통일이 된다 해도 남과 북에 그리 큰 이익을 가져오지 못할 것이므로 오히려 무용지물이라는 비관론에 빠지기 쉽다.

이런 비관론에 빠지지 않으면서 하나의 타협안으로 등장한 것이 최근 대두되고 있는 분단 관리론이다. 분단 관리론은 통일이 그리 단순한 문제가 아니기 때문에, 휴전 협정을 평화 협정으로 체결하여 전쟁을 방지하고 이웃 나라로 공존하면서 상호 교류와 협력을 활성화한다면 그것도 일종의 통일로 보아야 한다고 주장한다. 위에서 언급한 젊은 세대의 통일 인식과는 약간 다르지만, 내용적으로는 '평화 보장, 분단 유지'라는 점에서 유사한 측면을 보인다. 물론 이 논리가 나온 배경에는 1980년대 통일 운동의 경직성과 이상주의를 극복하려는 노력이 있다.

그러나, 평화 자체가 중요한 것은 사실이나, 통일을 분단 체제 극복의 의미로 해석하는 입장에서 볼 때 이는 매우 후퇴한 통일론이라 하지 않을 수 없다.4) 그 이유는 크게 두 가지다. 하나는, 평화가 통일의 필수적 요건임에 틀림없지만 분단 체제가 그대로 유지되는 한 평화의 약속은 항상 불안정할 수밖에 없기 때문이다. 만일 한반도에 말 그대로 평화가 보장된다면 이는 평화적 상황이 아니라 실질적인 평화 체제를 의미하는 것으로서, 이럴 경우 제도적·사회적 통합 등 통일의 절차가 당연히 진전될 것이다. 결국 평화 보장과

---

4) 함택영, 『국가 안보의 정치 경제학』, 법문사, 1998.

분단 관리는 상호 모순적인 기대일 뿐, 분단 체제의 성격에 대한 이해를 바탕
으로 도출된 결론으로 보기 어렵다. 다른 하나는, 이 논리가 현실성에 기초한
주장이라고 하나 통일에 대해 너무 소극적이므로 대안적 통일론이라기보다
는, '통일 대안론'에 불과할 수 있다는 점이다. 사실 이 논리에서 통일 사회에
대한 비전은 전혀 논외로 밀려나게 된다.[5]

그러므로 되도록 현실적인 조건에 기초하여 통일에 관한 현실적인 청사진
을 그리는 것이 바람직하다. 또한 현재의 조건을 그대로 두고 예견하기보다
는 남과 북의 현 상태를 변화시키면서 이상적인 사회로 다가갈 수 있는 방도
를 강구하려는 노력이 절실히 필요하다. 평화와 통일에 대한 남북 당국자들
간의 정치적 약속 정도로 오랫동안 체제화된 분단 효과가 일시에 소멸될 것
이라고 기대하는 사람은 아무도 없다. 어떤 방식으로 또 어떤 절차와 단계를
거쳐 통일이 되는가에 따라 시련과 모순의 정도에 차이가 있을 것이다.

1) 한반도에 근대 최초의 국민 국가 완성

한반도 전체를 영토로 하여 분단되었던 민족이 하나의 국가를 이루게 되면
이는 우리 역사상 처음으로 근대적인 국민 국가 nation state를 완성하는 기회
를 갖게 되는 것이다. 근대사에서 한민족은 두 번의 통일된 국민 국가를 형성
할 기회를 상실하였다. 처음은 19세기 말 대한제국이 근대 국가로 탈바꿈하
기 직전에 일제에 강점됨으로써 기회를 잃었고, 다음에는 일제 식민지로부
터 해방이 된 후 분단으로 인하여 또 한번의 기회를 잃은 것이다. 그리하여

---

5) 이 논의는 이후 3부 「통일을 둘러싼 몇 가지 쟁점들」의 "평화와 통일의 딜레마"에서 더 자세
히 살피기로 한다.

남과 북에 근대적 국가 형태의 두 단위가 공존하게 되었다. 이제 통일이 된다면 유럽 여러 나라들이 17-8세기에 이루었던 국가의 형태를 우리는 그 2-3세기 후에나 실현하게 되는 것이다.

남과 북이 하나의 통일 국가를 이루려면 두 분단국의 상이한 제도들을 하나로 통합해야 한다. 구체적으로 통일된 국가가 어떤 형태를 갖출 것인지에는 몇 가지 대안이 있을 수 있다. 이때 가장 중요한 문제는 남과 북 두 지역이 현재의 지방 자치 단체들처럼 행정적인 하위 단위가 될지 아니면 더욱 독자적인 권한을 지닌 연방 단위가 될지의 문제일 것이다. 그러나 어떤 형태이든지 통일 국가는 삼면의 바다와 한반도의 최북단 중국과의 경계를 국경으로 하여 그 안의 모든 주민이 한 국가의 국민으로서 주권을 행사하는 곳이다. 이를 위한 제도의 정비는 물론, 국내 최고의 의결 및 통치 기구와 국가를 대외적으로 대표할 기구가 하나로 통일되도록 법 체제가 갖추어져야 할 것이다. 또한 군사 제도도 통일된 국방 체계로서 재수립되어야 할 것이다.

통일 국가에서는 남과 북의 주민이었던 사람들이 동일한 국적을 가진 국민으로서 똑같은 권리를 행사하게 될 것이다. 그런데 이 변화에서 주목할 사실은 어제의 '적'이 오늘의 하나된 '우리'가 된다는 점이다. 즉, 민족의 저력을 강변하면서도 반세기 동안 분단 체제하에서 왜곡된 정치·경제·사회, 남북 간의 적대 관계로 손상되었던 민족적 자긍심을 회복할 수 있게 된다는 뜻이다. 이는 국내 거주자들보다 해외 동포들에게 있어서 더욱 특별한 의미가 있다. 한 민족이면서 민단 또는 총련으로 나뉘어 같은 고장에서도 적대하며 생활하던 재일 동포들, 북미 관계가 호전된 후에 북조선을 방문하고 친분 관계를 지녔다고 해서 남한 정부나 친 남한 동포들에게 소외당하던 일부 재미/캐나다 동포들, 북조선 국적을 가졌기 때문에 남한과 중국간의 외교 관계가 수립된 이후에도 남쪽의 고향을 방문하지 못했던 재중국 동포들이 이제

더 이상 편을 가르지 않아도 된다.

통일 국가의 건설로 인해 실제로 우리가 체감할 수 있는 변화 중 중요한 것은 군대와 전쟁의 의미가 전격적으로 바뀐다는 점이다. 그 동안 남과 북의 주민들을 가장 불안하게 했던 남북간의 군사적 대치가 해제되고, 적대적 군사 훈련, 잠수함 사건 등을 포함한 첩보전도 없어질 것이며, 매달 15일에 실시되던 민방위 훈련도 사라질 것이다. 또 모든 청년이 군대에 가야 했던 병역 의무제도 지원제로 바뀔 것이다. 이를 통해 우리는 전쟁의 위험으로부터 해방되고, 엄청난 국방비 절감으로 사회 복지나 환경 보호 등 국민 생활의 질적 향상을 위한 분야들에 재원을 투자할 수 있게 될 것이다.

대외적으로는 기존의 분단된 두 개의 국가일 때보다 국가 위상이 강화될 수 있다. 둘이 하나가 됨으로써 이웃 국가들과의 상대적인 힘의 대결에서 대항력을 강화시킬 수 있다는 것은 상식적인 결론이다. 이에 더하여 중요한 것은 그 동안 남과 북의 적대적 분단을 빌미로 주변 국가들에 의해 조작되었던 불이익들을 더 이상 감수하지 않아도 된다는 점이다. 바로 이 점이 군사력이나 경제력에 의해 국제적 위상이 강화되는 것보다 더 주목되는 점이다. 나아가, 군사·경제적 대국들의 치열한 경쟁으로 구조화된 세계 체제 안에서 한반도 통일 국가가 갑자기 중심국으로 발돋움하기는 어려울 터이지만, 동북아에서 중국, 일본과 더불어 강력한 권역을 이룰 수 있을 것이다.

하지만, 여러 국가 제도를 하나로 정비하여 하나의 근대적 국민 국가로 탈바꿈하는 것은 현재로서는 중대한 '과제'일 뿐이다. 그리고 이것은 그냥 오는 것도 아니고 누가 가져다주는 것도 아니다. 더욱이 통일 국가로 가는 과정이 어느 한쪽의 제도가 일방적으로 다른 한쪽을 흡수하는 식이 아니라 분단 체제를 극복하는 과정이려면 지금까지 우리가 보인 태도로는 불가능하다. 상대방과 통일에 대한 인식을 기본적으로 변화시키는 것이 무엇보다 우선되어야 한다. 이와 같이 의식의 변화를 토대로 한 성실한 대화와 타협의 노력만이 분단 체제를 극복하는 국가 제도의 변화를 성취할 수 있을 것이다.

2) 군사 문화에서 평화 문화로

전쟁의 위협이 차지하고 있던 자리에 평화를 구축하는 것은 결코 쉬운 과제가 아니다. 남북간의 평화 구축에는 물리적인 것만 하더라도 군사 분계선 해체와 군대의 철수, 군비의 절대적 축소 및 군의 구조 조정에 이르기까지 수많은 과제가 있다. 또한, 양쪽에서 설치한 지뢰들의 철거도 결코 수월한 작업이 아니다. 월남이나 이전의 전쟁 지역에서 대인 지뢰를 철거하는 과정에서 수많은 인명 피해가 발생했다. 우리도 그런 전철을 밟아야 할지 모른다.

그러나 다른 한편, 남북 관계가 전쟁과 대결에서 평화의 관계로 전환되는 역사적이고 충격적인 변화는 커다란 파장을 일으키면서 분단 체제하의 군사 문화를 평화 문화로 전환시키는 데에 큰 몫을 할 것으로 기대된다. 불안 요인이 제거되면 사회 전반에 걸쳐 나타나던 공격성이나 격화된 갈등의 모습도 조금 완화될 수 있다. 그리고 군대와 국방의 의미가 변화하므로 군사 문화와 병영 문화의 사회화에도 필연적으로 변화가 일어날 것이다.

사실 남북이 군사적 대치 상태에 있는 동안 각각의 생활 방식은 알게 모르게 군사 문화에 젖어 있었다. 마치 군대 상하 계급간의 무조건적인 명령 체계의 일부인 양, 연령, 성별, 직위 등을 기준으로 사회 전반에 엄격한 수직적 위계 질서가 잡혀 있었다. 흔히 병영 문화라고 불리듯이 권위주의적 집단 문화 안에서 개인이나 자유의 개념이 허용되지 않는 북쪽에서는 물론, 개인주의와 민주주의를 채택한 남쪽에서까지 권위주의는 여전히 사회를 경직시키고 있다.

　　권위주의는 비단 군사 문화의 소산만은 아니다. 오래 전부터 우리 사회에 뿌리 내린 가부장적 신분 관계에 기초하던 것이 정부, 기업, 군대, 기타 공식 조직의 근대적 관료제의 발전으로 현대화되었으며, 분단 상황에서의 정당성을 강변해 온 중앙 집권적이고 억압적인 군대식 정치 문화에 기대어 지속되어온 것이다.

　　평화 문화는 모든 인간 관계에서 모든 형태의 폭력이 제거됨은 물론, 인간의 존엄성을 절대적으로 존중하는 공동체를 적극적으로 만들어 가는 평화적 생활 방식을 뜻한다. 여기에서 '모든 형태의 폭력'에는 물리적인 폭력뿐만 아니라 언어적, 심리적 폭력도 포함된다. 평화 문화적 삶에서는 모든 성원들이 권위자의 눈치를 살피지 않고 자신의 의견을 말할 수 있으며 상대방의 견해를 경청한다. 갖가지 폭력적인 행동과 언사를 서슴지 않는 행태는 어떤 상황에서도 용서되지 않는다. 조직 폭력, 학교 폭력, 성폭력, 가정 폭력이 남아 있을 수 없으며, 악덕 기업주의 부당 노동 행위나 노동 단체의 불법적 저항 행동도 용납되지 않는다. 나와 남을 편으로 나누어 적대하고 갈등하던 이분법적 관행은 평화적 협상과 협력으로 탈바꿈된다.

　　또한 남과 북에서 민주주의가 실현되기 어려운 조건으로 작용하였던 분단은 결국 반민주 세력의 집권과 독재 체제를 정당화하는 수단이 되었으나 이제 통일은 그런 분단의 종식과 민주주의로의 이행을 뜻한다. 반공을 국시로 삼은 남쪽에서는 사상 선명성 논쟁이나 소위 '북풍' 사건과 같은 방법으로 독재에 저항하는 민주 세력의 등장을 억압하였다.

　　그러나 통일 국가에서는 국가 보안법이 소멸되고 민주적 절차를 존중하는 시민에게 정치적 활동의 자유가 보장될 것이다. 시민적 자유는 강제력이나 폭력에 의해 제한 받지 않는 자유이다. 감시 체제하의 공포 분위기에서 특권을 누리던 정치인이나 기타 기득권자의 특권은 그 효력을 잃게 될 것이며,

그 대신 시민들은 가상적 또는 실제적 피해자로서 피해 의식에 사로잡혀 행동에 제약을 받는 일이 없어질 것이다. 이제, 고도의 획일주의 사회로부터 다양성과 개성이 존중되는 다원화 사회가 펼쳐질 수 있게 된다.

통일 사회의 교육 목표와 내용도 당연히 변화된다. 어려서부터 반공이나 반미 감정을 주입시켜 증오의 대상을 키우고 자기 방어적인 집단주의를 강조하는 교육은 더 이상 필요치 않다. 부당한 체벌을 비롯한 비인간적이고 권위주의적인 교육 방식도 바뀔 것이다. 개별 학생의 개성적인 재능을 계발하려 노력하는 교사와 학생들 간의 애정과 공감대가 형성되는 그야말로 인간 발전 교육의 시대가 열릴 것이다. 그 동안 진행된 반공과 주체 사상 이념 교육은 민주 시민 교육으로 바뀔 것이며 주입식 교육은 창의성을 발휘할 수 있는 개방적 교육으로 변화될 것이다. 뿐만 아니라, 정치적 이념의 지지 수단이 되어 왔던 문화 예술도 자유롭고 창의적인 표현으로 발전하게 될 것이다.

그러므로 평화 문화는 무엇보다 시민 주체성의 확립과 밀접한 관련을 맺고 있다. 평화의 파수꾼은 군대나 어떤 권력 독점자가 될 수 없다. 과거에 다양한 적대 관계에서 항상 이기는 자로서 이득을 보던 권위자들은 더 이상 절대적 지배자가 될 수 없다. 오로지 깨어 있는 시민들만이 평화 문화의 주인이 될 수 있는 것이다.

그러나 군사 문화의 주역이 갑자기 평화 문화의 주인공으로 변신한다는 것은 상상하기가 어렵다. 일반적으로 한 사회에 오래 지속되어 온 생활 방식은 어떤 제도적 또는 조직적 변화를 계기로 갑자기 변화하지는 않는다. 문화는 오히려 기술이나 제도의 변화보다 한 걸음 늦게 변하는 것이 통례이다. 그것을 인류학에서는 통상 문화 변동의 '지체 현상'이라 하였다. 통일 과정에서도 가장 오랜 시간이 걸릴 부분이 바로 이 문화 또는 사고 방식과 생활 방식의 변화일 것이다.

통일과 통합 체제

우리는 '통일'을 체제화된 분단을 극복하는 과정으로 규정하였다. 통일이라는 개념이 남과 북이 어떻게든 합쳐져 하나가 된다는 뜻이 아니라 분단 체제의 극복이라는 특정한 내용적 조건을 부과함으로써 남북 통일의 방향성을 명확히 하려는 의도에서다. 분단 체제 논리에 연결시켜 보자면, 통일이란 개개의 사건들이 아니라 분단 체제를 극복함으로써 분단 시대를 마감하는 과정이라고 해석하는 것이 타당하다. 즉, 통일이란 국토 분단의 종식만이 아닌, 정치·경제·사회·문화적 분단의 총합, 즉 분단 체제를 극복한 통합 체제로의 변환 과정을 의미한다. 다시 말해서, 통일은 남과 북이 적대적 상호 의존 관계를 청산하고 지금까지 각 사회의 정상적이고 민주적인 발전을 막아 온 분단 체제를 극복하여 통합 체제로 전환되는 긴 과정을 의미한다.

간단히 말해서, 현존 분단 체제로부터 통합 체제로 가는 것이 곧 통일이며 이러한 통일의 과정을 추진하는 힘은 바로 우리들 자신이 분단 정치적 행태를 중지하고 통일 정치를 실천하는 것에서 비롯된다는 것이 우리의 주장이다. 통일 정치는 남과 북의 여러 행위 주체들이 분단 체제 극복에 기여하고 통합 체제를 만들어 가는 다양한 실천을 의미하며, '분단 정치' 즉 분단 체제를 고수하는 사고 및 행위들과 구분된다.

통일 정치에 관한 논의는 다음 장으로 미루고, 이 장에서는 분단 체제를 극복한 통합 체제의 성립을 통일로 규정하려는 우리의 통일 개념을 부연 설명하고자 한다. 먼저, 통일과 통합에 대한 개념 정리를 한 후에 현재 널리 알려진 통일론 몇 가지를 통합 체제 논리와 비교 검토할 것이다. 그리고 이를 기초로 통합 체제의 개념화를 시도하며, 통합 체제로 가는 통일 과정이 현실적으로 어떻게 전개될 수 있을 것인가를 생각해 보기로 한다.

1. 통일, 통합

통일과 통합의 말뜻을 통해 그 차이를 찾아보자.

먼저, 통일이라는 단어의 일상적 용법을 보면, 우리는 흔히 "무엇 무엇으로 의견을 통일한다" "색깔을 통일한다" 등의 말을 한다. 이때 통일은 '일치됨'을 뜻한다. 차이가 없이 똑같이 한 목소리, 한 색깔이 된다는 것이다. 어떤 모임이나 단체에서 구성원들의 의견이 항상 통일되는 것이 바람직한가 아닌가는 상황에 따라 다를 것이다. 의견의 통일이 강제적인가 자발적인가에 따라, 또한 그 모임의 건전한 발전에 도움이 되는지 그렇지 않은지에 따라 평가가 달라질 것이다. 갈등 관계에 있는 당사자들이 협상을 하기로 스스로 의견을 모으는 것은 밝은 미래를 예견해 주는 일이다. 그러나 남북 문제와 연관지어 볼 때, 남과 북이 만나서 의견을 통일하고 합의점에 도달하는 일이 매우 드물고, 남북 기본 합의서처럼 어떤 합의를 보는 경우에도 각기 다른 배후 인식을 갖고 있어서 합의한 대로 실현되기가 어렵다. 이는 합의 문서가 온전한 의미에서 남북간 견해의 통일을 이룬 결과라고 볼 수 없게 한다.

통합이라는 표현은 일상적으로 자주 쓰이는 용어가 아니다. 이것은 기업의 통폐합 또는 부서의 통폐합 등 조직의 재구성에 관한 서술로 주로 사용되어 왔다. 이때 특히 큰 기업이나 부서가 중심이 되어 작은 기업 또는 부서를 흡수하는 합병의 경우가 많다. 이것은 약육강식의 논리가 사회적으로 적용된 통일에 다름 아니다. 따라서 이미 언급한 것처럼, 통합론적 통일 논의는 흡수 통일의 의미로 해석될 여지가 있고, 북쪽이 이를 위협적으로 느끼고 있는 것도 바로 이 때문이다.

사회 과학에서 광범위하게 사용되는 사회 통합의 개념을 원용해 본다면 통합의 의미는 달라진다. 사회 통합이란 둘 이상의 본질적으로 다른 구성 요소들이 커다란 하나의 공동체 테두리 속에 한데 어우러지는 것을 뜻한다. 그러나 하나의 큰 테두리 안에 있다고 해서 내부의 요소들이 모두 동질적이고 일색(一色)이 되는 것은 아니다. 크고 작은, 강하고 약한, 내용적으로 다양한 이질적 요소들이 적절히 자율성을 유지하면서 상호 의존적인 관계로 얽히는 것이 통합이다. 통일은 여러 요소가 하나로 일치하느냐 아니냐의 문제인 반면, 통합은 하나의 큰 틀 안에서 구성 인자들이 다양한 이질적 특성을 견지하면서 유기적으로 결합하는 것을 뜻하며, 따라서 결합의 정도에는 차이가 있을 수 있다.

남북 통일을 한 여자와 한 남자가 함께 부부를 이루는 결혼에 비유하는 사람들이 있다. 남과 북이 하나의 가정을 이루는 것과 마찬가지라는 것이다. 이러한 비유에는 현실적으로 남존 여비의 가부장적 사회에서 결혼이 의미하는 관습 때문에 오해를 가져올 우려가 있다. 형과 아우의 만남이나 남자와 여자의 결혼 등으로 비유하는 경우, 양쪽의 비대칭성과 우열을 미리 전제해 버릴 수 있기 때문이다. 이러한 위험을 무릅쓰고 통일과 통합의 개념에 관한 이해를 돕기 위해 결혼 이야기에 비유한다면, 결혼은 한 가정으로의 합일 즉 통일을 위한 약속이자 제도이며 의례이고, 결혼 생활의 유지는 통합을 통해 가능해진다.

서로 다른 가정에서 자라고 사회에서 여자와 남자로 성장한 주체가 만나 하나의 가정을 이루어 함께 생활을 시작하는 결혼에서, 두 사람이 하나의 결혼 계약으로 새 가정을 만들었으니 통일되었다는 말을 할 수가 있다. 그러나 엄격하게 말하자면 결혼은 제도적이고 현실적인 삶의 틀을 마련하는 것이며, 결혼을 했다고 해서 이제까지의 성장 배경이나 부부간의 성격 혹은 활동 경험 등이 모두 일치하는 것은 아니다. 즉, 두 사람이 한 가정 안에 통합되어 있는 것이다.

이때 가족의 내적 통합 수준은 구성원들간의 상호 의존도이며, 현대 가족의 통합에는 서로 다름에 대한 존중과 이해와 신뢰가 결정적인 요인이 된다. 어느 한 사람이 기득권자로 다른 사람들의 취향이나 사정에 상관없이 자기의 취향과 기획에 맞추도록 강요하는 것은 강제로 통일을 이루려는 것과 같다. 신부가 무조건 시댁의 풍습만을 따르거나 남편의 명령에 무조건 복종하는 권위주의 시대는 지났다. 과거 강력한 가부장제하에서와는 달리, 결혼한 두 사람이 상대방의 출신 가족을 자신의 출신 가족과 똑같이 존중하고 차이를 인정하며 각자의 역할을 독립적으로 수행하면서 가정을 이끌어 갈 때 민주적이고 화목한 가정을 유지할 수 있는 것이다.

그러나 이러한 이상적 상태를 위협하는 일이 자주 발생하므로 구성원 모두의 노력 없이는 이를 유지하기가 매우 어렵다. 한 가정을 이끌어 간다는 것은, 곧 통일된 결합체인 가족이 내적 통합 수준을 저하시킬 우려가 있는 문제들을 하나씩 해결해 가면서 통합을 이루는 과정이다. 이렇게 가족 구성원들 간에 이질적인 개성과 활동이 하나로 통일되지 않는 가운데에서도 결속을 위한 노력으로 통합 체제를 유지하는 점이 통일 과정에 비유될 수 있는 것이다. 결혼 생활이나 분단 체제의 극복은 양쪽의 실력 대결로 이루어지는 것이 아니라 상호 이해와 존중에 기초한 상호 의존성의 증대가 관건이다.

남북간 국가와 사회의 통일이라는 측면에서는, 단순히 표현상의 문제로만 본다면, '통일 국가'라는 표현은 남과 북이 합쳐 하나의 국가로서 큰 테두리를 만드는 것이라는 의미에서 통일이라는 용어를 사용해도 무리가 없다. 그러나 통일 국가라 하여 그 안의 모든 것이 하나로 통일된 상태여야 하는가라는 물음에는 쉽게 긍정할 수가 없다. 통일의 과정과 절차는 민주적이어야 하며, 그렇지 못할 경우에는 오히려 분단 상태를 극복하는 데에 방해가 될 수 있기 때문이다. 또한 그것이 통일 사회를 불안정하게 만들 수도 있다.

통일 사회의 모형으로 통합 체제를 제시하는 근거가 바로 여기에 있다. 국가적, 제도적으로 통일된 경우에도 그 안의 모든 상이한 요소들이 획일적으로 통일되는 것이 아니라 유기적으로 통합을 이룰 때 유연한 체제를 유지할 수 있으며, 통합적 속성은 민주주의 및 평화 문화와 깊은 연관이 있다. 이에, 남북 통일이라는 개념이 "분단 체제를 극복하고 통합 체제로 가는 과정"이라는 독특한 성격을 갖게 되는 것이다.

통일과 통합에 대한 이와 같은 개념 이해를 전제한 상태에서 현재 논의되고 있는 통일 담론을 살펴보자.

2. 현존 통일 담론의 비판

지금까지 널리 알려진 대표적인 통일론으로는 남과 북 양측 정부의 통일안과 그 절충안 격인 김대중 대통령의 통일안, 1980년대 남쪽의 민간 통일 운동에서 제시된 통일론, 그리고 지난 몇 해 동안 통일 관련 연구에서 유행처럼 번지게 된 통합론 등이 있다. 여기에서는 남측의 공식적 통일안인 '한민족 공동체' 방안에 내포된 통일론, 그리고 최근에 부각된 정치·경제·사회 문화적 남북 통합론을 간략하게 짚어 보고자 한다. 이들 각각에 대해서 구체적인 내용을 설명하기보다는 통합 체제론과 비교하여 문제가 되는 부분만을 부각시켜 검토해 볼 것이다.

1) 한민족 공동체 통일론

한민족 공동체 통일 방안은 한마디로 남과 북이 2체제 2국가의 현 상태에서 평화를 정착시키고 교류하는 단계부터 시작하여 궁극적으로 1국가 1체제로 통일된 한반도를 지향하는 방안이다. 이는 2체제 2정부가 연방 국가를 이루는 고려 연방제 통일 방안과 정면으로 대치되어 왔다. 표면적으로는 양측이 이견을 좁히지 못하는 중심 쟁점이 궁극적으로 체제 통일과 국가 통일로까지 갈 것인가 아닌가의 문제에 있는 것으로 보인다. 그러나 대립의 더 큰 근원은 이러한 구체적인 쟁점이 아니라 분단 체제하에 상존해 온 정치적 갈등에 있다. 이는 각 당국자들이 과연 통일의 의지를 갖고 있는지 의심스러울 정도로 상이한 통일안에 대하여 서로 협상조차 시도하지 않았다는 데에서 잘 나타난다. 상대방에게 어느 점을 양보할 것인가는 전혀 생각하지 않고, 다만 각자의 통일안이 더 그럴 듯하고 상대방의 것은 악한 의도를 가진 것이라는 논리로 대립해 온 것이다.

현실 정치의 논리로만 본다면 남북간에 통일 국가의 제도와 조직을 형성하는 일은 결국 양측의 상대적 힘의 우열에 따라 결정될 공산이 높은 것이 사실이다. 한 국가로의 통일을, 현재의 남한이나 북조선 중 어느 하나가 주도하고 다른 하나는 소멸되는 것으로 해석하고 있기 때문에 남과 북 어느 쪽도 결코 양보할 수 없는 것이다. 분단국이었다가 통일이 된 베트남이나 독일도 그러했기 때문에 다른 모습을 그리기가 어렵다.

그러므로 누가 중심이 되고 누가 소멸되는가에 촉각을 곤두세울 수밖에 없다. '우리 쪽'의 제도가 관철되어야 한다는 소망에는 남과 북이 다르지 않다. 남쪽은 당연히 남쪽이 주도적으로 통일 과업을 이룩해야 한다고 믿고, 북쪽은 그 반대로 생각한다. 그래서 이를 위해서라면 무력이나 경제력 등 강제적인 방법을 통해서라도 상대방을 제압해야 한다는 발상을 갖게 되는 것이다. 이런 점에서 남과 북은 꼭 닮은꼴이다. 그러나 이런 발상은 근본적으로 힘의 논리로서, 평화적이고 발전적인 통일 국가 형성 과정을 매우 위험스럽게 단순화시킨다. 이것은 결과적으로 통합 체제의 의도에는 어긋나는 반통일적(反統一的), 분단 체제적인 발상인 것이다.

남과 북의 통일 방안은 그 자체에도 문제가 있다. 가장 중요한 문제점은 양측 정부의 통일안이 국가 중심적이고 제도 중심적이라는 데에 있다. 이들 통일안에서 남과 북의 사람들은 전혀 고려되지 않는다. 단지 체제와 국가 등 제도적인 차원의 문제만 다루고 있을 뿐이다. 제도만 마련되면 사람들은 이에 따라 당연히 통일되리라는 매우 낙관적인 전제가 담겨 있다. 그런 통일안들을 보면서 많은 사람들은 구체적으로 내게 어떤 일들이 벌어지게 될 것인가를 상상하기 어렵고, 결과적으로 정부의 통일안에 대해 깊은 관심을 보이지 않게 되는 것이다.

따라서 이들 통일안은 분단 체제하의 남북간의 경쟁용 내지 각 사회 내부의 정치용에 불과하다는 비판을 면치 못한다. 남과 북의 정부 통일안들은 분단 체제의 복합적인 문제를 도외시하고 단순히 정치적 도구로 사용하기 위해 만들어진 원칙적 구상에 불과하며 분단 체제의 극복이라는 관점에서 볼 때 어느 면에서도 진정한 통일안이라는 평가를 받기가 어렵다.

2) 남북 통합론

최근에 각광을 받고 있는 남북 통합론은 어떤가? 기존의 양측 정부의 통일안이 제도적 통일에만 관심을 두었다면, 통합론은 정치, 경제, 사회, 문화 등 부문별로 통일에 접근한다는 점에서 진일보한 것이다. 이 통합론의 핵심은, 부문별로 남북간의 이질화된 요소들을 점차 동질화시키고 하나로 일치시켜 가면서 점차적으로 전체적인 통일에 이른다는 것이다. 이러한 통합론적 접근은 통일의 과정을 일단 여러 부분으로 분리하여 각각 해결하려는 노력을 전개함으로써 전면적인 정치·군사적 대치의 관문을 타개하려 한다는 점에서 더 현실적일 수 있다.

그러나 여기에도 문제점이 있다. 첫째는, 분단 체제라는 것이 정치, 경제, 사회, 문화라는 부문들의 단순 총합으로 볼 수가 없기 때문이다. 분단 체제는 이들 부문간의 상호 유기적 연관 체제이며 그 작동 원리도 매우 복합적이다. 따라서 이러한 복합적인 작동 원리를 무시한 기계적 통합이 분단 체제를 극복하는 데에 얼마나 효과적일지 의문이 제기된다. 둘째로 부문별 통합론이 현실적 실효성을 거두기 어려운 또 다른 이유는, 흡수 통일과 동의어로 오해를 사고 있다는 점이다. 그럴 만한 이유도 있다. 사실상 현재 진행되고 있는 통합 논의의 배경에 다분히 흡수 통일의 의도가 깔려 있다는 점을 부인할 수 없다. 기본적으로 통합은 두 개의 이질적 요소 중 어느 하나가 소멸해 버리고 다른 하나로 흡수된다는 의미로 해석될 뿐만 아니라, 또 통합론이 흡수 통일 논의와 비슷한 시기에 대두되었으므로 일부에서는 흡수 통일의 구체적인 방법론으로 오해할 수도 있다.

따라서 우리는 현존 양 정부의 통일론과 최근 남쪽의 통합론이 남북간의 평화적이고 점진적인, 협상에 의한 통일의 현실적 실효를 거두기에는 이미 근본적인 문제들을 드러내고 있다고 본다. 분단 체제를 극복하는 통일 과정의 핵심은 정치·경제·군사적인 여러 제도들과 문화와 사람의 통합이 상호 유기적 관련을 이루는 데에 있으며 이로써 통합 체제를 형성하게 될 수 있음을 중시해야 한다. 이는 통일에 대해 더 본질적인 면을 생각하면서 현실적으로 타당한 통일 과정과 통일 사회의 모형을 설정하는 데에 도움이 된다고 본다.

3. 통합 체제란?

이제 이 글에서 말하는 통합 체제에 대한 좀더 상세한 설명을 할 차례이다. 통합 체제는 분단 체제의 대립항으로 설정되었으나 단순히 그 반대의 뜻만 가지고 있는 것이 아니라, 남북에 정착된 분단 체제를 극복하여 하나로 통합되는 과정상의 부담을 안고 있다. 통일의 과정은 분단 체제가 통합 체제로 체제적 전환을 이루게 될 때에 마무리되는 것이다.

통합 체제라는 용어는 사회 통합 social integration의 개념을 빌려 남과 북이 분단되어 적대적 공생 관계에 있는 두 단위가 하나의 사회로 된 상태의 체제적 특성을 부각시키려는 의도로 사용된다. 통합 체제는 제도적·사회적 통합을 통해 일정 수준 이상의 통합 수준을 보이는 사회 체제이다. 제도적 통합은 최소한의 사회적 통합이 이루어져야 순조롭게 진행될 수 있으며, 제도적 통합이 순조로울 때 사회적 통합의 수준이 더 높아질 수가 있다.

통일이란 바로 제도적 통합과 사회적 통합 간의 이러한 변증법적 상승 과정을 통하여 분단 체제를 극복하고 통합 체제로 가는 과정이다.

1) 제도적 통합과 사회적 통합

남과 북의 통일 과정은 하나로 통일되는 부분과 각각의 다름이 상호 의존적으로 공존하며 통합되는 부분을 적절하게 결합하는 과정이기도 하다. 이것을 제도적 측면과 사회 문화적 측면으로 나누어 살펴보자.

여러 지역 또는 국가들이 하나의 국가로 통일된다고 할 때, 한 국가의 근간이 되는 정치, 경제, 군사, 사회적 제도들은 하나로 일치될 것이라고 기대된다. 실제로, 헌법과 형법 등의 기본적 법제도, 정부 제도, 군대 및 경찰 제도, 재산, 조세, 기업, 화폐, 노동, 수출입 등에 관한 경제 관련 제도, 교육 제도, 각종 사회 보험과 사회 보장 제도 등 공식적인 제도들은 하나로 통일되어야 혼란이 감소될 것이다. 사실상 통일 이후의 국가가 분단된 채 운영되어 온 기존의 제도들을 있는 그대로 답습할 수는 없다. 국가의 통일은 곧 통일 국가의 면모를 갖추는 데에 필수적인 주요 제도들의 통일이기 때문이다.

그러나 분단된 남과 북의 통일에서는 이처럼 통일 국가의 필수적 요건으로 인식되는 제도들의 통일에 대하여 더 고려해 볼 부분이 있다. 주요 공식 제도라 하더라도 반드시 하나로 통일되어야만 할 것인지를 가늠하는 기준은, 제도 통일의 가장 큰 목적, 즉 통일 국가가 민주적 방식으로 원활히 운용되는 것에 두어야 할 것이다.

여기에서 잠시 앞서 논의한 결혼과 가족의 비유로 돌아가 보자. 결혼과 친족에 관한 법률은 가족의 성립 및 해체, 그리고 가족 구성원들간의 상호 관계를 질서화하는 것에 필요한 최소한의 규범을 통일적으로 제시한다. 그 외에 부부가 어떤 직업을 갖고 어떤 활동을 하든지, 또 종교를 갖든지 하는 문제 등은 각 가정의 문제이다. 가족 구성원들의 생각과 행동을 통일시켜야 한 가정이 유지되는 것은 아니다. 가족 구성원들간에 종교가 다르고 직업과 학력이 다르면서도 한 가정이 높은 통합 수준을 유지하는 경우는 많이 있다. 그런데 이것을 가능하게 하는 힘은 서로의 다름에 대한 존중이다.

국가 제도들 중에서도 기본적인 목적이나 방향은 동일하더라도 구체적인 내용과 추진 방식이 다양함으로써 더 큰 효과를 볼 수 있는 경우가 있다. 지방 자치 단체의 자율성을 강화하여 지역간의 자율적인 제도와 선의의 경쟁이 국가의 발전을 더욱 촉진시킬 수 있다. 예를 들면 교육 제도의 기본적인 틀은 통일시키되 지역 사정에 맞는 학교 운영 방식을 채택하여 교육의 효과를 높인다든지, 산업 및 시장의 발전과 민주 정치에 관련된 제도들도 지역의 특수성을 반영하는 지역간 차이를 긍정적으로 수용할 수도 있을 것이다. 즉, 제도의 큰 틀은 통일을, 각 제도의 실제 운영은 다양한 하위 제도들이 통합을 이루는 형식으로 제도적 통합이 이루어지는 것이다.

이런 점에서 볼 때, 통일 과정에서의 남북간에 상이한 제도의 문제를 해결하는 방법으로 통일과 통합 두 가지가 병행될 수 있는 것이다. 즉, 남 또는 북, 혹은 제3의 형태로 통일을 이루는 방법도 있을 수 있고, 어느 정도 큰 틀만을 일치시킨 후에 남과 북 또는 지역간의 차이를 인정하면서 통합을 이루는 형태도 가능하다. 또한, 개별 제도의 성격이나 시민들의 요구에 따라 통일되는 제도와 통합되는 제도가 병존할 수도 있을 것이다.

그 중에서 많은 사람들이 우선적으로 관심을 보이는 문제는 경제 제도이다. 이론적으로 보면 어떤 경제 체제를 택하더라도 모두 장단점이 있다. 현재 발전된 서구 자본주의 국가들에서는 사회주의적 제도를 많이 채택하여 보완하고 있으며, 이러한 결합 형태는 소련과 동유럽 사회주의가 붕괴된 후 이상적인 경제 제도로 일컬어지기도 했다.

그런데도 남쪽식의 자본주의냐 아니면 북쪽식의 사회주의냐에 관심을 보이는 것은 우선 어느 것을 택하는가에 따라 개인의 삶에 미치는 영향이 클 것이므로 자연스럽기도 하지만, 어느 편이 이기느냐에 대한 집념도 작용하는 것으로 보인다. 그러나 자본주의와 사회주의가 상호 보완될 때 사회 발전이 가능하고, 또한 앞에서 살펴보았듯이, 남과 북의 경제 제도는 분단 체제하에서 상당히 왜곡되어 각각 불완전한 자본주의와 사회주의로 현존하고 있기 때문에 통일된 경제 제도로서 어느 하나만을 고집하는 것은 통일 국가의 장기적인 발전에 결코 유리하지 못하다. 그렇다면 아마도 제3의 경제 제도를 발전시키는 노력이 분단 체제 극복에 동반되어야 할 것으로 보인다.

이때 결합적인 경제 제도의 큰 틀을 마련한다고 해도, 지역에 따라 시장의 규모나 고용 문제의 해결 방법 등 하위의 경제 제도에서는 편차를 허용하는 것이 중요하다. 다시 말해서, 통일 국가에서는 모든 사회 제도가 당연히 하나로 일치되어야 한다는 강박 관념을 깰 필요가 있다.

무슨 일이 있어도 남과 북이 제도적으로 모두 통일을 이루어야 한다는 전제는 남이나 북에 공통된 인식으로 보인다. 이것은 역사적으로 오랫동안 중앙 집권에 길들여진 탓도 있지만, 그보다는 남북간의 기존 대립 관계를 불식시키기 위한 목적에서 비롯된 것이다. 그러나 바로 이 점이 어느 쪽의 제도가 이기느냐에 관심을 집중시키고 상호 신뢰를 저해하는 요인이 된다. 오히려 통일 국가의 제도들에 지역간의 특수성을 반영한다는 유연한 발상이 통일 과정을 순조롭게 이끌어갈 수 있을 것이다. 이 경우, 다양한 하위 제도들이 높은 통합 수준을 이루면서 통일 국가 내로 통합되는 방식과 기제가 필요하다. 이것이 바로 제도적 통합의 기반으로서 중요하게 고려되어야 할 사회적 통합이다.

사회적 통합이라 함은 다양한 사회 집단과 조직과 개인들이 하나의 공동체적 사회 성원으로서 공동의 정체성을 유지하며 다른 구성원들과 더불어 전체를 구성하는 것을 말한다. 다원화된 현대 사회에서 사회 통합은 획일적 공동체의 의미보다는 구성 인자 집합들간의 상대적 자율성과 의존성의 관계, 그리고 유기적인 연계와 상호 교류와 실천적 상호성을 요구한다.[1]

즉, 통합은 이질적 요소들의 동질화, 더구나 강제적 동질화를 의미하지 않는다. 이질적인 요소들이 그 이질성을 인정한 바탕 위에 자율과 의존의 관계 속에서 유기적으로 통합된 전체를 구성하는 것이다. 이런 사회에서는 나와 같지 않다고 하여 비정상으로 치부하지 않고 오히려 차이의 아름다움이 존중될 것이다. 또한 다름에 기초한 타협과 협상, 다원적 요소들간의 연대와 정의로운 경쟁의 원리가 정치의 기반이 되며 공공의 윤리가 사회를 운영하게 될 것이다.

인간 공동체는 생물 공동체와 달리 구성원들의 긍정적 수용과 책임 의식에 기초하여 연결된다. 조직화된 인간 공동체의 통합의 수준을 결정하는 주된 요인은 구성원의 귀속감 belongingness과 일체감 identity이다.[2] 그런 의미에서 국가란 어떤 주어진 것도 아니고 제도만으로 구성되는 것도 아닌 그야말로 사회적·정신적 실체인 것이다.

서로 다른 체제에서 생활한 결과 생겨난 이질성을 존중하고 그 바탕 위에서 공동체적 관계를 복구하는 의식의 개혁이 남북간 사회 통합의 기본 과제

---

1) 사전적 의미에서 사회 통합은 독립적 인자들을 하나의 결합체로 묶는 것을 뜻한다. 통합된 사회는 공통의 정체성과 문화를 갖는 하나의 공동체일 것을 기대한다. 그러나 현대 사회에서는 모든 사회 문화적 구성에서 전체적 합의와 일치라는 강제적 요건보다는 집단들간의 "정규적 연대, 실천의 상호 교환이나 상호성, 그리고 상대적 자주성과 의존성의 관계"를 요구한다. Giddens, Anthony, *Central Problems of Social Theory*, Berkeley, University of California Press, 1979 참조.

2) 사무엘 헌팅톤, 『정치 발전론』, 민준기·배성동 역, 을유문화사, 1995.

이다. 이것은 결코 간단한 일이 아니다. 우선, 분단 체제 아래에서 남과 북의 사람들이 이제까지 내면화해 온 적대감과 습관화된 자기 중심적 상호 비방을 멈추고 이념과 가치의 벽을 넘어 하나의 공동체 성원으로서 자타를 공인하는 것은 결코 쉽지 않을 것이다. 더욱이 상대방과의 상호 의존과 교류를 정상적으로 인식하는 것은 정치, 경제 분야의 상이한 공식적인 제도들의 통일 내지 통합보다 오히려 더 큰 난제일 수 있다.

제도적 통합은 사회적 통합에 비해 물리적이고 기계적인 결합이며, 정치적 협상에 의해 어느 정도 기술적으로 해결되는 문제이다. 반면에, 문화적, 심리적, 사회 관계적 요소가 얽힌 사회 통합은 화학적 결합에 가깝다고 할 수 있다. 그것은 발현적인 특성을 가지고 있어서 결코 협상과 같은 방법으로는 해결하기 어렵다. 물론 이렇게 분석적으로 구분되는 제도적 통합과 사회적 통합은 결코 별개로만 작동하는 것이 아니라 상호 깊이 맞물려 있다. 그러므로 이 두 가지의 통합 과정이 순조로워서 서로 상승 효과를 일으킬 수도 있고 어느 시점에서 상호 저해 요인으로 작용할 수도 있다.

우리가 독일 통일에서 얻은 가장 큰 교훈은 제도적 통일이 이루어졌다고 해서 집합적 정체감이 자동으로 생겨나는 것이 아니라는 점이다. 힘의 논리로 이루어진 제도적 통일이 구 동서독 주민들간에 심각한 균열을 초래하고 사회적 통합을 막는 요인으로 작용하기도 하였다. 이는 오랫동안 일상 생활에까지 뿌리 깊게 존재해 온 분단적 사고 방식과 체질의 변화를 통해 사회적으로 하나가 되는 것이 얼마나 어려운가를 말해 준다. 충분히 준비되지 않은 통일 국가의 설립은 분단 체제를 극복하는 데에 오히려 장애가 될 수 있다.

남북간 통일의 노력이 언젠가는 하나의 통일된 국가를 형성하게 되겠지만, 통합 체제 구축이라는 관점에서 보면 이는 완전한 의미에서의 통일이 아니다. 사회 통합은 홍보와 선전 또는 논리적 주장으로 이루어지지 않는다. 상징적으로 작용하는 공동체적 정체성에 대한 효과적인 동일시가 관건이 된다. 따라서 통일 과정에서 공식적인 제도들의 통일 내지 통합과 더불어 사회적 통합을 이루어 내야만 분단 체제를 극복하고 통합 체제로 갈 수 있으므로 이 두 가지 중 어느 것도 소홀히 할 수 없는 중요한 과제인 것이다.

2) 통합 체제의 통합 수준

일반적으로 한 국가 사회는 어느 정도 사회 통합을 이루고 있다. 계층간, 지역간, 기타 다른 변수들에 의한 내부 분열이나 갈등이 있더라도 국가 사회 자체가 해체되지 않고 있다면 일정한 수준에서의 통합이 이루어지고 있다고 보아야 할 것이다. 사회 통합은 이처럼 본질적으로 독자적인 요소들이 하나의 결합된 전체를 구성하는 정도를 말한다. 이때 구성 요소들은 다양한 특성을 지닐 수 있으며, 이들의 결합에는 기능적 또는 다른 종류의 의존 관계와 최소한의 공동체적 정체성과 문화가 깃들어 있다.

한 사회 또는 다른 종류의 사회 집합체가 고도의 통합 수준을 이루기 위한 필요 조건으로는 효과적인 조직 형태와 이에 걸맞는 집합적 정체감 및 정서를 들 수 있다.[3] 이를 남북 통일에 대입해 보면, 우선 정치·경제·사회적 차원의 제도적 통일에 의한 통일 국가의 조직적 형태를 마련하고, 주민들의 공동체적 정체성이 갖추어져야 한다는 뜻이다. 여기에서 제도의 통일이나 국가의 통일은 통합 체제의 틀거리 내지 밑그림에 지나지 않는 조직화 작업에 속한다. 진정 통합을 이루기 위해서는 이 밑그림을 채울 사회 구성원들이 이에 동의하고 참여하여 하나의 공동체를 이루고 문화 정서적으로 어느 정

---

3) 엘리아스, 『사회학이란 무엇인가』, 최재현 옮김, 나남출판사, 1987.

도의 통합 수준을 유지하는 것이 중요하다.

사회 내의 결합은 합리적 담론에 의해서는 물론, 상호 주관적인 상상력과 감성적 느낌을 표현하고 행동으로 옮김으로써 이루어진다. 국가는 구성원 개개인들의 의식적 노력과 그 지속적 과정에서만 존재하며, 자기 갱신의 항구적 과정에 의존한다. 즉, 통합이란 사회적으로 존재하는 모든 갈등이 해소된 정태적 상태를 의미하기보다는 다양한 갈등과 공존하며 항상 새롭게 추구되는 과정으로서 의미를 갖는다. 이때 정서적 측면을 공유하여 사회 통합에 기여하는 요소로서 공동체를 표현하는 상징들이 있다. 예를 들면, 국기나 국가, 국민 의례와 기념 행사 그리고 중요한 역사적 기념일이나 문화 유산 등을 기억하고 보존하는 것이다. 이러한 것들은 어떤 설명이나 의식적인 설득 작업 없이도 국민의 정서를 국가라는 집합체에 귀속시키는 데에 중요한 역할을 한다.

한 사회가 지속되기 위해 필요한 '어느 정도'의 통합 수준이란 과연 어느 만큼일까? 이 질문에 대해서는 단 하나의 정답이 있을 수가 없다. 물론 통합의 수준이 높을수록 바람직할 것이다. 그러나 통합의 수준이 반드시 바람직한 사회상을 의미하는 것은 아니다. 예를 들면, 강한 독재 체제는 대단히 높은 통합 수준을 만들어 낼 수가 있다. 국가 또는 기타 집합체가 강도 높게 조직화되고 이에 대해 구성원 개개인들이 높은 자긍심과 충성심을 지니고 일치 단결하는 모습은, 실제로는 지배 집단의 조작과 통제에 의한 경우가 많다. 예컨대 나치즘, 근본주의적 종교, 혁명 이념 등에 기초하여 높은 수준의 사회 통합을 이루는 경우들이 그러하다. 항상 사회 성원들 모두가 단결하여 배타적인 투지를 보이는 것은 오히려 병적 현상에 가까운 것으로 심각하게 우려해야 할 일이기도 하다.

결국 어떤 사회에나 적용되는 통합의 적정 수준을 단정적으로 말하기는 어려운 일이다. 사회에 따라 또는 평상시와 위기 등 시기의 성격에 따라 요구되는 수준이 다르게 설정되기 때문이다. 따라서 통일된 한반도가 어느 정도의 사회적 통합을 이룰 수 있을지는 미리 예견하기 어려운 문제다. 통일로 가는 단계마다 구성원들의 노력을 포함한 각종 다양한 현실적 조건들에 의해 남과 북의 사회 통합적 수준이 달라질 것이기 때문이다.

　남북간의 사회 문화적 동질화가 통일 사회에 기여할 것이라는 논리가 남쪽 정부의 기본 인식이고 이를 수용하는 사람들이 적지 않다. 과연 동질화 논리가 남북 주민들간의 통합 수준을 제고한 논리로서 타당한가? 이 문제는 뒤에서 더 논의될 것이나, 결론적으로 말하자면, 분단 체제 아래에서 형성되어온 모든 사회 문화적 이질성을 극복하고 동질화를 주창하는 논리는 사회적 통합에 역행할 위험을 내재하고 있다. 그것은 이미 그 기준과 가치를 어느 한쪽으로 고정해 두고 그와 다른 것들을 이에 적응시키도록 만드는 강제적인 획일화의 과정으로 이해되며, 따라서 흡수통일론과 연결되는 것이어서 통일 과정에 실효를 거두는 데에도 도움이 되지 않을 뿐만 아니라 통합 수준을 높이는 데에도 방해 요소로서 작용할 수가 있다.

4. 통합 체제의 전개 과정

앞장에서 여러 가지의 사건이나 통일 사회의 부분적인 모습들을 하나씩 살펴보았다. 그런데 이들은 분단 체제 극복이라는 총체적인 틀 안에서 서로 유기적으로 연결될 때에 비로소 진정한 의미를 갖게 되는 것이다. 더구나, 일부 사건들은 분단 체제의 극복과는 별도로 일어날 수 있는 경우인 것도 있다. 예를 들어, 단순히 군사 분계선이 없어진다고 해서 분단 체제가 극복되었다고 말할 수는 없는 것이다. 또한 남북간 여행이 가능해지는 것은 반드시 통일을 전제하지 않아도 된다. 이런 점에서 보면, 군사 분계선의 해지, 상호 왕래와 같은 일은 분단 체제가 통합 체제로 전환되는 과정에서도 충분히 일어날 수 있는 단편적인 일들이다.

거듭 되풀이하지만, 통일은 현재까지의 분단 체제를 청산하는 일이다. 현재의 상황에서 이를 극복하는 과제에 관한 논의 자체가 분단 체제적 논리에 빠질 위험이 다분히 있다. 이런 위험 요소를 극복하면서 동시에 현실 조건을 고려한 통일 논의란 그리 단순한 작업이 아니다. 그러나 현재의 적대적 경쟁 체제하에서 힘의 논리에 따라가도록 내버려두는 것이 통합 체제로 가는 길이 아니라는 점을 기억하는 것 또한 중요하다. 앞에서 언급한 대로 통합 체제로 가는 통일 과정은 제도적 통일과 통합, 그리고 사회적 통합이 서로 상승 효과를 발할 수 있도록 점진적으로 추진해 나가야 한다.

무엇보다 중요한 일은, 남북이 통일된 사회 체제의 모습에 유연한 발상을 가져야 한다는 점이다. 남이나 북 어느 한쪽이 통일 과정을 주도한다는 의식, 그리고 자신의 정치·경제 체제와 사회 체제를 유지하면서 상대방을 일방적으로 흡수하려는 시도는 통일에 결코 도움이 되지 않는다.

실제 행동으로 시작되어야 할 것은 무엇보다 남북간의 군사적 대결 상황을 청산하는 일이다. 그 형태가 어떠하든지 더 이상 전쟁의 위협을 없애고 한반도에 평화를 보장하는 기제를 마련하는 것이 우선적인 과제이다. 그런데, 남북이 현재와 같이 완전히 분단된 상황을 유지하면서 평화 상태를 만드는 것은 현실적으로 기대하기 어렵다. 따라서 어느 정도의 통일 국가 형태를 갖추는 일과 병행되는 것이 평화 정착의 현실적 조건을 충족하는 것이다. 이런 기본적인 통일 조건을 형성하기 위해 상호 신뢰가 요구된다는 것을 누구나 강조한다. 그런데 여기에는 필수적으로 어느 정도의 사회적 통합과 상호 이해를 위한 의식적 노력이 전제되어야 함을 아울러 강조하고자 한다.

다음으로 남북이 하나의 국가로 조직화되는 과정에서는 처음부터 전면적인 제도적 통일을 시도하기보다는 최소한의 필요 조건, 즉 가장 기본적인 제도적 통일을 이루는 데에서부터 출발한다는 인식이 필요하다. 남북간의 군사 분계선이 더 이상 국경으로 지속되지 않도록 하고, 한반도를 대외적으로 대표하는 외교권과 군 통수권을 갖는 중앙 정부가 형성되어 지역간의 격차를 조정하며, 국내의 모든 주민이 평등권과 기본적 생존권을 보장받는 국가 체제를 성립하는 것이다. 이러한 국가가 공동체적 성격을 확보하기 위해 여러 가지의 국가 상징들 － 국호, 국기, 국가(國歌) 등 － 이 통일되어야 할 것이다. 이는 남과 북의 주민들이 단일 생활권 내에서 생활하면서 동류 의식을 형성하고 상호간의 사회적 거리감을 좁히는 데에 기여할 것이다.

또 영역별로 통일을 이루어야 할 부분들이 더 있을 것이다. 예를 들면, 정보·통신 체계나 화폐는 우선적으로 통일을 이루는 것이 편의를 제공해 줄 것이다. 그 이외의 많은 제도들은 점차적으로 통일을 하고 우선은 지방 내지 지역간의 차이와 특수성을 유지하면서 상호 승인과 협력 및 조정 기제를 마련하는 것으로 제도적 통합을 이루어낼 수 있을 것으로 본다. 중요하게는 생산/분배 체제, 시장, 사회 보장 제도, 교육 제도, 지방 정부의 형태와 기능, 지방 조세 제도, 주민의 이주, 범죄자 이관 처리 등등이 이러한 부류에 속할 수 있다.

이러한 제도적 통일과 통합이 이루어지면 일상적인 삶에 오는 변화도 크다. 우선, 남북간에 더 이상 전쟁 위험은 없어지고 평화를 누린다. 남과 북의 사람들은 동등한 시민권을 갖고 똑같은 국가 상징을 사용한다. 그러나 남과 북은 여러 면에서 성격이 다른 지역으로 남을 것이다. 따라서 사람들의 경제 활동, 학교 교육, 사회 보장 혜택 등을 비롯하여 주민등록증의 형태도 다를 수 있다. 반면에 남북간의 통신이 자유로워지며, 친지 방문이나 관광 여행, 이주 등은 경우에 따라 제한될 수도 있으나 단순한 수속으로 가능해진다.

이런 통일 국가는 제도적인 통합의 실험 단계이자 지속적인 사회적 통합의 기반을 다지는 초기 단계를 거치게 될 것이다. 이때 제도적 통합과 사회적 통합이 변증법적 상승 효과를 이루도록 유도하는 것이 중요한 과제이다. 그런 의미에서 통일 과정은 제도적인 정비의 시기에만 국한되는 것이 아니라 통일 국가를 이룬 이후에도 지속되는 긴 여정이다.

지금까지 통합 체제 형성을 위한 통일 과정의 과제들을 살펴보았다. 그렇다면 그 가능성의 측면에서 현재 남북간의 상황은 어떠한가? 오늘날까지 남북 관계는 제도적 통일이나 통합을 거론할 분위기가 전혀 형성되지 않은 상태에서 비정치적 분야의 교류 협력이 이제 막 시작되는 상태이다. 따라서 남북 통합 체제로의 길은 아직도 먼 이야기이다.

하지만 부분적으로나마 물꼬를 튼 남북간 경제·사회 문화 교류 협력이 통합 체제로 가는 전환의 길을 모색하는 근거로서 활용될 가능성이 전혀 없는 것은 아니다. 여기에서 가장 큰 장애 요인은 현재 남북 교류 협력의 직접 당사자와 양쪽 정부가 상대방에 대해 분단 체제적인 적대감과 지배의 욕심을 바탕에 깔고 있다는 데에 있다. 이는 양 정부의 이중적인 전략, 즉 한편으로는 교류와 협력을 진행하면서 다른 한편으로는 군사적 대치라는 전시 체제의 고삐를 늦추지 않는 현실 조건에서 불가피한 것으로 보이기도 한다.

그러나 최소한 남쪽에서는 주로 민간 부문에서 행해지는 교류 협력과 정치·군사적 대치의 주체가 구분되는 한, 이 두 모순된 상황이 분리될 가능성이 많다. 최근 대북 정책의 기조로 발표된 정경 분리는 정치·군사적 사항과 경제 또는 사회 문화적 사항을 실질적으로 분리한다는 측면에서는 현실화되기 어렵지만 교류 협력의 활성화를 촉진하는 기제의 의미로는 충분히 긍정적일 수 있다. 그런 점에서 정경 분리는 말 그대로 경제 및 사회 문화적 교류 협력 과정에 정치적 논리나 개입이 배제되는 것을 뜻할 뿐만 아니라, 교류 협력의 당사자들간에 상호 이해와 정서적 통합이 이루어지는 것을 정부가 방해하지 않도록 전개될 필요가 있다.

대등한 관계에서 남과 북 사이에 경제·사회·문화적 교류 협력이 증대되어 상호 의존 관계가 심화되면, 군사적 대치 상태와 교류 협력 가운데 전자의 중요성이 상대적으로 퇴보하게 되는 시점에 도달하게 될 것이다. 이러한 자연스러운 협력과 통합의 과정을 기대하는 관점에서 보면 '햇볕론'은 별로 유용한 논리가 아니다. 한편으로는 무장 간첩 침입 등 북의 군사적 도발에 대한 대비책과 교류 협력을 구분하여 병행하려는 통치자의 강한 의지를 표현하는 것이긴 하나, 다른 한편으로는 "결국 햇볕으로 나그네의 옷을 벗긴다"는 의미, 즉 북의 경제 또는 체제 붕괴를 의도하는 것으로 이해되는 한 남북간의 교류 협력의 원활한 진전과 관계 개선에 장애 요인으로 작용할 공산이 크기 때문이다. 남북간 상호 이해에 기반한 의사 소통의 기초가 마련되지 않은 상태에서는 아무리 선한 의도에서 비롯된 것이라 해도 사소한 용어나 문구가 관계를 그르치는 계기가 되어온 것을 우리는 수없이 경험하였다.

남북은 상대를 서로 대등하게 인식하고 존중할 때 상호 신뢰와 상호 의존도를 심화시킬 수 있을 것이다. 경제적 상호 의존의 심화는 자연히 무역, 투자, 노동 등에 관한 경제 제도의 부분 통합을 필요로 할 것이며 또한 통신, 교통 등의 하부 구조의 통합 내지 통일을 필요로 할 것이다. 이쯤 되면 교류 협력의 당사자인 민간뿐 아니라 정부간의 접촉이 불가피해진다. 또한 이러한 남북간의 접촉이 다변화되어 갈 때 남과 북의 사람들의 의식과 사고 방식에도 커다란 변화가 올 것이고 사회적 통합의 수준은 한층 높아질 것이다. 양쪽 시민들은 더 이상 분단을 원하지 않게 되고 제도적 통일과 통합의 확대가 불가피하게 된다.

이쯤 되면 이런 시나리오는 꿈 같은 일이며 현실적으로는 불가능하다는 반론이 나올 법하다. 그러나 현재까지의 분단 체제를 극복하는 비법은 자연스럽게 물 흐르듯이 전개되는 사회적 통합과 남북이 상호 필요로 하는 점진적인 제도적 통합 내지 통일 과정에 있다는 점은 분명하다.

끝으로, 통합 체제로 가는 길에서 정부가 할 수 있는 일에는 한계가 있다는 점을 강조하고자 한다. 위에서 서술한 대로 자연스러운 사회적·제도적 통합의 상승적 발전으로 구상되는 통일 과정의 출발점은 정부 개입의 최소화, 교류 협력의 주체가 되는 민간 부문의 적극적인 의식 전환과 직접적인 실천에 있는 것이다. 이는 앞으로 다룰 통일 정치의 주체 문제와 떼어놓고 생각할 수 없다.

통일 정치의 실천

이 장에서는 분단 체제를 극복하고 통합 체제로 가기 위하여 누가 어떤 실천을 담당할 것인가에 관하여 짚어 보도록 한다. 먼저 우리는 그 동안 분단 체제의 생산과 재생산에 기여해 온 정부와 민간 부문의 정치적 행태들을 통틀어 '분단 정치'라고 하고, 반면 이를 극복하고 통합 체제를 정착시키기 위한 다양한 실천들을 '통일 정치'라고 명명한다. 여기에서 정치란 매우 광범위한 의미로서, 국가 부문이나 공적 영역뿐만 아니라 개인들 간의 사적 관계에서 이루어지는 권력과 정치에 관련된 일련의 행동 교환까지 모두 포함된다.

통일 정치는 어떻게 실천하는 것인가를 이야기하는 것은 그리 간단하고 쉬운 일이 아니다. 그간 분단 체제를 유지, 고착화하는 데 기여해 온 갖가지의 무의식적 행동들을 의식의 표면 위로 끄집어내는 고도의 노력에서부터 출발해야 하기 때문이다. 그리고 그 동안 획일적인 사고와 판단을 강요당하면서 이미 손상되어 버린 통일에 대한 상상력을 복원하는 작업이 포함되어야 하기 때문이다.

이를 위해서, 지금까지 정치 과정으로부터 소외되어 왔던 시민들의 정치적 주체로서의 위치를 복원하는 일부터 시작하도록 한다. 그리고 우리들 스스로가 어떻게 분단 체제를 재생산하는 데 기여해 왔고 현재 어떻게 기여하고 있는지를 성찰해 볼 것이다. 그러나 이것이 분단 체제를 공고히 하는 데 크게 일조해 온 남북의 정권에 면죄부를 주자는 의미는 아니다. 또한 강대국들의 틈바구니 속에 있는 우리의 처지를 잊어버리자는 뜻도 아니다. 객관적 현실은 현실대로 직시하면서, 적극적이고 실천적인 현실 인식을 바탕으로 하여 그 안에서 역사를 만들어 가는 주체로서 스스로를 자리 매김하고, 자신의 역할을 찾아내는 디딤돌로 삼자는 것이다.

그리고 분단 체제를 실질적으로 깨뜨리기 위한 지속적인 삶의 정치로서 '통일 정치의 일상화'를 제안하고자 한다. 남과 북 두 사회의 구성원들 모두가 '각자 선 자리에서' 통일을 만들어 가는 정치적 실천의 주체가 되어 보자는 것이다. 정치가들이나 정부 관료들, 목표와 체계를 갖춘 조직체 내의 운동가들, 그리고 개인들 모두가 통일을 만들어 가는 실천들을 일상적인 삶의 영역으로 자리 매김해 보자는 것이다. 이들 중 어느 한 주체만의 노력으로 '주어지는' 통일은 이미 통일의 의미를 상실한 것이며, 더불어 사는 삶의 공간으로서 통일된 사회는 하나의 이상에 불과하게 될 것이기 때문이다. 또한 분단이 사회 구조뿐 아니라 개개인의 일상 속에서 깊게 뿌리를 내리고 있는 상황에서 이를 극복할 수 있는 실천 역시 매일매일 반복되는 일상과 괴리된 공적인 영역에만 제한될 수는 없는 일이기 때문이다.

1. 통일 정치와 분단 정치의 차이

통일과 관련된 정치 과정에서 두드러지게 나타나는 갈등은 분단 질서를 유지, 고수하려는 분단 정치와, 분단 질서를 극복하려는 통일 정치간의 대립이다. 그런데 이 갈등은 쉽게 표면화되지 않는 경우가 많다. 우리 사회에서 분단 정치는, 대부분 표면적으로는 통일을 내세우면서 분단 질서를 유지하려는 의도를 명시적으로 드러내지 않기 때문이다. 또 분단 질서에 변화를 가져오려는 의도로 행해진 행동조차도 결과적으로는 분단 질서를 유지하는 데 크게 기여할 수도 있다. 뿐만 아니라 50여 년간 유지되어 온 분단은 분단과 직접적인 관련이 없는 것처럼 보이는 영역까지 곳곳에 침투하여 체제화되고 개인에 내면화되어 온 결과, 자신의 행동이 분단 질서를 유지하는 데 기여하게 된다는 사실조차 인식하지 못한 채 행해지는 분단 정치도 허다하다.

그렇기에 통일 정치적 실천으로부터 분단 정치를 구분하고 이에 효과적으로 대응하기 위해서는 좀더 객관적인 기준이 필요한데 특정 주체의 실천이 분단 체제의 극복과 통합 체제로의 전환에 어떠한 영향력을 행사하는가 하는 점이 그 기준이 될 수 있다. 즉 분단 체제가 유지되는 과정에서 남과 북 내부에 누적되어 온 문제들을 극복하고, 평화롭게 공존할 수 있는 상태로 전환하는 과정에 기여하게 될 것인가를 기준으로 삼는다면, 통일 정치적 실천으로부터 분단 정치를 구분하기란 비교적 수월하다.

이렇게 볼 때, 분단 정치적 실천은 분단 체제를 유지, 고착화하는 활동들과 관련되는데 이는 크게 두 가지 유형으로 나타난다.

첫째는 비록 구호로는 통일을 내세울지라도 분단 체제를 유지, 고수하고자 하는 목표를 가지고 '의도적으로' 행해지는 활동이다. 이러한 실천이 가지고 있는 의도를 파악하는 것은 쉽지 않지만, 그 활동의 맥락을 통해 추론해 볼 수 있다. 남과 북의 정부 당국자들이나 정치가들이 분단을 빌미로 하여 적대적 공생 관계를 유지해 온 것은 의도적으로 행해진 분단 정치라고 볼 수 있다. 이에 대하여 좀더 자세히 살펴보자.

과거 남쪽에서는 정권이 위기에 몰릴 때마다 남북 관계가 극도로 경색되는 사건들이 발생하곤 하였다. 이는 왜곡된 남북 관계를 이용하여 정치가들이 정치적 이득을 보고자 하는 의도가 아니냐는 의구심을 일으키기도 하였다. 그런데 97년 대통령 선거 직전에 오익제, 김병식 편지, 윤홍준 기자 회견 등 이른바 '북풍 사건'이 당시 남쪽의 정보 기관과 북쪽 집권층의 공모에 의한 것이었다는 사실이 밝혀지면서 이것이 단순한 의구심이 아니라는 사실이 드러났다. 또 불발로 끝나기는 하였으나 남쪽 정보 기관의 묵인 하에 북쪽에 휴전선 총격 등 무력 시위를 요청하여 남북 관계에서 위기감을 고조시키고 이에 대한 대가로 남쪽이 북에 비료 및 영농 자재 등 물질적 지원을 약속하였다는 사실이 밝혀졌다. 이같은 사건은 대통령 선거에서 유리한 위치를 차지하고자 하는 당시 남쪽 집권 세력의 이해 관계와 남북 관계의 주도권 장악을 위해 상대하기 쉬운 후보의 당선을 유도하고자 하는 북쪽 집권 세력의 이해 관계가 일치하는 시점에서 발생하였다.

표면적으로는 통일을 내세우고 남북 관계를 개선하기 위해 노력하는 듯 보이지만, 실제로는 남북의 집권 세력들이 각자의 정권 기반을 공고히 하기 위해 '적대적 공생 관계'를 유지해 왔다는 사실이 적나라하게 드러난 것이다. 이러한 사건은 결코 단순하게 치부할 수 없는 남북 집권층의 대표적인 분단 정치의 실례라고 볼 수 있다. 이로 인하여 통일은커녕 남쪽 주민들은 북쪽에 대한 적대감과 증오감을 심화시켰는데, 이러한 경험들은 결국 통합 체제로의 전환을 더욱 어렵게 만들 것이다.

또 남과 북의 정부 당국자들은 국민들에게 통일의 당위성과 필요성, 그리

고 '바람직한' 통일 방안에 대한 홍보와 교육 역시 게을리하지 않았다. 그러
나 이는 어디까지나 상대방 정권의 정당성을 훼손하고 자신의 정통성을 주
장하기 위한 이념 체계를 확고히 하려는 방편에 지나지 않는 것이었다. 남북
의 분단 과정과 북쪽 사회의 모습, 그리고 통일의 필요성에 대한 내용을 담고
있는 남쪽 사회의 초·중등 교육 과정은 대부분 북쪽 사회가 안고 있는 문제
점들을 크게 부각시키면서 북쪽 사회에 대한 적대감과 불신을 조장하고, 한
반도의 '유일한 합법 정부'로서 남쪽 사회의 합법성만을 강조하는 냉전 이데
올로기로 가득 차 있다. 정부 또는 관변 단체들이 전개해 온 '통일 교육',
'북한 교육' 등의 이름이 붙은 교육 활동들 역시 북쪽 정권에 대한 적대감과
주민들에 대한 동정심을 유발하는 내용이 대부분이다. 또 국도의 도로변이
나 농촌의 마을 어귀, 도시의 지하철 등 남쪽 땅 어디서나 쉽게 눈에 띄는
곳곳에 부착되어 있는 반공, 반북 표어가 새겨진 간판들은 남쪽의 주민들이
자신도 모르는 사이에 북쪽 사회에 대한 적개심을 내재화하는 데에 중요한
역할을 하고 있다.

뿐만 아니라 남과 북의 정부는 오랫동안 정권에 비판적인 세력들의 정치적
활동을 '반체제 세력'으로 규정하면서 지속적으로 탄압해 왔다. 특히 통일과
직접적으로 관련된 영역에서 전개된 정치적 활동이나 논의들은 더욱더 커다
란 탄압의 대상이 되어왔다. 남쪽에서는 통일에 관여하는 민간 운동 단체들
을 '반정부 세력', '반체제 세력'으로 규정하였고, 북쪽에서는 정부 이외의
모든 정치적 활동을 철저하게 금지함으로써 통일에 대한 논의를 독점하였다.
그 과정에서 남과 북의 일반 대중들은 통일로 가는 길에서 당당하게 주체로
서 참여할 수 있는 권리를 박탈당했고, 이제는 통일에 대해 수동적이거나
무관심해지게 되었다. 대중들의 관심과 참여가 배제된 채 전개되어 온 통일
관련 논의와 활동들이 과연 분단 체제 극복에 얼마나 도움이 되었는지를 생

각해 본다면, 그 대답이 그리 긍정적일 수만은 없을 듯하다.

두번째 유형의 분단 정치는 분단 체제를 유지, 고수하려는 명확한 목표를 가지고 행해지지는 않았지만, 결과적으로는 그것에 기여하게 되는 활동들을 가리킨다. 이를테면 기존의 과격하고 경직된 통일 운동이 시민들의 북쪽에 대한 관심과 이해의 수준을 떨어뜨리고 통일에 대하여 냉전적이고 보수적인 여론의 층을 두텁게 만들어 버린 것이 그 예라고 할 수 있다.

첫번째 유형에서 드러난 것과 반대로, 남쪽의 정통성을 부정하고 북쪽의 정통성만을 인정하려는 인식 또한 명백한 분단 정치이다. 이는 주로 북쪽 정권에 의해 선전되지만, 남쪽의 일부 민간 통일 운동 진영이 과거에 이러한 입장을 취하기도 하였다. 이들이 자본주의 체제로서 남쪽 사회가 안고 있는 갖가지 모순과 정권의 반통일적 속성을 비판하고 이에 저항했던 점은 높이 평가할 만하다. 그러나 문제는 북쪽 정권의 반통일적 속성을 객관적으로 통찰하지 못하고 이를 낭만화하거나 신비화시키고 심지어는 이에 교조적인 입장을 취해 왔다는 점이다. 또 남과 북에 대한 균형 있는 시각의 상실은 통일 운동의 경직성과 과격성을 불러오고, 결국 대중으로부터 반감을 초래하여 통일 운동이 광범위한 국민적 공감대에 기초한 신뢰받는 운동으로 성장하는 것을 방해하였다.

이러한 대북, 통일 인식과 이에 기초한 활동들이 결국에는 한쪽에 의한 다른 한쪽의 흡수 통일로 이어지기 마련인데, 이는 부분적으로는 현재의 남과 북 두 사회 중 어느 한 사회를 이상적인 대안으로 선택한 것에서 기인한다. 그러나 이는 올바른 현실 인식에 기초한 대안이라고 볼 수 없다. 분단 체제로 인해 양 사회는 이미 그 자체가 불완전한 체제로서 기형적인 성장을 해왔음이 명확해졌기 때문이다.

통일 정치적 실천은 분단 체제의 극복과 통합 체제로의 전환을 목표로 하는 활동으로서 바로 이러한 종류의 분단 정치에 대항하는 '의식적인' 활동이 중심이 되는 정치이다. 여기서 큰 차이는 물론 '분단 체제의 극복과 통합 체제로의 전환'에 어떻게 기여하는가에 있지만, 한 가지 명확히 해야 할 점은 분단 정치와는 달리 통일 정치는 '의식적'인 활동이 주가 된다는 점이다. 통일 정치는 의도적 또는 무의식적으로 수행되고 있는 분단 정치적 행동에 '의식적으로' 저항하는 정치이다. 분단 정치에 의해 왜곡된 사회 구조와 일상적 삶을 바로잡고, 오랫동안 단절된 채 다른 방식으로 살아오던 사람들이 함께 살아갈 수 있는 공간으로서 통일 사회를 지향하는 정치이다. 이를 가능케 하지 않는 방식의 통일과 실천적 활동은 많은 사람들에게 부담스러운 것일 뿐 아니라 바람직하지 않은 것이기도 하다.

2. 통일 정치의 원칙

이제까지 언급한 분단 정치의 예들로부터 통일 정치적 실천의 몇 가지 원칙들이 도출될 수 있다. 그것은 우선 분단 체제로 인해 왜곡된 남과 북 두 사회의 문제들을 직시하고 분단 체제의 극복과 통합 체제로의 전환이라는 관점에서 두 사회를 통합에 적합한 방식으로 점진적이고 평화적으로 변화시켜 나가야 한다는 것이다. 이는 남과 북 두 사회가 모두 변화되어야 한다는 것을 의미한다. 한반도 분단의 흔적은 단순히 남과 북을 가로지르고 있는 38선에만 있는 것이 아니기 때문이다. 그것은 분단 이후 남과 북이 각자 독자적인 정권을 수립하고 이를 유지해 오는 과정에서 점진적으로 이질화되어 온 정치, 경제, 사회, 문화, 의식 등 곳곳에 뿌리를 내리고 있다. 이 과정에서 두 사회는 내적으로 많은 문제점을 누적시켜 왔음을 앞에서 지적하였다. 그리고 이를 유지시키는 분단 정치는 이제 때로는 의식적으로 때로는 명확한 목표와 의식이 없이 무의식적으로 작동하고 있음을 보았다. 이러한 사정을 감안한다면, 분단 정치적 세력과의 투쟁이 활동의 중심인 통일 정치의 실천역시 직접적으로 통일이라는 말이 언급되는 영역에 제한될 것이 아니라 다차원적 영역에서 동시에 전개되어야 한다. 즉 남과 북 양측에서 통일을 가로막고 있는 요소들을 제거하고 양 사회의 구조를 공존에 적합한 방향으로 점진적으로 변화시키려는 노력들이 함께 이루어져야 한다는 것이다.

이를 위해 남과 북 두 사회는 어떻게 변화되어야 할 것인가?

우선 정치적 영역에서는 참여 민주주의를 제도화하는 일이다. 남과 북의 대치 상황은 각 사회에 획일적이고 비민주적인 정치 구조를 남겼다. 남쪽의 경우, 오랜 군부 독재를 거쳐 이제 절차 수준에서 자유 민주주의를 보장하는 단계에 와 있고, 북쪽의 경우 인민 민주주의는 주체 사상에 근거하여 다양한 이견들을 제한해 왔다. 그 과정에서 두 사회 모두 정치적 소외 집단을 양산해 냈다.

그러나 참여 민주주의는 정치적으로 소외된 집단들이 정치 과정에 참여하고 더 나아가 민주주의의 원리를 정치 영역뿐 아니라 가정과 학교, 기업, 병원, 노사 관계 등 사회 생활의 다양한 영역으로 확장시키는 것을 의미한다. 자신의 삶에 중대한 영향을 미칠 수도 있는 결정에서 소외된 사람들이 직접 결정 과정에 참여하게 되는 것이다. 이는 국민 혹은 인민, 아니면 지역 구민으로서 행사하는 투표권이나 선거권 같은 형식적인 참여와 구분된다. 여기서 중요한 것은 그간에 소외되어 왔던 집단이나 계층들이 실질적으로 참여할 수 있는 여건을 조성하는 것이다. 따라서 언론, 출판, 집회, 결사의 자유, 사상의 자유 같은 기본권에 제한을 두지 않아야 한다.

이것의 현실적인 의미는 남쪽 사회의 경우 계급·계층별, 직능·직업별,

지역별 각종 민간 단체들의 정치 활동의 자유를 보장하는 것이다. 북쪽의 경우 '사람의 자주성을 높이는 문제'라는 관점에서 일사불란한 단결보다는 자유로운 의견 개진과 토론을 허용함으로써 민주적 훈련이 가능한 환경을 만드는 것부터 시작해야 할 것이다.

다음으로 경제적 영역에서 남쪽은 천민 자본주의적 근성과 관행에 대한 성찰과 개혁이 있어야 하며, 북쪽은 당장 경제의 회생과 생활 수준의 향상이 필요하다. 남북의 상대적 위상은 남북 관계를 규정하는 주요한 요인 가운데 하나였고, 경제적 우위를 다투는 일은 어느 사회가 더 살기 좋은가를 보여 주는 체제 경쟁의 주요 수단이었다. 때문에 남북의 토끼몰이식 경제 개발 계획들은 전쟁의 폐허 위에서 빈곤을 해결해야 했던 과거의 역사적 맥락에 기인하는 것이긴 하나 상대편에 보여 주기 위해 더 빨리, 더 많은 성장을 목표로 한 것이 사실이다. '보여 주기' 위한 경제 성장 전략은 남쪽 사회에서 성수대교가 무너지고, 삼풍백화점이 무너져 내리는 엄청난 부실과 부패로 이어졌고 급기야 경제적 신탁 통치로 불리는 IMF 시대를 맞기에 이른다. 한편 북의 경제 발전 속도는 60년대 초까지 연평균 공업 성장률이 36.5%에 이를 정도로 빠르게 진행되었지만 그 이후로는 계속해서 생산성이 하락되었다. 특히 구 소련과 동유럽 등의 사회주의 국제 시장이 무너지고 자연 재해로 큰 피해를 입은 이후 북의 경제는 크게 위축되어, 유엔 기구의 통계 자료1)를 보면 북의 수출액은 1990년 18억 5천 7백만 달러에서 1994년 8억 4천만 달러로 줄었고 수입 또한 29억 3천만 달러에서 12억 7천만 달러로 줄었다.

현재 남쪽의 자본주의 경제 체제는 재벌 개혁을 시작으로 공정한 경쟁이

---

1) Economic and Social Commision for Asia and the Pacific, *Asia-Pacific in Figures*, Tenth Edition, New York: United Nations, 1997, p.12.

이루어지는 시장 경제를 지향하고 있다. 그러나 자본주의의 역사는 시장의 실패를 보완하는 수정의 과정이기도 했다는 사실을 기억한다면 부의 분배, 인간다운 삶을 바라는 욕구의 충족도 당면 과제로서 중요하다. 탈북 주민들에게 남쪽 사회가 "황금 만능의 사고 방식, 상호 불신과 약육강식의 법칙이 지배하는 사회"로 보이는 것이나 남쪽의 굶주리는 사람들을 두고 북쪽에 식량 지원을 하는 일을 곱게 보지 않는 사람들이 생겨나는 것은, 남쪽 사회가 빈부 격차의 완화나 사회 복지 정책을 등한시해 왔다는 점을 반증한다.

한편 북쪽은 당면하고 있는 경제난의 원인을 무엇으로 보는가에 따라 과제가 달라지겠지만 우선은 극도로 위축되어 있는 경제를 회복시키고 주민들의 생활 수준을 향상시켜야 한다. 북은 1997년 경제난 극복의 주 목표를 '인민 생활의 향상'에 두고 이를 위해 1993년 말부터 내걸었던 "농업 제일주의, 경공업 제일주의, 무역 제일주의의 3대 방침을 철저하게 관철해 나간다"고 밝혔으나 경제 사정이 나아질 징후는 발견되지 않고 있다. 더욱이 대규모 식량난으로 인하여 3백만의 인구가 감소했다는 보도는 북쪽 주민들의 삶의 질을 논하기에 앞서 최소한의 기본적인 생존 조건을 마련하는 것이 절대적으로 시급한 과제임을 보여 준다.

사회 문화적 영역에서 전개되어야 할 통일 정치는 남북 모두 지배 이데올로기들이 갖는 경직성을 탈피하는 일이다. 북쪽에 주체 사상이 있다면 남쪽에는 반공 극우 유일 사상이 있다는 비판이 제기된 바 있는데, 한 가지 사상으로 모든 것을 재단하는 태도는 흔히 다른 생각이나 의견에 대한 억압으로 이어진다는 점에 문제가 있다. 남쪽 사회에서 레드 컴플렉스와 용공 시비가 끊이지 않는 현상이나 북쪽의 분파를 인정하지 않는 완고한 사회 분위기가 바로 그런 예이다. 또한 군사적 대치 상황이 부른 남북 사회의 군사 문화화나 혹은 우리와 다른 사람들, 집단에 대한 적개심의 수준은 대단히 높고 관용의 수준은 턱없이 낮다. 내 편이 아니면 적이고, 적은 무조건 무찔러야 한다는 발상이다. 또한 남쪽의 "안 되면 되게 하라"는 구호나 북쪽의 "혁명적 군인 정신 ─ 과업을 어김없이 수행하는 절대성, 무조건성의 정신, 자력 갱생·간 고 분투의 정신, 자기 한 몸을 서슴없이 바쳐 싸우는 자기 희생 정신, 영웅적 투쟁 정신 ─ 을 적극 따라 배우자"는 구호는 의문과 해답을 찾기 위한 토론 의 여지를 허용하지 않는다. 남북 모두 일사불란한 상명 하복의 수직 관계, 일방 통행식 속전 속결을 선호하고 민주적 절차나 과정을 등한시하는 관행 을 고쳐야 나와 다른 남에 대한 관용의 폭이 늘어날 것이고 그래야만 생명에 대한 존중이나 인권에 대한 예민한 감수성을 기대할 수 있을 것이다.

이러한 변화가 남과 북 내부에서 전개되기 위해서는 두 사회에 대한 객관 적이고 냉정한 평가와 이에 기반한 상호 비판 및 이해가 필수적이라 할 것이 다. 자신의 정권만이 정당하다고 보는 정부 당국자들이나 일부 극우 보수주 의자들의 주장도, 학생이나 과격한 운동 단체들의 주체 사상에 대한 찬양도 결코 두 사회에 대한 정당한 평가가 될 수는 없으며, 이러한 극단적 논리는 통일에 아무런 도움이 되지 않는다. 냉전 논리도, 주사파 논리도 아닌 새로운 방식의 이해와 비판 논리가 정립되어야 한다.

다음으로는 남북 관계의 '실질적인' 변화를 추구하는 실천이 필요하다. 사 실 이를 위한 준비 작업은 1972년의 「7.4 남북 공동 성명」과 1991년에 채택된 「남북 기본 합의서」를 통해 이미 마련되었다고 할 수 있다. 즉, 자주, 평화, 민족 대단결이라는 통일의 3대 원칙, 적대와 대립 관계의 청산, 다각적 측면 의 교류와 협력 등 통일과 남북 관계의 진전을 위한 형식적 합의는 더할 나위 없이 충분히 이루어졌던 것이다. 뿐만 아니라 남과 북은 적대적 경쟁 관계에 서 상대의 존재를 인정하는 동반자적 관계로 전환되어야 한다는 점을 많은 사람들이 지적해 왔다. 적대적 관계에서 벗어나 평화로운 협상과 협력이 가능한 관계를 만들어 나가야 한다는 것이다. 이를 위해 군사적 측면에서는 평화와 군축, 군비 경쟁의 종식을, 경제적 측면에서는 교류와 협력, 정치적 측면에서는 북을 '반국가 단체', '적성 국가'로 규정하고 있는 남쪽의 국가 보안법과 국가에 대한 비판을 국가 반역죄로 규정하고 있는 북쪽의 형법과 같이 통일에 장애가 되는 제도적 장치를 점진적으로 제거할 것도 요구해 왔다. 그러나 문제는 언제나 실천이었다. 이제는 남북 당국자들간의 형식적인 합의와 이것의 실천을 요구하는 원론적인 논의를 되풀이하기보다는 '실질적인' 관계 개선 및 변화를 가져올 수 있는 구체적인 실천들이 필요하다. 이를 위한 과제는 '통일 정치의 일상화' 부분에서 좀더 구체적으로 다루기로 하자.

그리고 통일 의식의 측면에서도 그간 무비판적으로 가지고 있던 관성화된 분단 정치적 사고를 통일 정치적 사고로 전환하려는 노력과 연습이 필요하다. 어느 시인이 말했던 것처럼 "삼팔선은 삼팔선에만 있는 것이 아니"기 때문이다. 사람들이 아무 생각 없이 스치면서 지나다니는 지하철 안에도, 버스 안에도, 관공서 건물 내에도, 전쟁 기념관에도, TV 속에도 삼팔선이 있다. 그리고 TV를 보면서 주고받는 말속에 또 그 마음속에 삼팔선이 있다. 이 수많은 삼팔선을 찾아내어 제거하는 노력이 필요한 것이다. 그리고 이 과정에서는 수많은 상상력들이 동원되어야 한다. 일상을 돌이켜보면서 그간 당연하게 여기던 수많은 상식들이 "남과 북이 조화롭게 공존할 수 있는 사회로서의 통일된 사회"의 성립에 어떤 영향을 미칠 것인지를 '의식적으로' 성찰해 보는 것, 다시 말해 공존의 지혜를 발휘해야 한다.

마지막으로 통일 논의와 통일을 위한 실천은 정부에만 국한되어서는 안 된다. 통일 사회는 '주어지는 것'이 아니라 '만들어 가는 것'이라는 점에 동의한다면, 통일은 과거와 같이 정부나 정치권만의 문제가 아니라 시민들이 참여하는 광범위한 정치가 되어야 한다는 것에 재론의 여지가 없을 것이다.

오늘날 한반도에서 벌어지고 있는 모순적 현실들을 그야말로 분단 체제의 '위기'로 전환시킬 수 있는 실천적 인식의 출발점은 스스로를 통일을 '만들어 가는' 정치적 실천의 주체로서 확고히 자리 매김하는 일이다. 여기서 정치적 실천이란 통상적인 의미에서 정부의 고위 관료들이나 정치가들이 하는 거창한 활동만을 의미하는 것이 아니라 개인 또는 집단, 조직 등의 다양한 행위 주체가 특정의 이슈를 중심으로 하여 기존의 사회 질서에 영향력을 행사하기 위해 벌이는 활동을 포괄하는 개념이다. 가령 성 불평등과 관련된 영역에서는 성의 정치, 환경 문제와 관련한 영역에서는 환경 정치, 노동과 관련한 영역에서는 노동 정치가 있으며, 각 영역에서의 정치적 실천의 주체는 국회, 행정부, 정당 등 제도화된 정치권 내의 세력들 뿐 아니라 개별 시민들, 조직, 집단 등 다양하다. 마찬가지로 통일 정치의 주체도 정부 관료들이나 행정가들만은 아니며, 남과 북 두 사회의 구성원들 모두가 되는 것이다.

물론 정부 관료와 정치가들의 역할이 차지하는 비중이 큰 것은 사실이다. 그러나 분단 이후 남과 북 두 사회의 정부 당국자들이 배타적으로 독점해 온 정치적 활동들은 오랫동안 서로에 대한 견제 수단으로서 정략적으로 이용되어 결과적으로 분단 체제를 더욱 견고하게 만드는 데 기여해 온 점을 고려할 때 더 이상 통일이 정부의 몫으로만 남겨져서는 안될 것이다. 이제는 정부와 민간의 효율적이고 적절한 역할 분담이 필요하다. 각자 가지고 있는 권력 자원을 최대한 활용하여 이를 통일 정치적 실천에 사용하여야 한다.

남쪽 사회에서 제도화된 정치권은 여타 통일 주체들에 비해 조직, 정보력, 물리력, 행정, 인력, 권위 등의 측면에서 공식화된 자원을 월등히 많이 가지고 있으며, 통일에 결정적인 영향력을 행사할 수도 있는 힘을 가지고 있다. 민간 단체들은 공식적 측면에서는 제도화된 정치권보다 열등한 권력 자원을 가지고 있지만, 정권이나 사적인 이해 관계에 치중하지 않을 수 있는 객관적

인 비판 능력을 갖추어 낸다면, 시민들의 광범위한 지지를 막강한 자원으로
활용할 수 있는 위치에 있다.

3. 통일 정치의 일상화

이제 통일 정치의 모든 주체들은 각자가 가진 권력 자원을 기반으로 분단
정치 세력들에 대항해 나가면서 일상에 뿌리 박은 통일 정치를 지속적으로
실천해 나가야 한다. 여기서 통일 정치의 일상화라 함은 모든 통일 주체들이
통일 정치적 실천들을 자신의 일상적 활동의 한 영역으로 자리 매김해 나가
면서 구체적인 삶의 과정 속에서 생활화하는 것을 의미한다. 그러나 일상적
활동은 한편으로는 거대한 사회 질서의 힘에 비추어 볼 때 사소하고 하찮은
영역으로 보이는 것이 사실이다. 또 그것은 기존의 사회 질서를 비판하고
거부하기보다는 당연시하면서 의문을 제기하지 않는 소극적이고 수동적인
영역인 것처럼 느껴지기도 한다. 따라서 사회 전반의 개혁과 변화를 지향하
는 다차원적 영역의 실천을 필요로 하는 통일 정치의 경우, 혹자들은 이 일상
화의 과제를 실현 불가능한 이상이라고 일축할지도 모른다.

그러나 모순된 사회 질서의 변화는 일상의 변화를 전제하지 않고는 불가능
하다. 사회 질서의 변화는 어느 한 순간 가능해지는 것이 아니라 일상적인
삶의 영역에서 점차적으로 일어나는 것이다. 그러므로 통일이 어느 한 순간
창조되는 것이 아니라 지속적이고 점진적으로 만들어 가는 과정의 결과라고
할 때 일상의 영역에서 우리가 할 수 있는 일은 많고 또 해야 할 일도 많다.
우선 자신이 선 자리에서 분단 이후 우리 사회 구석구석에, 자신의 일상적
삶 속에 스며들어 있는 분단 정치적 사고와 행위의 잔재를 찾아내는 일에서

시작하자. 그리고 그 자리에서 자신이 가지고 있는 모든 권력 자원을 활용하여 통일 정치를 실천하자. 그렇다면, 통일 정치의 주체들에게 맡겨진 통일 정치의 일상화를 위한 과제들은 무엇일까?

1) 정부

통일 정치의 일상화를 위해 정부가 수행해야 할 무엇보다 중요한 과제는 진정으로 정부 당국이 평화와 화해와 협상에 의한 통합 체제 건설을 목표로 삼는 일이다. 이와 관련하여 구체적으로 정책의 변화를 가져와야 하는데, 이는 두 가지 차원으로 나누어진다. 하나는 남북 관계에 직접적인 영향을 미치는 통일 관련 정책, 그 중에서도 특히 대북 정책을 통일 정치의 일환으로 변모시키는 과제이고, 다른 하나는 흔히 통일과는 관련이 없다고 여겨지는 정부의 여타 기관이나 제반 정책을 포함하는 국가 정책 전반에 걸쳐 통일 정치적 일관성을 견지하는 과제이다. 전자는 주로 현재까지 통일부의 소관 사항으로 되어 있고 때로는 외교와 국방, 안기부(현재의 국정원) 등이 관여해 온 것들이다. 반면에 후자는 각 부처가 필요에 따라 설정하는 정책들이 실상 분단이나 통일의 문제와 밀접하게 연관되는 점을 고려할 때, 산업 경제, 교육, 문화, 사회 복지, 교통·통신, 국제 관계 등 국가 정책 전체가 변화되어야 하는 과제이다.

지금까지 거의 모든 정책이 분단 체제와 반쪽 국가를 전제로 한 것이기 때문에 정책 전반에 대한 재검토와 방향 전환은 필수적이다. 또한, 여기에서 한 걸음 더 나아가 남북 통합 체제의 구축에 도움이 되는 새로운 정책들을 개발할 필요가 있다. 이미 「남북간 교류 및 협력에 관한 기본 합의서」에 제시된 사항만을 이행하려 해도 다양한 정책들이 개발될 수가 있다.

그렇다면 현 정부의 대북 정책은 이러한 과제들을 적절히 수행하고 있는 가?

1998년 3월 정부는 대북 정책에 획기적인 변화를 도모하여 ‘평화·화해· 협력’ 실현을 통한 남북 관계 개선을 목표로, ① 평화를 파괴하는 일체의 무력 도발 불용, ② 흡수 통일 배제, ③ 화해·협력 적극 추진의 3대 원칙을 대북 정책의 기조로서 선언하였다. 이러한 기본 원칙에 기초한 대북 정책은, 당장의 통일보다 ‘실사구시’적 차원에서 우선 ‘냉전 해체’에 역점을 두고 남 북 교류와 협력을 통해 상호 신뢰를 구축해 가면서 평화 공존을 지향하는 포용 정책의 성격을 갖고 있다. 또한 동북 아시아 주변 강대국인 일본과 미국 으로 하여금 북조선과 국교 정상화를 이루고 경제 제재를 완화해 줄 것을 요청함으로써, 미국과 일본은 물론이고 중국으로부터도 정책적 지지를 얻고 있다.

그러나 여전히 문제들은 남아 있다. 우선 현 정부의 포용 정책인 ‘햇볕 정 책’이 흡수 통일의 의도를 표현하는 것이라는 북쪽의 비난과 북쪽이 그렇게 오해할 가능성이 충분히 있다는 국내외 비판적 여론에 직면하여 그 개념을 폐기하고 포용 정책으로 수정해야만 했다. 그리고 여기서 더 나아가 통일 정책이라는 말 대신에 대북 정책이라는 표현을 사용할 것을 권하고 있다. 그러나 ‘포용’이라는 것도 약자에 대한 강자의 동정심으로 오해될 소지가 다분하므로 일각에서는 포용보다 ‘화해’로 정책적 개념을 수정할 것을 요구 하고 있다. 물론 개념도 중요하고 이를 어떻게 표현할 것인가는 미묘한 남북 관계에서 대단히 중요한 일이다. 그러나 개념적 표현을 수정하는 것보다 사 실은 그 바탕에 깔린 의도 자체를 수정하고 그것을 상대방이 신뢰하고 받아 들이도록 만드는 작업이 더 중요하지 않을까?

이것은 포용 정책이 단지 하나의 우화적 비유를 통한 선언에 그치고 구체적인 정책 내용과 체계적인 실현 방법을 마련하지 못하고 있다는 사실과 관련된다. 그리고 더 구체적으로는 남북 교류와 협력에 있어서 정부가 표방한 상호주의와 정경 분리 원칙, 민간 자율 원칙 간의 상호 모순과 그 한계에 관련된다.

정치와 경제를 분리한다는 원칙에도 불구하고 경제 교류와 협력의 결실을 바탕으로 정치적 과제들을 해결하려는 상호주의 원칙이 공존함으로써, 과거의 정권에서 그런 것처럼, 언제든 정치적 상황이 경색되면 경제 교류와 협력의 결실이 물거품이 될 수 있는 가능성도 함께 존재하는 것이다. 그러므로 남북 교역의 일선에 있는 기업들은 여전히 대북 투자의 안전성을 신뢰하기 어렵다고 한다. 또한 민간 자율 원칙도 사실상 정부가 승인과 허가의 권리를 독점하고 있으므로 엄밀한 의미에서의 자율성 보장은 아직 기대하기 어렵다. 물론 각종 규제들이 많이 완화되고 투자를 권장하는 분위기가 그 어느 때보다 적극적이고 활발해진 것은 사실이다. 그러나 이러한 진전에도 불구하고, 민간이 힘쓰면 그 결실은 정부가 가져간다고 하는 문제 제기가 일각에서 끊임없이 제기되고 있는 이유는 앞서 말한 그 맥락에 닿아 있다.

그러므로 정부는 현재의 대북 정책에 대한 국내 여론에 귀기울이고 민간 교류와 협력이 활성화될 수 있도록 이를 자율적으로 보장해 주고 권장할 필요가 있다. 그리고 이를 위하여 정치와 경제의 분리 원칙을 일관성 있게 추진하고, 경제와 사회 문화 등 남북간 민간 교류를 지원하는 차원에서 북쪽과 동북 아시아 주변 국가들에 대한 정보들을 신속하게 제공할 필요가 있다. 이를 통하여 정부와 민간의 대화 창구를 만들고 남쪽 내부에서부터 상호 신뢰와 협력을 조성하기 위한 제도적 장치를 마련해 가야 할 것이다. 이렇게 구체적인 과제들을 하나씩 실현해 나가면서 북쪽과 남쪽 내의 냉전주의자들을 설득하는 것이 통일 정치를 실천하는 길이 될 것이다.

독일의 정치학자 프리트헬름 졸름스 F. W. Friedhelm Solms는 "북조선의 기아 문제 등 처절한 상황을 지렛대로 이용해 압력을 통한 양보를 얻어내려고 해서는 안 됩니다"[2]라고 충고하였다. 민족 화해의 정신에 입각하여 적극적으로 인도주의적 지원을 아끼지 않을 때 비로소 남과 북의 만남은 실현될 수 있을 것이다. 그리고 그러한 만남을 가능하게 하는 정책이 결국은 통일 국가를 이루는 지름길이 될 것이다.

2) 민간 운동 단체

민간 통일 운동 단체는 그 동안 분단을 유지시키고 조장해 온 정권들에 끊임없이 저항하면서 수많은 탄압 속에서도 지속적으로 통일 운동을 전개하여 왔다. 이는 과거에 비해 상대적으로 자유로운 통일 논의의 물꼬를 트고 통일 과정에 민간이 참여할 수 있는 발판을 만들었다는 점에서 긍정적인 기여를 해왔다. 더욱이 90년대 중반부터 북의 식량난을 해소하기 위한 모금 운동에 많은 시민들을 참여시키고, 남북 민간 교류와 협력 사업들에 적극 동참하면서 통일 문제를 사회적인 주요 관심사로 대두시키는 데에 중요한 역할을 담당하였다.

이는 과거의 통일 운동이 일방적으로 남쪽 사회를 비판하고 북쪽 사회를 신비화했던 경향에서 벗어나 남북 양측의 정치 당국에 대해 객관적이고 독립적인 시각을 갖기 시작하면서 가능해진 것이다. 또한 정부에 대항하여 그들만의 운동을 전개해왔던 것에서 벗어나, 소모적인 이념 논쟁과 대립을 중지하고 일상의 삶을 영위하는 시민들 속으로 다가가는 연습을 통해 가능해

---

2) 「독일 석학 졸름스에게 듣는 '새 세기의 전쟁'」, 『한겨레신문』, 1998년 7월 29일.

진 것이다. 이를 통하여 막대한 권력이나 자본을 가지고 있지는 않지만 시민들의 지지와 참여에 힘입어 정부와 기업이 할 수 없는 그야말로 제3의 영역에서 다양한 교류 사업들을 전개하고 있다.

그러나 분단 체제에 익숙해진 시민들로 하여금 다른 반쪽 사회에 대한 관심을 지속적으로 키워 나가도록 유도하는 노력은 그리 간단하지가 않다. 96년부터 98년까지 이루어졌던 대북 지원 운동에 시민들이 보여준 관심과 열정은 대단한 것이었으나 경제 위기가 발생하면서 IMF 관리 체제를 맞게 된 이후 시민들의 호응은 많이 저조해졌다. 일부 언론에서는 북쪽의 핵시설, 군사화 등을 이유로 여전히 북쪽에 대한 적대감을 조장하고 있으며, 대북 지원 운동에 참여했던 사람들 중에서 일부는 오히려 이를 심각하게 비판하기도 한다. 이를테면 남쪽 사회에서 구조 조정으로 일자리를 잃은 사람들의 노숙 문제를 해결하지 못하면서 또 그 아이들의 결식 문제를 해결하지 못하면서 언제까지 계속돼야 할지 모르는 대북 지원은 결국 밑 빠진 독에 물 붓기라는 비판이 그것이다.

따라서 이제 통일 운동은 다시 한번 방향 전환을 요구받고 있다. 북쪽의 경제 위기와 주민들의 끔찍한 실상을 홍보하고 지원을 요청하는 것에서 왜곡된 분단 체제와 시민들의 일상적인 분단 정치를 극복해 가기 위한 장기적인 노정을 정립하고 지속적으로 통일 정치에 참여할 수 있는 다양한 토론과 실천의 공간을 제시해야 한다. 또한 남북 민간의 교류와 협력에 시민들이 직접 참여할 수 있도록 다양한 사업들을 모색해야 한다.

이를 위해서 노동 운동, 환경 운동, 여성 운동 등 다양한 영역의 시민 운동과 협력 관계를 만들어 나가는 것이 중요하다. 모든 시민 운동이 각기 고유의 목표를 가지면서도 분단 체제를 극복하기 위한 운동 방향을 모색하고 함께 연대해 나가야 할 것이다. 이러한 과정을 통해 시민의 일상적 삶을 이해하고 그 속에서 시민이 주체적으로 통일 정치를 실현해낼 수 있도록 새로운 틀을 찾아나가는 일에 주력해야 한다.

3) 개인

얼핏 생각하기에 개인들이 분단 체제에 어떠한 영향을 미쳤는지를 생각해 보는 것은 의미가 없는 것처럼 보인다. 정부나 조직화된 운동 단체의 역량에 비해 개인들은 나약하고 사회 질서의 변화에 대해 무력해 보이기까지 하다. 그러나 개별적 개인들의 생각과 의식이 여론 또는 '국민의 정서'를 만들면, 그것은 정부 당국자들의 정책 과정에서 또는 조직화된 집단의 활동 과정에서 결코 무시할 수 없는 힘이 된다. 물론 때로는 여론이나 국민의 정서가 명확한 근거 없이 정권의 이해 관계에 의해 조작되는 경우도 있다. 그러나 왜곡된 사회 질서를 변화시키기 위해서는 개인들의 일상 공간에서 벌어지는 무의식적이고 습관적인 행동들에 대한 성찰과 비판, 그리고 이에 기반한 '의식적' 실천들이 반드시 전제가 되어야 한다.

이러한 맥락에 비추어, 개인들이 가장 먼저 해야 할 일은 체질화된 분단 불감증을 통일 정치적 관심과 의지로 대체하는 일이다. 내 안에 녹아 있는 분단을 인식하고 극복하는 연습이야말로 일상의 한가운데서 분단 체제를 극복하기 위한 필수적인 작업이다. 나는 북쪽 사회를 어떻게 생각하고 있는지, 분단과 통일 문제에 대해서는 어떤 생각을 갖고 있는지, 이런 사회 상황에 대해 내가 너무 무관심한 것은 아닌지, 통일에 대한 생각이 나 자신의 개인적인 이해 관계에 의해 좌우되고 있는 건 아닌지 등의 생각들을 점검해야 한다.

또 정치권이나 통일 운동 단체, 언론의 동향 등을 주시하면서 이들의 분단 정치적 행태들을 비판하고 문제를 제기해야 한다. 이를 위해 무엇보다도 중요한 것은 그간 정치로부터 자신을 분리하고 대상화해 온 태도에서 탈피하여 자신을 적극적인 통일 정치의 주체로서 자리 매김하는 것이다. 사실 오랫동안 정부가 통일 논의를 독점하면서 일반 시민들이 이에 참여할 수 있는 기회를 박탈당했던 것이 사실이다. 그러나 이제는 자신의 일상 생활에 지대한 영향력을 행사하고 있는 분단 체제를 극복하기 위해서 통일에 대한 자유로운 토론에 참여하거나 더 나아가 그런 대화의 공간을 창출하는 노력이 필요하다. 평화롭고 안전한 통일을 이루기 위해서는 시민 다수가 참여하는 광범위한 사회적 토론이 그 필수적인 전제이기 때문이다.

마지막으로 분단 체제의 극복에 기여할 수 있는 실천 행동들에 직접 참여하는 것이다. 이를테면, 심각한 환경 오염의 문제를 해결하기 위하여 재활용품 분리 수거에 동참하는 것처럼 통일 과정에도 실제로 참여해야 한다. 우리 땅 곳곳을 돌며 분단의 현장을 사진으로, 글로 기록하는 사람들, 탈북자들에게 삶의 터전을 만들어 주는 종교인들, 하루 주점을 통해 벌어들인 수익금을 북녘에 보내는 평범한 대학생들, '북한 어린이 돕기 계좌'에 꼬박꼬박 저축하는 사람들, 어린 자녀의 손을 잡고 북녘 어린이들을 위한 행사에 적극적으로 참여하는 엄마, 아빠들… 이 모두가 통일 정치를 실천하는 사람들이다.

Begin
End
Rise To Rise
Drop To Drop
Push
Pull
Tension
Air
Rebound
Rise
Surpass
Pass without Stopping
Passage Pass Through
Penetration
From
In
Unity
Disunity
Oppression
Resistance
Choice
Difference
Gathering
Dispersal
Approach
Alienation
Continuation
Partway
Chase after
Development-expansion
Increase
Renovation
North
South
East
West

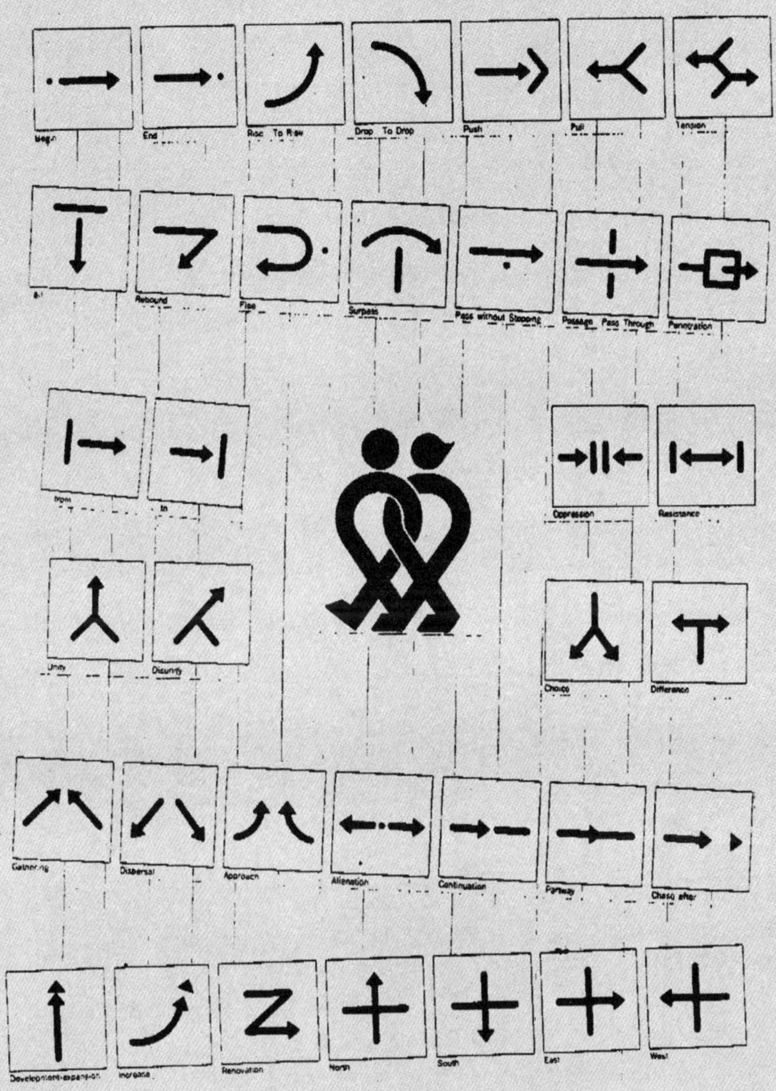

일러스트 장순석

정치가가 아니고 대단한 통일
운동가가 아님에도 불구하고
드러나지 않게 꾸준히 자신의 일상
속에서 이 문제를 고민하고 관심을
기울여온 사람들이 있다.
우리는「통일을 준비하는 사람들」
에서 스스로 통일 정치를 실천하고
미래의 사회적 비전을 만들어 가는
일에 참여해온 사람들의 이야기를
다루려고 한다. 특별히 남북 문제에
관심을 가지고 한반도의 통일과
평화의 씨앗을 심는 데 스스로 거름이
되려는 사람들의 이야기이다.
　우리는 이들을 크게 개인과 단체로
나누어 조사를 했고, 여기에 실린
일곱 편의 개인 사례는 직접 본인들이
원고를 작성하여 보낸 것이다.
그리고 각각 세 편의 단체 사례와
미디어 사례는「또 하나의 문화」
통일 소모임의 구성원들이 직접
관계자들을 만나 인터뷰하고 관련
자료들을 분석하여 정리하였다.

여기에 소개되는 이들은 모두
하나같이 부담스럽다고 말했다.
무엇보다 정치적 억압이 심한 때에
힘겹게 통일 운동을 해온 사람들에
비하면 자신들의 실천은 매우
사소하다는 것이 그 이유였다. 그러나
우리가 추구하는 것은 어떤 대단한
입장이나 선언적 실천이 아니다.
'생활 속에서' 작지만 의미 있는 실천
에 꾸준히 참여하고 있는 사람들.
우리가 이들을 주목하고 이들의
경험을 중요하게 생각하는 것은 바로
그 점에 있다.
　우리는 이 사람들의 이야기를 통해
많은 이들이 공감하고 평화의 문화를
만들어 가는 통일 정치에 참여하게
되기를 기대한다. 내 이웃들의
이야기, 조금도 거창할 것이 없는 작고
소박한 삶의 이야기들이 결국
평화적인 통일을 이루고 통일 후의
평화를 실현할 수 있을 것이라고
믿기 때문이다.

일러스트　최수정

일러스트 나재오

내 몸 속의 반공주의 회로와 권력

'분단 규율'을 넘어서기 위하여

권혁범

교수 · 대전대 정치학

나는 망설이다가 용기를 내어 지하철 객차 출입문 위쪽에 있는 안기부의 광고 "잘 보면 보입니다"에 카메라를 들이댄다. 그리고 셔터를 누른다. 플래시가 번쩍 터지자 사람들의 시선이 금세 나에게 쏠린다. 그리고는 내가 카메라 앵글을 들이댄 대상을 쳐다본다. 나는 그들의 시선을 애써 외면하고 바로 옆에 있는 또 하나의 간첩 신고 홍보물 "주변에 혹시 이런 사람 없습니까"를 찍는다. 다시 한번 나에게 시선이 집중된다. 그리고는 약간의 웅성거림을 느낀다. 식은땀이 흐른다. 아니 흐른다고 느낀다. 의혹의 눈길, 수군거림, 호기심에 찬 시선 등을 더는 견딜 수 없다. 그래서 나는 반공 표어 옆에 기저귀를 차고 있는 아이 사진에도 카메라 셔터를 누른다. 이유식 광고다. 연이어 그 반대쪽에 있는 다른 상품 광고들에도 카메라를 돌려 재빠르게 셔터를 누른다. 그제서야 사람들은 안심하는 표정이다.

나는 지난 2년간 '남과 북 - 문화 통합' 프로젝트[1]의 일환으로 1990년대 한국

---

[1] 이 프로젝트의 연구 결과인 여섯 편의 논문이 「'탈분단'의 문화 정치학 : 어디서 어떻게 만날 것인가?」란 주제하에 연세대 통일연구원, 『통일 연구』 제2권 제2호(1998)에 발표되었다.

의 반공주의에 대한 연구를 해왔다. 이 연구는 주로 초중고 교과서 및 언론, 또 길거리에서 접하는 반공 표어 분석을 통해서 한국 사회에서 일정한 정치 사회적 효과를 발휘하고 있는 반공주의의 의미 체계를 밝혀 내는 작업이었 다. 그 덕택에 경기도, 강원도 등 수도권 지역에서부터 멀리 제주도에 이르기 까지 전국을 누비며 수많은 반공 표어 및 구호를 수집했고2) 또 어느 시점부 터는 그것을 슬라이드 필름에 담는 작업도 병행했다. 앞에 소개한 경험은 서울의 지하철에서 안기부가 제작한 홍보물을 카메라로 찍으면서 일어난 일 이다. 반공주의가 지배해 온 사회에서 그것을 '객관적으로' 연구한다는 것이 얼마나 어려운가를 깨닫게 해준 개인적 '사건'이었다.

사실 '국민의 정부'하에서 반공 표어를 연구하고 그것을 카메라에 담았다 고 해서 잡혀가는 일은 일어나지 않을 것이다. 지하철 승객들 중 애국심이 투철한 사람이 나를 신고하여 설사 경찰서에서 조사를 받는다 해도 대학 교 수가 교육부 프로젝트의 일환으로 연구하고 있는 작업을 불온시하지는 않을 것이다. 그리고 어떤 몰지각한 신문이나 검찰에서 그 동안 북조선이나 쿠바 의 사회주의에 관하여 작성한 내 논문을 정밀히 검토한다 해도 내가 사상이 의심스러운 사람이라는 증거를 찾지 못할 것임에 틀림없다. 내가 무슨 주의 자도 아니고 특히 북의 체제나 주체 사상에 대해서는 이미 매우 비판적인 관점을 갖고 있는 연구자이기 때문이다.(꼭 이런 주장을 삽입하고 마는 나!)

그런데도 나는 망설였고 사진을 찍고 나서도 주변 사람들의 시선을 의식했 으며 결국 그 시선의 압력을 견디지 못해 나도 모르게 이유식 광고에 카메라

---

2) 도로변에 있는 반공 표어판만 해도 수십만 개가 넘을 것이다. 내 경험에 비추어 보면, 일반적 으로는 약 20 - 30km 간격으로 설치되어 있고, 특별히 해변이나 비무장 지대 근접 도로에는 500m 간격으로 반공 표어판을 발견할 수 있었다. 과연 이 수많은 반공 표어판은 간첩 신고와 안보 강화 를 위한 것일까?

를 들이대고 말았던 것이다. 아니, 찬찬히 돌이켜보면 과연 주변 사람들의 '따가운 시선'이 존재했는지조차 의문이다. 그것은 어쩌면 내가 만들어낸 것인지도 모른다. 그렇다면 지하철에서 내가 느낀 것들의 실체는 무엇일까? 그것은 객관적 관찰의 결과인가, 아니면 나도 모르게 움츠러든 그리고 순간적으로 확장된 과대 망상적 피해 의식에서 나온 주관적 감정인가? 별 희한한 놈도 다 있다면서 한번 쓱 쳐다본 것에 불과했을지도 모르는데, 왜 나는 긴장했으며 그 평범한 승객들을 잠재적 신고자로 느꼈는가?

그것은 나(특히 북을 연구하고 있는 나!)로 하여금 어떤 경우에도 '좌경 용공' '친북 용공'의 오해나 혐의를 받지 않도록 항상 조심하게 만드는 이유이기도 한데, 그런 혐의가 있는 자를 주변 사람들이 멀리하거나 신고하게 되리라는 나의 뿌리 깊은 강박 관념 때문이다. 개인적 가족적 피해에 대한 과대 망상("한순간의 좌경사상 후손에게 눈물된다"), 그것에 기초한 자기 검열("설마하는 방심 속에 불순분자 스며든다"), 낯선 주변에 대한 불신 및 경계("의심나면 다시보고 수상하면 신고하자")의 메커니즘이, 오랜 사회 과학적 훈련에도 불구하고 내 몸 안에서 여전히 작동하고 있음을 깨닫고 소스라치게 놀라지 않을 수 없었다.3)

---

3) 사실 내 몸 속에 내면화된 반공주의를 처음으로 접한 것은 이미 오래 전이었다. 80년대 미국 유학 시절에 접한 주변 사람들은 비슷한 시기에 대학을 다니고 비슷한 사회·교육적 배경을 가졌지만 철저하게 반공주의 혹은 북에 대한 공포와 두려움이 내면화된 이들이었다. 그러나 나도 예외가 아니라는 사실은 도착 첫날 깨달았다. 창피스러운 일이지만, 대학이 있던 마을에 도착해서 같은 과 미국 학생에게 전화를 걸고 나서 정거장에 서 있는데 동양인으로 보이는 사람의 차가 바로 앞에 멈춰 섰다. 영어로 대화를 나누다 보니 그들도 한국인이었다. 그런데 그 반가움이 문제였다. 그들은 다짜고짜 내 짐을 트렁크에 싣고 자기 집으로 가자고 하였다. 그때 내 마음속 깊숙이 숨어 있던 반공주의적 기제가 갑자기 작동하기 시작했다. 나는 그들의 집으로 향하는 차 안에서 그리고 그 집에서 하루를 신세지면서도 경계와 의심의 시선을 거두지 못했다. 출국 직전에 받은 싸구려 반공주의 '소양 교육' 때문만은 아니었다. 그들이 나를 '포섭'하거나 '납치'하려는 친북계 한국인일지도 모른다는 어처구니없는 의심이 솟아오른 것은 지금도 내 얼굴을 화끈 달아오르게

　평소 나의 이성과 그것에 기초한 논리로는 한심스럽게 치부해온 반공주의가 어디선가 갑자기 솟구쳐 순간적으로 내 감정을 지배하고 나에게 일정한 행동을 하도록 강제했다는 사실! 그러자 반공주의 '생체 권력'이 연구자의 몸 속에서 이렇게 활발하게 움직이는 현실에서 과연 반공주의에 대한 객관적 연구는 어떻게 가능한가 하는 의문이 들었다. 한편으로는 오해를 사서 '용공'이라는 딱지가 붙지 않게끔 균형을 유지해야 한다는 강박 관념으로부터 자유롭지 못하고, 또 다른 한편으로는 혹시 이것이 '반공주의의 잔재'로 오해받지는 않을까 걱정하는 나를 인정하지 않을 수 없었다.

　결국 연구 논문의 긴 각주를 통해서 매우 복잡하게 나의 정치적 입장에 대한 설명을 늘어놓았다.[4] 나는 현실 사회주의의 역사적 실험을 실패로 보며 북조선 사회주의 체제 및 정권에 대해서도 매우 비판적이다. 그러므로 나의 연구가 반공주의에 대한 비판을 다루고 있다고 해서 그것을 '용공'으로 오해하거나 북조선 정권에 대한 이념적 면죄부를 주기 위한 불온한 연구가 아니라는 점을 강하게 못박아 두었다. 사실이기는 하지만 이 얼마나 구차한가? 미국에서 북조선과 쿠바의 사회주의 이행 및 발전에 대한 연구를 진행하면서 또 귀국해서도 나는 항상 그쪽 얘기나 발표 끝에 두 정권 및 체제의 부정적인 특징을 애써 강조하고 끝내는 버릇을 갖게 되었다. 주변의 부담스러운 시선 때문에 갖게 된 필요 이상의 피해 의식에서 나오는 이 버릇은 현실 사회

한다. 해외에서 접하게 되는 자유가 오히려 한국인들의 반공주의를 더욱 자극하고 강화한다는 사실을 처음으로 자각하는 순간이었다. 실제로 해외에 나가 있는 한국 유학생이나 교포들이 더욱더 반공주의적 세계관을 강화하고 (대다수가 북쪽 사람을 실제로 접하는 것도 아닌데) 한국인들의 주류 이탈적 비판적 사고나 행위를 그 기준에 의해 재단한다는 사실이었다.

　4) 이 글의 많은 부분은 주1)에서 소개한 프로젝트의 일부로 쓰여진 졸고 「반공주의 회로판 읽기—한국 반공주의의 의미 체계와 정치 사회적 기능」과 겹친다.

주의의 실패와 그것의 문제점을 객관적으로 밝혀 내는 학술적 자세와는 아무 관련이 없는 것이다.

그렇다면 이런 쓸데없는 설명이 요구되는 이유는 무엇일까? 내가 유독 예민하거나 피해 의식이 과도한 탓일까? 물론 쿠바나 북조선의 사회주의적 발전의 문제를 연구하면서 민주화와 통일에 대해 관심을 가졌던 80년대에 내가 겪었던 몇 가지 개인적인 경험이 나를 주변의 반응에 예민하게 하고 또 피해 의식을 필요 이상으로 확대시켜 놓았다는 점을 부인할 수는 없다. 그러나 단지 그것만은 아닐 것이다.

혹자는 탈냉전 시대에서 반공주의는 쇠퇴하거나 그것의 '약발'이 현저하게 떨어졌다고 주장하며 나의 지나친 신중성을 시대 착오적인 것으로 비판할 수 있다. 물론 이념적 수준에선 그 주장에 일리가 있다. 현실 사회주의는 실패했으며, 북조선 사회주의의 정치 경제 체제는 이미 남한 사회에서 그 정당성과 매력을 상실한 지 오래이다. 또 그곳의 처절한 기아 상태는 남한의 극우 보수주의자들에 의해 왜곡된 것이 아니라 엄연하게 존재하는 사실임을 잘 알고 있다. '색깔'의 대명사였던 김대중 씨가 대통령이 된 세상이다. '북풍'도 실패하였고, 98년 가을을 떠들썩하게 만들었던 어느 신문의 '최장집 교수 죽이기'도 많은 저항에 부딪쳤다. 세상이 변한 것은 부인할 수 없는 사실이다. 그러니까 나도 이런 글을 겁없이 쓸 수 있는 것 아닐까?

그러나 반공주의가 사라졌다고 믿는 것은 순진한 생각이다. 반공주의는 이제 정치, 안보, 군사의 영역에서 확산되어 오히려 우리의 일상적 사고에 깊이 스며들어 있다. 그것은 단순히 북조선 공산주의에 대한 비이성적인 적대적 정치 논리와 정서만을 의미하지 않는다. 한국의 반공주의는 북에 대한 적대적 감정과 비난이자 동시에 그것과 교묘하게 결합된 고도의 계산적이고 이성적인 목적 활동의 특성을 갖는다. 일종의 권력 이성은 그것에 순응하고

지하철에 나붙은 국가정보원 명의의 '반공' 포스터. "한 사람의 신고정신이 국가안보를 지킵니다." 반공주의는 이제 정치, 안보, 군사의 영역에서 확산되어 우리의 일상적 사고에 깊이 스며들어 있다.

굴복하는 대중의 처세술적인(역사적 경험으로 볼 때 대중의 입장에서 사실은 매우 현명하고 합리적인) 사리 판단을 북에 대한 적대적 감정 및 정서와 결합시킨다.5) 그것은 오랜 세월 내면화의 과정을 통해 사회 구성원의 정신적·심리적 구조 속에 특정한 정치 사회적 사고와 행위를 자동적으로 유발시키는 기제들을 만들어 놓았다. 그것은 사상적 획일성과 단순성, 군사 동원주의적 심리, 배타적 감시자적 태도, 굴종적·순응적 태도, 반정치적 일원주의 질서 및 도덕주의에 대한 강한 동경과 요청을 유발한다.

이와 같은 기제가 어린 시절부터 끊임없이 주입되어 왔지만 사회 과학적 분석과 비판을 통하여 적어도 내게서는 사라진 줄 알았다. 그러나 그렇지 않았다. 사실은 내 몸 깊은 곳에 철저히 정서적으로 내면화되어 내 행위와 사고를 제한하고 있었다. 그리고 그것은 국가보안법의 현존과 반공주의의 이데올로기적 헤게모니 확보라는 현실에 의해 뒷받침되고 있으며 존속되는 권력이다. 이 권력이 대한민국 남녀노소의 마음속에 깊이 박혀 있는 한, 예민한 북조선 연구자의 바보 같은 사족은 사회적으로 강요되는 것이다. 나는 친북 용공이 아니고 북을 싫어하며 빨갱이가 아님을 확실히 밝혀 놓고 주류의 생각에 시비를 걸어야만 안전하다는 생각이 저절로 솟아나는 것이다. 이 점을 자세히 살펴보자.

내 연구 논문의 핵심은, 앞에서 이미 밝힌 대로, 한국의 반공주의 기제가 우리의 몸 안에 특정한 정치 사회적 사고와 행위를 유발하는 일종의 자동적 조건 반사의 회로판을 만들어 놓았다는 것이다. 그 회로판에는 크게 보아 두 가지의 회로가 형성되어 있다. 첫째 회로에서는 모든 비판적 생각과 운동,

---

5) 이러한 생각은 내 논문 「반공주의 회로판 읽기」에 대한 임화연 교수의 개인적 논평에서 빌려 왔다.

주류 이탈적 사고나 행위는 '좌경' '불순' '용공' '친북'의 혐의로 즉각 연결된다. 또한 반공주의 '좌'에 대한 알레르기적 반응은 스탈린주의에서 유럽식 사회 민주주의에 이르기까지의 모든 진보적 사상을 '좌익 불순 사상'의 카테고리로 단순화시킨다.

즉, "민주위장 좌익세력 다시보고 신고하자" "민주의식 저해하는 불순행동 배격하자" "의심나면 다시보고 수상하면 신고하자" "사회혼란 조장하는 불온문서 신고하자"고 할 때는 민주적 주장, 불순한 행동, 수상한 행위 등은 좌익의 혐의를 자동적으로 받는 것이고, 여기서 더 나아가면 친북 용공 혐의와 간첩 혐의까지도 받을 수 있다. 결국 수상한 사람과 간첩은 종이 한 장 차이인 것이다. 공산주의와 전혀 관계 없는 지배 담론에 대한 도전도 반공/용공의 이분법에 걸려들기 쉽다. 현존 질서에 대한 도전자를 순식간에 완전히 수세에 몰아넣을 무기로서 반공주의만큼 좋은 무기가 없기 때문이다.

"그 사람 수상한 데가…" "그 사람 사상이 좀 이상한 게…"라고 낙인을 찍어버리면 그 당사자는 아무 근거 없이도 자신을 열심히 방어해야 하는 수세적 위치에 저절로 놓이게 된다. 또 자신에 대한 혐의가 풀려도 여전히 그에 대한 주변의 의심의 눈초리는 영원히 사라지지 않는다(물론 과거에는 이런 혐의를 받으면 시선뿐만 아니라 물리적으로 상당한 억압을 받기도 했다). 따라서 반공주의는 한국 사회의 대다수 구성원들을 지배적 규범 준수의 감시자로 만들어 버리며 체제 규범으로부터 이탈하려는 사람에게 "혹 이러다가 용공으로 오해받지 않을까" 겁먹게 만들고("좌경용공 이적행위 경계하고 신고하자" "국가발전 가로막는 용공책동 분쇄하자"), 이탈자를 목격하는 사람에게는 "혹 저 사람이 북에서 내려온…"(어떤 맥주 광고는 장난이 아니다!)이라고 생각하게 만들면서("간첩은 표시없다 너도나도 살펴보자") 결국 양측 모두에 심적 부담을 부과한다.

그러한 부담을 통해서 억제되는 것은 단순히 진짜 간첩의 첩보 활동만이 아니고 모든 형태의 수상하고 이탈적인 그리고 나아가 모든 기득권 세력에 대한 진보적이고 도전적인 사고와 행위들이다.(여기서 오해하지 않기를 바란다. 내가 대한민국에 간첩이 존재하지 않는다고 그래서 이런 표어들이 모두 사기라고 주장하는 것은 아니다. 다만 그들은 우글거리지 않을 뿐이며 따라서 수십만 개의 반공 표어가 무엇을 위한 것인지 신중하게 생각해 봐야 한다는 점이다. 잘 보이지는 않지만 만약 진짜 간첩을 '보면' 112 혹은 113으로 신고하면 된다. 사실로 밝혀지면 엄청난 상금도 받는다. "숨어있는 간첩신고하여 애국하고 상금타자!")

두번째 회로에서는 혼란, 분열, 해이는 즉각 불순 책동, 북조선의 도발 위험, 안보 불안과 동일시된다. "혼란속에 간첩오고 안정속에 번영온다" "좌익폭력 사회혼란 북한오판 초래한다" "분별없는 좌경용공 북괴오판 자초한다" "너와나의 방심속에 무너지는 국가안보" "흔들리는 안보정신 경제불안 사회불안" 등의 구호는 자동적으로 혼란과 방심, 분열에 대한 대항 정서, 다시 말해 질서, 안정, 안보, 단결, 번영을 준강제적으로 즉각 요청하는 심리를 만들어 낸다. 걸핏하면 언론이나 정부가 사회 불안을 강조하면서 '안보 의식 해이' '기강 이완' '우리 내부의 허점' '뒤숭숭한 세태'를 운운한다. 그때마다 뻔히 요청되고 강화되는 것은 '풀어 줬더니 군기가 빠졌다'는 식의 군사주의적 질서 의식이다. 이러한 '분열 공포'는 집단 광증이며 중요한 것은 그것이 단순한 적대적 감정만으로 환원될 수 없고 반드시 그 배후에 앞서 설명한 권력 이성이 도사리고 있다는 점이다. 이 권력 이성이 노리는 것은 매우 권위주의적이고 수직적인 질서의 정당화이고 그것에 대한 도전을 일시에 무력화시키는 것이다. (물론 인간은 로봇이 아니고 한국인은 모두 바보가 아니므로 이러한 권력 이성이 설치한 회로를 발견하고 그것을 제거하는 사람들도 많다. 그러나 그것을 시도한 수많은 사람들은 엄청난 폭압과 공포에 시달리지 않을 수 없었다. 따라서 그것을 목격한 대다수의 사람들은 회로를 제거하는 일 아니 회로를 발견하는 것조차 스스로 거부하며 자발적으로 이를 내면화하고 살아왔다.)

한마디로 우리는 반공주의 회로판의 작동을 통해 매사에 겁먹고 움츠리게 되면서 타인의 눈에 의존해서 사는 비주체적 주체로 전락한다. 아니 오로지 반공과 애국의 주체만이 활개를 치고 개인, 여성, 시민 등으로서의 주체는 말살되는 결과를 빚었다.6) 북이 호시 탐탐 노리고 있는데 개인의 인권과 행복, 여성의 권리, 사상의 자유가 뭐 그리 중요할 것인가. 또한 분열과 혼란을 금기시하는 정치 사회적 심리가 아예 한국인의 심성 중 일부로 전환되면서 모든 형태의 사회적 도전과 이탈을 두려워하는 사회 문화가 굳건한 헤게모니를 확보했다.("벽에 틈이 생기면 바람이 들어오고 마음에 틈이 생기면 마가 들어온다."7))

더 무서운 것은 우리 자신의 눈이 타인의 눈, 정확하게 말하면 소수 집단에 의해 의도적으로 조작되고 생산된 '타인'의 시선에 의해 이미 대체되었다는 사실조차 인식하지 못하는 상황이다. 반세기를 넘게 재생산된 반공주의 회로의 결과로 모든 불법적이고·부패한 현실을 코앞에서 보면서도 그럭저럭 순응하고 사는 버릇("좋은 게 좋은 거지 뭐. 세상이 다 그런 거지"), 그것에 대한 도전이 도전자 개인에게 쓸모 없는 고통과 번민을 안겨줄 것이라는 공포("너 혼자 그래봐야 너만 손해야. 세상이 바뀌겠냐?"), 이것을 통해 유지되는 집단적 범죄 행위에 대한 암묵적 인정과 동참("너나 나나 다 그렇게 뜯어먹으며 사는 거지, 도덕 군자라고 별 수 있냐?")의 정치 사회적 문화가 이 땅에 정착되었다.

우리 몸 속에 자리잡은 이러한 반공주의 회로는 체제 순응성을 강제하는 정치 사회화 과정을 통해 불균형 발전과 사회 이익의 불균등 재분배로부터 오는 사회적 약자의 저항을 봉쇄하고 길들이는 역할을 수행한다. 반공주의

---

6) 이 논지는 조한혜정 교수(연세대 사회학과)의 평소 지론에 기초한 것이다.

7) 박홍·남용우, 『레드 바이러스』(서울 : 기독청년문화연구소. 생명문화연구소, 1997), 1쪽.

는 이제 단순히 북조선 공산주의에 대한 비판이나 거부가 아니고 한국 사회의 억압적이고 불평등한 질서를 정당화 또는 보호하며 그것을 재생산하는데 결정적으로 기여하는 중요한 생체 권력이 돼버렸다.

그것은 이미 안기부/교육부를 정점으로 한 국가 권력이 강제적으로 구성원들에게 요구하는 외적 이데올로기의 차원을 넘어선 지 오래다. 반공주의는 이미 한국 사회 구성원들의 정신과 가슴속에 '한국적 정서'의 일부로 내면화되었으며, 따라서 그것은 국가 권력 못지 않은 또 하나의 권력인 것이다. 그것을 국가나 극우 언론이 강요 또는 조작하는 외적 이데올로기로만 보는 것은 반공주의의 뿌리와 비강제성(이미 사회 구성원들에게 내면화되어 있어 강제하지 않아도 될 정도로 자연스러운 상태)을 과소 평가하는 것이다. 그것은 남북간의 군사적 긴장 고조나 한국 사회의 위기 시에 일상적 의식의 저변으로부터 순식간에 부상하여 안보 최우선 논리를 앞세우고 정당화하는 집단적 심리의 결집을 불러일으키면서 실천적 힘으로 전화한다. 그 힘을 바탕으로 지배 집단은 지배층 내부의 파열을 봉합하고 그것에 도전하는 세력의 힘과 정당성을 일시에 무력화시킨다.(물론 그게 시간이 갈수록 뜻대로만 잘되지 않는 현상이 나타나고 있다.)

이 짧은 글에서 길게 설명할 수는 없지만, 나는 이러한 내면화된 반공주의 생체 권력을 일종의 '분단 규율'의 중요한 요소로 보았다. 그것은 북의 시대 착오적인 봉건적 주체 사상이 그런 것처럼 현대 민주주의 사회에서 불필요한 억압적 기능을 담당하고 있으며 사상의 자유를 축으로 하는 근대적 자유와 권리를 제한함으로써 개인의 행복 추구와 한국 사회의 정상적 발전에 치명적 장애를 초래해 왔다. 북에서는 자유 민주주의와 시장 경제에 대한 논의가, 또 남한에서는 사회주의와 좌파 사상에 대한 객관적 이해와 수용이 철저히 금기시되거나 완전히 제거된 반쪽의 사회가 형성되어 한반도 주민들의 의식과 행위를 비정상적으로 절단하고 옥죄어 왔다. 이 과정이 얼마나 폭력적이었는가는 설명하지 않기로 하자.

모든 것을 '용공'과 '반공'의 이분법으로 재단하는 사회, 안토니오 그람시의 헤게모니 이론 수용자가 빨갱이로 매도되는 사회, 차이와 다양성을 묵살하는 사회, 적과 동지를 명확히 할 것을 강요하는 사회, 절 입장권과 자판기 컵, 지하철 안내 방송을 통해 모든 이웃을 잠재적인 간첩으로 의심할 것을 24시간 요구하는 사회, 모든 비판적이고 이탈적인 문제 제기가 불순 혐의를 받을 수 있으며, 그래서 말조심해야 하는, 또 그래서 나는 빨갱이가 아님을 확실하게 증명하고 일을 시작해야 하는 사회, 사실 여부에 관계없이 혐의를 받은 즉시 집단적 이지메의 대상으로 전락하는 사회, 좌경 자체가 범죄인 사회, 사상의 자유가 사회적 법적으로 보장되지 않는 사회 — 이 사회에서 우리들은 일종의 집단적 정신병으로부터 자유로운가? 이 사회가 변하지 않고서 우리들은 아니 나는 과연 온전하고 행복할 수 있을까? 반공주의 회로판에 토대한 분단 규율을 넘어서는 일, 즉 탈분단은 꼭 통일만을 위한 것이 아니다. 그것은 궁극적으로 나와 우리의 행복을 위해서이다.

나는 내 몸 속에 들어와 있는 반공주의 권력과 오늘도 씨름하고 있다. 내 몸에서 이 이질적인 회로를 발견한 것은 오래 전이다. 문제는 그것을, 이 바디 에일리언을 내 몸에서 가슴에서 영원히 추방하는 일이다. 그것은 과연 어떻게 가능할까? 일단 지하철에서 안기부 홍보물을 찍을 때 타인의 시선을 의식해서 분유 광고 따위를 이유 없이 찍는 짓을 하지 않기로 결심했고 얼마 전 드디어 실천에 옮겼다. 그러나 그 순간에도 주변인들의 '따가운 시선'을 느꼈던 것은 부인할 수 없다. 그것은 그들의 시선이었을까 아니면 또 다른 나 자신의 시선이었을까? 질문은 계속된다.

"반공주의 회로판에 토대한 분단 규율을 넘어서는 일, 즉 탈분단은 꼭 통일을 위한 것이 아니다. 그것은 궁극적으로 나와 우리의 행복을 위해서이다. 나는 내 몸 속에 들어와 있는 반공주의 권력과 오늘도 씨름하고 있다."

반공 교육과 북쪽 바로 알기

이세일

고등학생

요즘은 통일이라는 말이 군사 정권이나 문민 정부보다는 훨씬 가깝게 다가온다. 햇볕 정책이라고 하는 북쪽에 대한 포용 정책의 영향이다. 과거와 같이 북쪽을 일방적으로 몰아세우지 않고, 북쪽의 체면을 세워주면서 우리의 말을 전하는 방식은 확실히 효과가 있는 것 같다. 그런데 정부와 달리 우리 국민들의 대북관은 크게 변화하지 않은 것 같다. 물론 그런 것이 하루아침에 바뀐다면 오히려 그게 더 문제겠지만, 그렇다고 해도 우리 여론은 너무 보수적이어서 정부의 정책과 호흡을 달리한다. 또 그런 여론에 영향을 받는 우리 학생들은 정부의 정책이나 방향과는 달리 북쪽에 대해 부정적으로 사고한다.

98년에 잠수함 침투 사건이 발생했을 때, 나는 그 사건으로 혹시 햇볕 정책이 어떤 영향을 받지 않을까 생각했었다. 그때 여론, 즉 신문에서는 북쪽에 대해 정부의 강력한 목소리를 원했고, 그렇게 하도록 정부에 압력을 가했다. 그러나 정부는 북쪽으로부터 사과를 받았고, 일을 크게 벌리지 않으면서 비난 성명을 자제했다. 결론적으로 우리의 햇볕 정책은 큰 영향을 받지 않았다. 정부가 여론에 끌려 다니지 않고 자신의 원칙을 지켜서 긍정적인 역할을 했던 것 같다. 그러나 분명 여론은 북쪽에 대해 부정적이었다. 학교에서도 친구들에게 그 사건에 대해서 말하면 "북쪽과 전쟁을 해버리자"고 말할 정도였다. 그러면 이런 부정적인 북에 대한 생각은 어디서 온 것일까?

첫째로 과거 반공 교육의 영향이다. 우리 청소년들에게는 낯설지도 모르지만 부모님들 세대에서는 분명히 강력한 반공 교육이 있었다. 그런 교육을 받고 자란 부모님들의 가치관에 영향을 받는 청소년들이 북쪽에 부정적인 생각을 갖는 것은 어쩌면 당연한 일일 것이다.

둘째로 생각해 볼 것은 우리가 북쪽에 대해서 너무 모른다는 것이다. 우리 청소년이 북쪽을 생각할 때 그곳의 '사람'에 대해서 생각할 때가 몇 번이나 있는지… 항상 그곳의 정치나 경제에 대해서만 이야기할 뿐이다. "북쪽 사람들도 사랑을 할까?"라고 묻는 친구가 있으니 말 다했다. 이것만이 아니라, 우리가 접하는 정보 자체가 제한되어 있어서 우리는 늘 북쪽 사람들의 통제된 모습만을 보게 된다. 예를 들어 김일성 사망 당시 북쪽 사람들이 모두 눈물을 흘리는 장면 같은 것말이다. 그런 점 때문에 우리는 북쪽 '사람'들을 멀리하게 된다.

셋째로는 북쪽과 우리를 비교하고 또 평가하는 데서 오는 잘못에 있다. 국민 총생산과 같은 경제 지표, 인구, 자유, 인권 분야 등 모든 분야에 대해서 우리가 북쪽에 비해 우수하다고 발표하고, 또 그런 정보만을 듣는 청소년들은 북쪽이 너무 살기 힘들고, 인간답지 않다고 생각하게 된다. 솔직히 북쪽의 공개 사형 제도 등 인권 상황은 매우 열악한 편이다. 하지만 이런 북쪽에 대한 부정적인 정보 외에 북쪽의 우수성에 대해서는 일언반구도 듣기 힘들다. 북쪽은 엘리트 교육이 우수하고 군사 과학 등은 이미 세계적인 수준이라는 것은 98년에 발생한 인공 위성 사건 이전에는 들어본 적이 없다. 즉 북쪽은 우리보다 모든 면에서 열등하기 때문에 그들에게 긍정적인 태도를 가질 수 없다는 것이 우리 청소년들의 생각이다.

마지막으로 6·25 사변을 이야기하면서 전쟁을 북쪽이 시작했다며 북쪽에 대해 끝없는 적의를 유발한다는 것이다. 북쪽의 도발보다 더 중요한 것은 전쟁중에 일어난 동족 참상의 비극이 아닐까? 그리고 북쪽과 우리는 모두 그 당시 세계 흐름의 희생자일 수도 있다. 그런데도 우리는 우리만 피해자라고 생각하고 있다. 이런 태도가 우리 청소년이 북쪽에 대해 부정적인 생각을 가지게 하는 것이다.

그러면 이런 태도의 결과는 어떤 것일까? 97년에 우리 교실에서 북쪽에 쌀 지원을 하는 것에 대해 토의를 한 적이 있다. 그때 어떤 친구는 북쪽에 쌀을 지원하지 말자면서 아예 굶어 죽어버리면 좋은 것 아니냐고 말했다. 물론 그 주장은 많은 아이들을 설득하지 못했지만, 두 명 정도인가는 그 말에 박수를 쳤다. 이것이 우리 청소년의 태도라고 단정지을 수는 없지만, 같은 동포를 그렇게 생각하는 친구가 있다는 것만으로도 슬픈 일이 아닐 수 없다. 또 더욱 문제가 되는 것은 통일을 반대하는 학생이 늘어난다는 것이다.

그 아이들의 주장은 통일을 해보았자, 우리에게 별로 도움이 되지도 않고 오히려 북쪽 사람들을 먹여 살리려면 우리만 어려워진다는 주장을 한다. 이 주장이 설득력이 없는 것은 아니다. 분명히 북쪽의 경제 수준은 우리보다 뒤처져 있고 사회 간접 시설도 낙후되어 있는 것이 사실이다. 북쪽과 통일이 되면 북쪽 경제에 대한 직접 투자는 물론 사회 간접 투자를 해야 하는데 그 사회 간접 투자의 재원은 국민의 세금으로 충당될 것이다. 그러면 조세 부담이 늘어날 것이고 우리 국민에게 경제적으로 손해가 되는 것도 사실이다.

하지만 이런 비관론은 너무 경제적인 관점에서만 이야기할 뿐만 아니라 더욱이 지나치게 제한된 시각으로만 판단한다는 데 문제가 있다. 북쪽과의 통일은 경제적 이유 말고도 우리 민족이 단일 국가가 된다는 점에서 중요한 의의를 갖는다. 민족이 하나의 목소리로 세계 사회에 설 수 있다는 것만으로도 북쪽과의 통일은 분명 추구되어야 할 것이다. 또 경제적으로도 불리한 점만 있는 것은 아니다.

북쪽과 통일에서 12억 시장인 중국과의 육로를 갖게 된다는 점과 북부 항구 시설을 갖춤으로 미국 시장 진출의 용이성 등도 따져보면 분명 이득이 될 것들이다. 그러나 이런 말을 해주는 곳은 아무 데도 없다. 도덕 교과서는 3단계 통일 방안만 가득 써 놓고, 오히려 통일은 그 스스로가 목적이 되어서는 안 된다며 통일 지상론을 주의하라고 써 있을 뿐이다. 북쪽과의 통일은 경제 수준의 저하라는 공식을 만들어 놓고 그것을 우리 청소년들에게 가르치고 있는 것이다. 그런 것은 소비에 관심이 있는 청소년이 보기에는 너무나 괴로운 말일 것이다. 그러니 청소년이 통일에 부정적인 시각을 가질 수밖에 없다. 그러면 어떻게 해야 하는 것일까?

먼저 북쪽을 아는 것이 중요하다고 생각한다. 이미 앞에서 말했듯이 우리는 북쪽을 너무나 모르고 있다. 또 설사 안다고 해도 GNP 대비나 우리와 북쪽의 군사력 등 수치상의 비교에서 끝나고 있다. 여기서 북쪽을 안다는 것은 북쪽을 이해하고, 그곳 사람들과 함께 살아갈 마음을 길러야 한다는 말이다. 북쪽 사람들은 지금은 만날 수 없지만 분명 같은 민족이 아닌가? 그들과 우리는 다를 것이 없다. 그런 생각을 생생한 화면이나, 그들의 영화 아니면 드라마 등을 보며 키워 나갔으면 한다. 아니 금강산 관광이 허용되었으니 직접 북쪽에 가서 그곳 사람들과 이야기해 보는 것이 훨씬 더 좋을 것이다. 사람을 이해하는 데는 직접 만나는 것이 가장 좋은 방법이기 때문이다. 이런 민간 교류가 많아지면 자연히 북쪽에 대해 많은 것을 알게 되고 또 우리

나라의 언론도 좀더 가까이 북쪽을 대하게 될 것이라고 생각한다. 그렇게 되면 청소년들도 자연히 북쪽에 대해 열린 사고를 갖게 되지 않을까?

둘째로 가장 현실적인 문제가 있다. 바로 군대 문제이다. 거의 모든 남학생들은 막 성인이 되는 나이에 군대에 입대하게 된다. 그리고 그곳에서 인간적인 대우가 아닌 하나의 소모품에 불과한 대우를 받고 또 전쟁 준비, 즉 북쪽의 군인과 서로 총을 겨누는 연습을 한다. 이런 훈련을 2년 반이나 받으면 그 누구라도 북쪽에 적대적이 될 수밖에 없다. 물론 북쪽과 대치중인 이 상황에 군대를 줄일 수는 없을 것이다. 통일을 하기 위해 만든 군대가 통일을 가로막는 역할을 하게 되니 참 아이러니컬하다. 그러나 결국 여기에 관한 문제는 손댈 수 없는 것이다. 나도 앞으로 입영을 해야 하는 청소년으로서 군대에 가지 않았으면 좋겠지만 갈 수밖에 없지 않은가? 북쪽과 외교를 잘해서 점차 군인의 수를 줄이는 것이 유일한 방법이 아닐까 싶다.

또 다른 방법은 학교에서 통일 교육을 하는 것이다. 현재의 통일 교육은 윤리 교과서를 바탕으로 북쪽의 사회주의 비판을 시작으로 북쪽과의 대치 상황을 이해시키고 우리의 3단계 통일 방식으로 마무리짓고 있다. 하지만 이것이 통일을 위한 교육은 아니다. 통일만이 주제인 수업을 만들었으면 한다. 청소년들이 북쪽을 아는 데 가장 빠르고 확실한 방법은 학교 수업이다. 또 방송이나 매스컴과 달리 수업에는 선생님이 있기 때문에 질문도 할 수 있고 또 필요한 부분은 따로 심화 교육을 할 수도 있다. 예를 들어 북쪽 사람들의 말을 공부할 때 교사가 그것에 대한 자료를 가져와 직접 연습도 해보고 듣기도 해보면 그들의 말을 이해할 수 있을 것이다. 청소년들에게는 학교 안에서 이루어지는 교육이 가장 쉽게 체감될 수 있다.

마지막으로 우리 사회에서 통일의 당위성을 찾아야 한다. 현재 우리 사회에서는 북쪽과의 통일이 우리 경제 수준의 저하를 가져온다며 오히려 이런 마이너스의 통일은 반대한다고까지 말하고 있다. 이런 것을 고치기 위해서는 통일의 목적이나 의의를 분명히 하는 한편, 통일 이후에 일어날 일을 시나리오로 만들어서 보여 주었으면 한다. 우리는 지금 통일에 대해 너무 추상적으로 대해 왔고 너무 먼 훗날의 일로 여겨 왔다. 막상 내일 통일이 된다고 하면 누가 무슨 행동을 할 수 있을까? 또 통일의 목적에 대해서도 추상적으로 꼭 해야 된다는 생각만 했지 그것이 어떤 의의가 있는지 생각한 적이 없다. 하나의 민족이 하나의 집단이 된다는 것의 중요함을 이론적으로 풀어낸다면 우리 사회 일각에서 제기되고 있는 통일 부정론이 사그라지리라는 생각이 든다.

현재까지는 우리 나라에서 북쪽에 대해 이야기하고 또 통일에 대해 이야기하는 것이 금지 사항은 아니지만 공론화되지는 못하고 있다. 시민들이 어떤 목소리를 낸다고 해도 그것이 정책에 반영되는 것은 아니었다. 이런 상황에서는 다양한 각도에서 많은 것을 보지 못한다. 특히 우리 청소년들에게는 더욱더 북쪽에 대해 제한된 시각만을 가지게 한다. 북쪽이 어떤 나라인지를 알기 위해서 신문을 뒤적거리는 일이 계속된다면 통일은 점점 더 멀어질 것이다.

많은 서적과 영상물들이 나오고 또 그곳에 갔다온 사람들의 말도 들으며 그곳에 대한 정보를 얻는 것이 우리 청소년들에게 꼭 필요하다. 청소년들이 결국은 통일을 만들어갈 텐데 북쪽에 대해 많은 정보를 알아야 하는 것은 당연한 것 아닌가. 또 우리 나라의 분단 이전의 상황을 겪은 사람의 수가 해마다 줄고 있는데, 만약 이런 분단 이전의 세대가 한 사람도 남게 되지 않는 날은 설사 통일이 된다고 하더라도 기쁨이 반으로 줄어들 것이다. 이런 상황을 대비해서라도 우리 청소년들에게 통일에 대해 교육하고 또 북쪽을 이해시키는 일이 필요하다. 우리 청소년들이 영향을 받는 매체는 신문같이 제한적이고 보수적인 경향을 띤 것이 많은데 더 많은 매체에서 통일과 북쪽에 대해 다양하게 다루어 주었으면 한다. 그렇게 되면 우리 청소년들은 물론 사회 전반이 통일에 대한 생각을 다시 하게 될 것이다.

또 북쪽 사람들과 접촉이 많아졌으면 한다. 그들과의 동질성이 확인되면 통일은 그리 어려운 일이 아닐 것이다. 결론적으로 청소년과 우리 사회가 통일을 하기 위해서는 그들을 이해하는 것이 가장 중요하다. 북쪽을 이해하고 그곳 사람들과 어울리는 날이 바로 통일이 되는 날이 아닐까?

연세대 통일 소모임 「종이비행기」

♪떴다! 떴다! 비행기, 날아라 날아라.♬ 물론 이 노래가 「종이비행기」의 주제가는 아니다. 그들을 대표하는 노래는 더더구나 아니다. 잠시 노래 「종이비행기」와 연세대학교의 통일 관련 소모임인 「종이비행기」가 오버랩되어 적었을 따름이다. '그들'로 불리우는 「종이비행기」는 일종의 소모임으로, 1998년 5월, 연세대에서 제1회 '북한 영화제'를 기획, 개최한 학생들이기도 하다.

'그들'에게는 짧지만 역사가 있다. 기존의 통일 동아리와 다른 특징을 갖고 있고, 이름에서부터 남다른 배경을 갖고 있다. 「종이비행기」란 이름은 1996년도 연세대학교 백양로 난장 때 첫 행사로 고사를 지내면서 종이비행기를 날린 것과 연관이 있다. 한총련 사태로 우울했던 연세대에서 벌어진 「백양로 난장」에서는 한총련 사태의 상징이 되어 버린 종합관 철조망을 사이에 두고 백지에 학생들이 소원을 적어 접은 종이비행기를 철조망 안을 향해 하늘 높이 날렸다. '종이비행기'는 자신을 향한, 자신이 생활하고 있는 학교와 남한 사회를 향한 소원을 뜻한다. 철조망으로 둘러쳐진 상황은 현재 우리가 사는 분단 모습과 매우 흡사했다. 한총련 사태의 의미는 여러 가지로 해석될 수 있으나 분단 사회가 우리네 일상을 어떻게 지배하고 있는지를 단적으로 보여준 예라 할 수 있다. 얼핏 보면 통일과 어떤 관련이 있을까 하는 생각도 들지만, 이런 이름짓기의 배경부터 분단 체제를 살아가는 삶이 드러난다.

「종이비행기」를 만들게 된 계기는 '96 백양로 난장의 취지에 공감하여 일을 같이 했던 몇몇이 행사의 뒤풀이로 1997년 2월 일본의 공해병과 싸우는 단체 사람들과 이틀 밤을 지내면서였다. 왜 이 사람들이 그런 일들을 하고 있는지 이해하는 한편 일본의 탈근대의 상징인 듯한 현대식 건물을 둘러보면서 팀워크를 다졌다. 백양로 난장과 일본 여행에서 다져진 팀워크를 바탕으로 지금 남한 사회에서 중요한 문제임에도 불구하고 일상적 차원에서 별다른 준비가 이루어지지 않은 부분에 대해 일종의 탐색을 시작했다. 그들은 이미 같이 일해 보았던, 혹은 함께 여행했던 경험을 살려 소모임을 만들었다.

어떻게 보면 이는 기존에 모임을 구성하던 방식과 상이한 특징을 가지고 있다. 기존의 방식이 특별한 필요성과 취지를 먼저 세우고 회원들을 모으는 것이었다면, 「종이비행기」는 함께 일을 하고 함께 여행을 하면서 그 경험들을 살려 동아리를 만든 것이다. 모임의 구성 방식에서 알 수 있는 것처럼, 이제는 통일 교육이라는 것이 그저 필요성이나 당위만으로는 풀기 힘든 문제라는 것이다. 그들은 의미 있는 일을 하려고 하지만 일처럼 하기보다는 놀이처럼 한다. 놀이와 일을 결합하고 있는 것이다.

모임의 구성 방식도 그렇지만 모임에서 기획하는 사업들의 내용도 기존 통일 관련 모임과 차별성이 있다. 그들이 바탕으로 삼고 있는 것은 '민족'이 아니다. 그들 중 모두가 그런 것은 아니지만 동원된 국민을 별로 좋아하지 않는다. 오히려 그들은 반공 이데올로기로 인해 아직 정리하지 못한 자신의 정체성을 고민하는 것이 커다란 관심사다. 반공 교육을 받으며 자라온 그들의 지나온 삶은 어떤 것이었을까?

그들은 20대 초중반의 또래로 구성되었다. 그들은 모두 '반공 만화 영화'인 「똘이 장군」1)을 보면서 자란 세대다. 그리고 대학에 들어온 이후 크게 통일 운동에 큰 뜻을 두기보다 자신의 관심대로 다양한 소모임들에 참여한 경험을 갖고 있다. 그들은 큰 이야기보다는 작은 이야기, 자신의 일상을 둘러싼 곳에서 자신의 문제를 찾고 해결하는 일에 관심을 가지고 있다. 즉, 「종이비행기」는 자유 의지에 기초하여 결성된 자생적인 모임2)이며 일상을 관찰하고 그 속에서 무엇인가를 해보겠다는 야무진 생각을 갖고 있을 뿐이다.

1997년은 '북한 돕기'의 열풍이 분 해였다고 해도 과언이 아니다. 그들은 이러한 기회를 놓치지 않았다. 자신들이 신촌이라는 공간에 상주하는 이점을 최대한 살려 신촌 문화 축제에 참여하여 「지금, 당신의 나눔이 바로 통일 기금입니다」라는 행사를 열었다. 소모임 회원이 별로 많은 인원이 아니었는데도 각자 역할을 분담하여 행사를 치렀다. 여기서 주목하고 싶은 부분은 '당신의 나눔이 바로 통일 기금'이라는 대목이다. 그들은 '북한 돕기'가 결국 장기적으로 보아 통일을 향한 밑거름이라고 생각한 것이다.

여기서 흡수 통일이냐 연방제 통일이냐 하는 논쟁은 일단 접어 두기로 하자. 그들이 그 대목에 대해서 이야기하기를 꺼릴 수도 있다. 아무리 사회 구성원이 흡수 통일을 바라지 않는다고 해도 주변 여건으로부터 일정한 영향

---

1) 젊은 세대는 「우리의 소원은 통일」이라는 노래를 학교에서 배우면서 동시에 '뿔 달린 늑대'로 북쪽 사람들을 이미지화하는 모순된 교육을 받으면서 자랐다. 그러한 측면에서 「똘이 장군」은 '빨간' 영화의 대표 주자격이다.

2) 그들 스스로 자생적인 모임이라고 하였기 때문에 그대로 밝혀 두었다. 그러나 조혜정 교수, 김찬호 박사로 이어지는 연세대학교 내의 문화 인류학 분위기와 많은 부분 맞닿아 있다. 특히 조혜정 교수의 『탈식민지 시대 글 읽기와 삶 읽기 1−3』(도서출판 또 하나의 문화, 1991−1994)는 그들의 문제 의식 속에 스며들어 있다.

을 받을 수밖에 없다고 생각할 수도 있다. 그러나 분명한 것은 제국주의자들이 제3세계를 중심과 주변으로 나누어 통치하면서 교묘하게 차이를 차별로 만들어 일상을 지배하려는 움직임에 그들이 민감하다는 사실이다. 특히 자신 또한 동포라고 하면서 더욱 교묘히 북쪽 주민을 '타자화'시키려 하지는 않는지 의심하였다. 그들의 나눔은 북쪽 주민, 즉 타자(이웃)에 대한 배려에서 나오는 실천 행위이다. 통일을 지금 실천할 수 있는 방법인 동시에 그 나눔이 바로 자신과 자신의 아이들과 그 아이와 더불어 살게 될 이웃의 미래를 향한 투자임을 확실하게 밝히고 있다. 단순히 민족이니까, 같은 동포이니까 도움을 준다는 것과 약간 다른 맥락이다. 민족, 동포이기 전에 먼 혹은 멀지 않은 장래에 만나게 될 이웃을 위한 배려라 할 수 있다.

이미 눈치챘을지도 모르겠으나 그들의 고민은 남북 통합3) 이후에 가 있다. 그들은 연방제 통일, 흡수 통일 등을 두고 고민하지 않는다. 어떤 식의 통일이냐도 중요하지만 현실적으로 이루어질 정치적 결정에 대한 관심보다 오히려 일반 주민/시민이 통합 이후를 살아가는 데 겪게 될 어려움과 사회 문화적 통합을 고심하고 있다. 그들은 앞으로 당면하게 될 일을 전혀 준비하지 않고 있는 사람들에게 자신들의 고민을 당위성만으로 접근하지 않는다. 오히려 통일과 관련된 일들을 자신들의 능력에 맞게 준비해 나가면서 새롭고 다양

---

3) 통합은 제도적 통일과는 다른 차원에서 논의되는 개념이다. 독일 주민들이 통일 이후 "오씨", "베씨"라며 서로를 격하시켜 부른다는 것은 이미 알려진 사실이다. 따라서 사람들간의 통일이 이루어져야 진정한 통일이라는 생각에서 통일보다는 통합이라는 개념이 사용되고 있다. 하지만 이도 완전하지 않다. 실제로 북쪽 사람들은 흡수 통일 논의가 한참 일고 있을 때 남쪽에서 통합이라는 개념을 제기하자 그것까지도 흡수 통일의 의미로 받아들이고 있기 때문이다. 개념에서부터 비롯되는 오해와 혼란을 고려할 때 통일을 위한 준비는 정말 멀고도 험난할 것이라고 예상된다. 이 책 1부를 참고할 것.

한 방법들을 개발하고 있는 중이다.

「종이비행기」는 비교적 성공적으로 끝난 97년 5월 행사 이후 또 다른 일을 기획하였다. 그들이 기획한 일은 "시선 돌리기―북으로, 우리에게로"였다. 그들은 통일을 말하면서 일방적으로 북쪽만을 겨냥해서는 남과 북의 의사소통이 이루어질 수 없다고 생각하였다.

그들은 움직임이 없는 사진이 주류인 시기에 활동 사진을 제시하면서 통일 공간에 대한 질문을 던졌다. 반공 영화를 한 다발로 묶어서 쭉 돌리고 초등학교 시절부터 입시 지옥에 진입하기 전까지 수도 없이 그렸던 반공 포스터를 수거해서 백양로에 걸 작정을 했다. 그런데 도대체 어디 숨었는지 그 자료들은 찾을 길이 없었다. 초등학교에서는 더 이상 반공 포스터를 그리지 않나 보다. 이제는 그렇게 하지 않아도 될 만큼 반공주의를 확실하게 내면화하였다는 자신감 때문일까. 결국 「종이비행기」 회원 한 명이 군부대 홍보 영화와 「남북의 창」 등을 모자이크하였다. 중앙 도서관 앞에 천막을 드리우고 편집된 영화를 상영하였다. 그때 두어 명의 '아저씨'가 등장하여 어디서 허가를 받은 것이냐 등의 협박성 질문 세례를 퍼부었다.

짐작했겠지만, 이 행사는 철저히 실패로 끝났다. 하지만 그들은 그 경험을 통해 두 가지를 배울 수 있었다. 하나는 이 사회에서 순수하게 학생들의 힘만으로 통일을 준비하기 위한 노력을 한다는 것이 상당히 어렵다는 점이다. 그야말로 통일을 위한 공간을 열어 가는 데는 학교 당국, 교수, 정부 당국 등의 협조가 필요하다는 사실을 뼈저리게 느꼈다. 나머지 하나는 이 땅에 강한 '레드 콤플렉스'가 광기적 수준에 이르렀다는 것이다. 반공/반제/규율 사회라는 말을 실감하였다.

1998년, 그들은 새로운 꿈을 꾸기 시작했다. 전 해에 비해 크게 달라진 상황은 IMF와 함께 새 정부의 출범이었다. 이 땅에 사는 많은 사람들은 실직의 문제로 고통을 받고 있다. 더욱이 그것을 '예상치 못했다'는 데에 더 큰 어려움이 있다. 지금 그것에 묻혀 통일을 비롯한 다른 문제들은 생각할 겨를조차 없는 것으로 보인다. 그러나 만약에 예상치 못한 정치적 통일이 이루어진다면 그때 또 우리는 지금처럼 망연자실한 얼굴로 서로를 쳐다봐야 할까?

「종이비행기」는 1997년에 실패했던 반공 영화제를 '북한 영화제'라고 이름을 바꾸어 올렸다. 북조선 영화들을 공식적으로 상영할 수 있다는 것만으로도 영화제의 의미는 인정받을 수 있다. 물론 영화 40편이 정부로부터 이미 심의를 거친 작품이라는 데에 일정한 제약이 있었지만 영화제를 열고 많은 이들에게 북쪽의 문화를 선보였다는 것이 통일 공간의 일상화를 위한 첫 걸음이 될 수 있지 않을까 생각된다. 지금까지의 금기를 깬다는 것, 이것은 특히 통일 문제와 관련하여 대단히 중요한 실험이었다.

한편으로 5월 4주 동안은 "북과 남 : 서로 이해하기·배우기"라는 실험 교실을 열었다. 이 교실은 그 동안 우리가 입으로는 통일을 말하면서도 실제로는 얼마나 무관심했는지 혹은 북쪽을 대상화시켜온 것은 아닌지 일정한 거리를 두고 자신의 생각을 정리할 수 있도록 만든 자리이다. 또 하나, 자신의 언어로 통일을 이야기해 봄으로써 통일의 일상화를 모색하자는 취지도 담겨 있다. 즉 왜 자신은 통일을 이야기하고 싶은지 혹은 무관심한지를 통틀어 이야기하며 생각을 나누는 가운데 통일을 준비하고자 한 노력인 것이다.

그들은 지난 '북한 영화제' 관객들의 다양한 반응들을 다큐멘터리로 구성하는 중이다. 아마도 그 반응들을 통하여 현재 남쪽 사회의 대북 인식이나 통일관들을 엿볼 수 있으리라는 생각 때문이다. 그들이 다큐멘터리를 완성하면 우리는 또 그 작업을 보면서 어떤 생각들을 하게 될 것인가? 이 다큐멘터리 시사회에 각계 각층의 사람들이 모여서 토론할 수 있다면 작지만 의미 있는 또 하나의 실험이 될 수 있을 것이다.

「종이비행기」의 비행기

— **최필수**(연세대 경제학과 대학원)

잘 들어갔니? 모처럼 기분 좋게 취한 밤이었다. 「종비」(「종이비행기」의 준말) 사람들하고 마시면 늘 이렇다니까.

요즘엔 환송회로만 모이는 것 같다고 그랬지? 그러고 보니 벌써 네 명째구나. 불과 3개월 사이에 말이야. 일본으로 미술 공부하러 간 사람, 군대 간 사람, 교환 학생으로 간 사람, 이번에 어학 연수 가는 사람까지. 어렵다 어렵다 하지만 나갈 사람은 다들 나가는 것 같애. 게다가 다음달이면 최초의 「종비」 커플 결혼식이 있잖니. 어떤 의미에서 또 한번의 환송회라고 할 수 있겠는 걸.

그러나 가는 사람만큼이나 보내는 내 마음도 비장하다. 남아 있는 사람이라고 거저 보낼 시간은 아니기 때문에. 언젠가 말했었지, 나도 앞으로 1년 동안은 개인 생활이란 긴 터널을 통과해야 할 것 같다고. 그러나 오늘 그게 나 하나에 국한된 얘기가 아니라는 걸 느꼈어. 그것은 지난 세 학기를 지내며 「종비」 멤버 모두가 같이 공유한 느낌이었을 거야.

도대체 어쩌다가 통일이란 화두를 놓고 이런저런 사람들이 모이게 된 건지, 지금 생각하면 좀 우습기도 하다. 첫번쨌가 두번째 세미나에서 나온 얘기도 그런 거였다고 기억하는데 말야, 그때 요번에 장가가는 형이 그랬지, 왜 통일 동아리 만들자는 데 왔느냐고. 물론 동아리로 뭉치기 전부터도 인간적인 유대가 있던 사람들이었지만 막상 통일에 관련된 동아리를 하자니까 동기 점검이 다시 필요했던 거지. 참 다양하더구나. "통일이야말로 민족의 당위적 과제"라는 나 같은 비분 강개파부터 시작해서 "그냥 좀 알아볼려구"라는 학구파, "통일 되면 한몫 잡으려구"라는 실리파까지. 다만 한 가지 문제 의식은 공유할 수 있었는데, "통일은 정치적 논리만 가지고는 안 된다"는 거였어. 이 문제 의식은 꽤 유효한 것이어서 보편적으로 적용될 수 있었고, 세 학기 동안을 유지하며 계속 행사들을 치러내는 힘이 되었지. 그리고 마침내 이 문제 의식을 극복하지 못한 채 「종이비행기」는 일단 날개를 접은 셈이고.

그래, 그럼 정치 말고 뭐? 바로 문화더라 이거야. "통일은 정치적 협상에 있지 않고 문화라는 더 큰 보편의 확보에 있다"는 거지. 그런데 말이야, 이 문제 의식을 공유하고 있는 사람들이 생각보다 많더라구. 「종이비행기」 세 학기 동안의 역사는 내부의 문제 의식을 외부에 표현했던 역사라기보다는 얼마나 많은 사람들이 우리의 문제 의식에 동감하고 있는지를 확인해 온 역사였다고 해야 할 것 같애. 어때, 그럴싸하지? 내가 이렇게 좀 짱구를 굴려서 얘기하면 넌 언제나 그 다음 말을 재촉하는 듯한 초롱초롱한 눈빛으로 날 쳐다봤어. 그래 그럼 계속해 볼까. 「종이비행기」의 비행기(飛行記).

우리의 첫 이벤트는… 중요했지. 이름도 없이 시작했던 우리 모임이 행사 주체명을 밝히느라고 「종이비행기」라는 이름도 갖게 되었고 말이야. 97년 1학기였어. 당시 북한의 식량난이 대대적으로 보도되면서 우리가 무슨 일인 가를 해야 한다는 분위기가 조성되고 있었지. 「종이비행기」도 그 필요성을 절감했어. "사람이 굶어죽는 마당에~"라는 가장 상식적인 측은지심으로 우리도 일을 벌이기로 했지. 그 무대는 연세대 대동제와 거리 문화 축제가 어우러져 한참 시끌벅적하던 신촌. 업종은 가장 많이 이익을 남긴다는 물장사. 물인데 그냥 물이냐, 평양에서 막 건너온 화끈한 평양 소주랑 백두산 송화 가루로 만들었다는 송화 음료였지. 참, 행사 이름을 얘기 안 했구나. 「나눔에 서 통일로 — 지금 당신의 나눔이 바로 통일 기금입니다.」 신촌 바닥에서 가판대 벌여놓고 '애들은 가라'를 외치며 애써 모은 돈을 세어보니 200여만 원. 일주일 동안 전 멤버가 달라붙어 해낸 일치곤 크다고 할 수 없는 액수였

지만, 우리는 동전을 세며 마냥 행복했어. 게다가 일간지 몇 개에까지 「종이
비행기」가 뜨지 않겠어?

97년 봄은 우리 사회가 북한 동포 돕기라는 화두 아래 온통 시끌벅적했었
지. 우리가 벌인 「나눔에서 통일로」도 역시 그런 분위기 속에서였던 것 같애.
이런 현상은 좋기도 했고 나쁘기도 했지. 일단, 우리 민족이 이타적 가치 실
현을 위해 이렇게까지 열성적일 수 있다는 체험을 했다는 점과 김일성 사후
남한 정부의 일방적인 성명서 발표로 이루어지던 통일 논의가 민간 차원으
로 본격적으로 확장되었다는 점에서는 좋았고, 북한이 가난과 기아가 횡행
하는 미개한 나라라는 선입관이 완전히 굳어져서 장기적인 통일 논의에 오
히려 악영향을 주었다는 점에서는 나빴어.

이때가 흡수 통일 논의가 가장 활발했던 시기일 거야. 웃기는 일이었지.
불과 몇 달 뒤에 IMF 두들겨 맞을 거였으면서 말이야. 지금은 정부의 통일
정책 안에서 공식적으로 '흡수 통일 배제'라는 항목이 들어가 있는 정도까지
됐어. 사실 「종이비행기」는 처음부터 '흡수 통일'은 말도 안 되는 발상이라는
입장이었어. 가난과 기아라는 북쪽의 이미지가 굳어질 때 그것이 얼마나 위
험할 것인가를 예측하기도 했었고. 비록 좀 많이 팔아 보려고 원조의 긴급성
을 재촉하는 사진과 문구들을 사용하긴 했지만 말이야. 그래도 우리가 자부
심을 느끼는 부분은 단순한 '모금 활동'이 아니었다는 점이야. 그 점에서 평
양 소주와 백두산 송화 가루라는 아이템이 성공적이었지. 단순히 돈을 내고
마는 것이 아니라, 돈을 치른 행위의 결과물을 손에 쥐어줌으로써 다시 한번
자기가 돈을 치른 행위에 스스로 의미를 부여하게 하는 수법이었다고나 할
까? 또 「신촌 거리 문화 축제」라는 문화 공간 속에서 한 부스를 얻어 함께
어우러져 '통일'이란 공간을 만들어 냈다는 것도 매일 학교 내에서만 맴도는
기존 통일 운동에 비하면 발상의 전환이라고 할 만한 것이었다고 생각해.

우리 두번째 이벤트는… 역시 중요했지. 97년 2학기. '시선 돌리기'라는 행사였어. 글쎄 그게 뭐하는 행사였느냐고 물으면 한마디로 답하기가 참 어렵다. 기본 개념은 우리 내부에 축적된 남/북 문화라는 화두를 좀 전위적인 방식으로 표현해 보자는 거였는데 기획 과정에서 포럼 형식도 하나 들어가고 길거리 좌담회 같은 것도 하나 들어가고 하면서 좀 복잡해졌지. 아참, 교내 통일 운동권과 연계를 해보자는 것도 중요한 목적이었어. 한번 얘기를 풀어 볼까?

10월 초였어. 연세대 도서관 앞에 느닷없이 검은 천을 두른 천막 하나가 섰지. 거기가 「시선 돌리기」의 베이스 캠프이자 무대였어. 전위적이었지. 그런데 꼭 그렇게 칙칙한 방식으로 전위적이어야 하는가 하고 문제를 제기한 사람도 있었지만 원래는 학군단에서 위장막을 빌려다 설치하려고 했다가 학군단에 위장막이 없다고 해서 말았던 거야. 아무튼 그 수상스런 검은 천막 속에서 우리가 자체 제작한 「시선 돌리기」라는 제목의 단편 필름과 「김일성 평전」 등등의 수상스런 영상물이 돌아가고 있었지. 그 앞에 가판대에선 역시 우리가 자체 제작한 티셔츠와 엽서를 팔고 있었고. 대충 그림이 그려지나? 우리 딴엔 꽤 신경 쓰느라고 쓴 구도였는데 나중에 애들한테 물어보니까 그런 게 있었냐는 반응이 대부분이더군. 넌 보긴 봤었다, 그랬지?

그러나 우리 행사의 하이라이트는 마지막날 토론회였던 것 같애. 탈북한 형들과 통일 운동권 친구들의 만남이었다는 점에서도 의미 깊었고 우리 「종이비행기」 차원에서도 자체 논의의 수준을 한 단계 높일 수 있었던 중요한 계기였다는 점에서도 그랬지. 물론 해결되지 못한 문제도 떠올랐어. 까딱하면 감정적인 차원으로까지 번질 뻔한 운동권 친구들과 탈북자 분들의 의견 대립이 그것이야. 운동권 친구들은 통일을 위한 방법론의 차원에서 남한 정권에 대한 북쪽 정권의 상대적 우위성을 주장했는데 탈북자 형들은 북쪽 체제를 잘 몰라서 그런 소릴 하는 거라고 비판했거든. 「종이비행기」는 어떤 입장을 취해야 할까? 일단 현실적 체험의 목소리라는 점에서 어쩔 수 없이 탈북자 형들의 논리에 힘이 실리는 걸 느끼면서도 그렇다고 그 논리 속에만 서 있자니 「종이비행기」의 존재 이유 자체가 너무 허무해지잖아. 통일은 그래도 진보적 가치의 실현이어야 하거든. 아마 통일된 후라면 이런 대립이 훨씬 더 심각한 형태로 나타나겠지. 그때, 이런 고민을 「종이비행기」가 앞서 했었다는 사실이 좀 도움이 될까?

'시선 돌리기'가 끝나고 다음해 봄까지가 네가 「종이비행기」와 활동했던 기간이었지. 그 기간은 두 번의 행사로 너무 힘을 소진한 것 같다는 진단에 따라 자체 내공을 높이는 세미나를 이어나갔던 시기였어. 이 기간을 너는 어떻게 자리 매김하고 있니? 「종이비행기」 차원에선 무척 필요했고 의미 깊은 기간이었는데.

그리고 98년이 밝아온 거야. 물론 IMF라는 놈과 함께였지만 그래도 새해는 밝아오더구나. 왜 98년이 중요하냐면, '국민의 정부'가 출범했거든. 지금은 벌써 1년하고도 약 6개월을 넘기고 있지만 통일 정책에 있어선 초기부터 상당히 진보적인 면모를 과시해온 것 같애. 역대 정권에 비해서 말이야. 우리도 그 분위기에 맞춰서 98년 여름에 '북한 영화제'라는 초대형 블록버스터를 터뜨릴 수 있었지. 옛날 애기 하나 해줄까? 내가 1학년 때였는데 말이야, 당시 총학생회에서 5월 대동제 때 대강당에서 북쪽 영화를 상영했는데, 예정은 3일이었지만 하루 틀고는 그만 철수해 버리더구나. 다행히 나는 첫날에 갔었기 때문에 「새」라는 영화(알프레드 히치콕 거 아니다)를 아주 감동적으로 감상했었지. 그런데 그 다음 날로 책임자 소환 여부 어쩌구 학교가 시끄러워지는 걸 보면서 이런 야만성이 지배하는 게 분단이라는 걸 절감했거든. 그런데

6년의 세월이 흘러 바로 내가 대한민국 최초의 합법적 북한 영화제 공개 상영에 참여하게 되다니! 그 감격 비슷한 느낌이 우리 자료집에 서문으로 실려 있지.

제1회 북한 영화제는 제1회 북한 영화제가 아니다.
제1회는 언제였는지 기억도 안 나고
제2회, 제3회도 벌써 있었다.
다만,
여기서 틀고 걷어치우고 저기서 틀고 걷어치우고 그러다 들키면 잡혀가고 하느라 바빠서 도대체 몇 회인지 셀 틈이 없었을 뿐. 그 와중에 누가 몇 회째냐고 물어보기라도 하면 지금 바빠 죽겠는데 장난치냐고 면박이나 주었겠지.
제기랄, 그런 세월이었다.
"아아~ 위력의 시대가 去하고 화해의 시대가 來하도다."
기미년 독립 선언문이 낭독되고 80년이나 지났지만
우리가 겪은 80년은 엿 같은 위력의 시대일 뿐이었다.
우리 땅에서 외적 군대들이 위력 시범을 보였던 3년 전쟁
우린 낮엔 숨죽였고 밤엔 악몽을 꿨다.
귀신이 나와서 빨간 휴지 줄까 파란 휴지 줄까 속삭이는 꿈.
시간이 꽤 지나서 잊을 만도 했는데
북쪽엔 아직도 귀신들이 살아 있다고
남쪽 귀신들은 소리쳐 대고
두 귀신 다 보기 싫다는 사람
남쪽 귀신부터 무찌르고 보자는 사람
북쪽 귀신이 어떻게 생겼는지 얼굴이나 보자는 사람
봤더니 남쪽 귀신하고 과히 다르지도 않길래
혼자 보기 아까워서 옆의 사람 꼬드겨 같이 보재다가 남쪽 귀신에게 잡혀가는 사람.
……

하여,

제1회 북한 영화제는 제1회 북한 영화제가 아니다.

 사실은 허가가 안 날 줄 알았어. 그래서 허가가 안 나는 과정을 영상물로 제작하면 재미있을 것 같다는 생각으로 출발했거든. 그런데 덜컥 허가가 나 버리는 거야. 이 과정에서 우리 학교 「통일 연구원」 원장님과 친하게 지냈던 게 뜻밖에 유효했지. 다른 학교에서도 우리의 선례를 보고 총학생회 같은 데서 북한 영화제를 기획했다고들 하는데, 우리 경우처럼 학교 기관과의 연계 없이 학생 자체 차원이었다면 힘들었을 거야. 왜냐하면 우리의 경우는 법률상의 허가가 아니라 정책상의 허가였기 때문이지. 이 사실은 우리에게 스릴 있게 느껴지기도 했지만 한편으론 서글픈 일이었어. 정해진 방침이 없는 이런 상태에서 우리 같은 학생 동아리가 무슨 참신한 활동을 하려고 하면 이번처럼 계속 '어른'에게 기대야 할 것이니 말이야.
 통일이 정치적 문제가 아니라지만, 그것은 역설적으로 정치적인 수순을 꾸준히 밟아 나가는 과정이라고 해야 할지도 모르겠어. 여기서의 '정치적인' 이란 말의 뜻은 '기존의 권위에 호소한다'는 뜻이겠지. 물론 꼭 나쁘게만 볼 일은 아니야. 내가 너보다 몇 살 많다고 하는 말이 아니라, 세상이란 원래 그런 거니까… 대표 맡았던 형은 이 점을 힘들어했던 것 같고 나도 형이 힘들어하는 게 안타까웠어. 그리고 우리에게 실무를 맡기고 정작 책임져야 할 위치에서 우리를 살펴서야 했던 분들도 힘드셨겠지. 그러고 보면 애초에 기존의 권위에 전혀 의지하지 않은 채 꾸준히 자기 목소리를 내는 운동권 친구들이 대단하게 느껴지지 않니? 우리가 그들의 경직성을 비판하지만 우리가 그들보다 덜 경직적인 만큼 덜 진보적이란 뜻은 아닌지 모르겠어. 이 질문에 아니라고 답할 수 있으려면 우리 스스로 숨가쁜 자기 부정의 긴장 위에 서 있어야 할 것 같애.

지난번 「시선 돌리기」 때는 통일 운동권 친구들하고 일을 같이 했었는데, 이번엔 「인간과 문화」와 「사회 문제」라는 강의를 수강하는 학생들과 같이 일을 했어. 「종비」 인원 대여섯 가지고는 도저히 감당할 수가 없었지. 그러다 보니 일이 일 자체가 돼버려서 불어난 운영 인원들하고 얘기다운 얘기 한번 못해보고 행사만 치른 셈이 돼버렸다는 자체 반성도 있었지. 그리고 북한 영화제랑 거의 같은 기간에 「남북 실험 교실」이란 프로그램도 같이 돌렸어. 나는 그 무렵 바쁜 척하느라고 실험 교실에는 몇 번 참석하지 못했어. 아마 그때쯤이었던 것 같애. 「종비」 멤버들이 각자의 길을 걷기 시작한 게 말이야. 나를 포함해서.

너도 알다시피 그 무렵부터 내가 얼마나 정보를 아쉬워했냐. 바야흐로 4학년, 졸업해서 세상 속에 서야 하는 때에 닥쳐서야 내게 있는 정보의 양이 얼마나 적고, 내가 확보하고 있는 정보 조달의 통로가 얼마나 좁은가를 절감했지 않니. 그 정보를 「종이비행기」 자체 내에서 조달한다는 건 무리더라고. 마지막까지 대표 자리를 지키느라고 고생한 형에겐 미안한 노릇이었지만 내가 나서서 조직의 재건을 도모하기는 마땅치 않았어.

어때, 시시한 결말이지? 이렇게 해서 「종이비행기」 멤버들은 환송식 때나 모이고 있고 각자 학점 관리나 하며 그럭저럭 살고 있다. 그러나 이게 다일까? 그건 아니야, 결코 이걸 끝이라고 하고 싶진 않구나. 개별주의는 터널일 뿐이지 삶의 종국적인 장일 수는 없거든. 우리가 공감했다는 흩어짐의 필요성도 어디까지나 방법론적인 흩어짐일 거야. 그렇게 모이고 흩어지는 과정의 반복이라 할지라도 우린 아직 모여서 한 목소리 내기를 요구받는 현실 속에 살고 있어. 우리가 못하더라도 우리의 후배들한테는 대학 생활을 그렇게 해야 한다고 이야기해야 해. 연대 **Solidarity** 없이는 진보도 없으니까.

지금쯤 잠이 들었겠구나. 갑자기 지난 겨울에 서울역 옥상에 올라갔던 기억이 난다. 쭉쭉 뻗은 철로들을 보며 신비한 느낌에 젖었었지. 무한히 뻗어 있는 여러 갈래의 길들! 너는 생명이 존중받는 세상을 만들고 싶다고 했고 나는 일한 만큼 벌어먹는 세상을 만들고 싶다고 했지. 아직 우리의 꿈과 현실 사이의 거리는 내 시야의 길이와 한없이 뻗어 있는 철로의 길이 차이만큼이나 까마득하구나. 분발하자. 그리고 잊지 말아야 할 것은, 너의 길이나 나의 길이나 어차피 분단된 한반도라는 무대 위에서 펼쳐질 한바탕 드라마라는 거… 그럼, 이만.

1998. 9. 11.

좋은 선배이고픈…

남과 북, 북과 남을 잇는 다리

오혜정

수녀·천주교 서울대교구 통일 사목 위원회

교학과 직원들의 의아함 속에 원서를 구입하여 북한학과에 입학한 지 엊그제 같은데, 졸업한 지 어느새 4년. 지금도 많은 이들이 묻는다. "수녀님이 북한학을 해요?" 수녀라는 평범하지 않은 신분이 다른 것도 아닌 '북한'을 공부하느냐는 것이다. 그러나 그러한 데에는 까닭이 있다.

내가 소속되어 있는 「영원한 도움의 성모 수녀회」는 1932년 평양에서 창립되었는데, 한국 전쟁이 일어나자 초창기 수녀님들이 남쪽으로 피난을 오셨으나 그 중 11분의 수녀님들이 오시지 못해 수도회로서 이산 가족이 되었다. 창립 67주년을 맞는 수도 가족들은 헤어진 자매들과 평양 모원(母院)을 향한 그리움을 안고 민족의 화해와 일치를 위해 기도하고 일하며 북녘 땅에도 하느님의 사랑과 복음을 전할 준비를 하고 있다. 나는 그런 이유 때문에 '북한' 공부를 하게 되었고, 또 지금까지 많은 탈북자들을 만나 왔다.

탈북자들과의 만남은 벌써 6년이 지났다. 우연히 탈북자를 만난 초기에는 별 관심이 없었는데, 졸업 논문을 준비하면서 그들과의 만남이 다시 시작되었다. 어떠한 형태, 얼마만큼의 시간이 걸릴지 모르지만 통일은 남과 북 두 사회의 만남으로 시작된다. 따라서 이미 남북의 사회를 모두 경험해 본 탈북자들을 통해 다가오는 통일 사회를 준비하고 싶었다. 이 지루한 분단 시기를 망연히 그대로 보내며 통일 사회를 맞이해서는 안 될 것 같았기 때문이다. 탈북자들이 낯선 남한 사회에서 살아가는 모습은 어떤 걸까? 만약 지금 북쪽에 가서 살아야 한다면 어떻게 살아야 할까? 졸업 후 탈북자들과 관련된 일을 해오면서 느끼는 것은 "탈북자는 내가 일하는 대상이 아니라 나의 삶, 수도자로서 살아가는 내 삶의 방법이요, 길이라는 것"이다. 함께 공부했던 동기들은 지금도 묻는다. "아직도 탈북자를 만나세요?" "그럼요. 탈북자는 저의 연구 대상이 아니라 저의 삶입니다. 그래서 저는 어제도 만났고, 오늘도 만나고 내일도 만날 겁니다."

탈북자와의 첫 만남이 된 Y씨 가족. 전형적인 가부장 Y씨와 다소곳하면서도 분별력이 뛰어난 부인, 남한에 와 언제 그랬었나 싶게 모습이 변해 버린 아이들. 가족이었기에 다른 이들보다는 심리적으로 안정될 수 있었던 소중한 서로들이다. 이들에게 하고 싶은 말은 남한에서 그래도 안정과 성공을 얻었으니, 이제는 주변의 다른 탈북자들에게도 마음을 나누어 주었으면 좋겠다는 것이다. 그것은 하느님을 믿고 사는 사람의 본분이며, 더욱이 Y씨 가족은 부부 모두 당원으로 성분 사회 안에서 꽤 많은 혜택을 받았었다. 따라서 피해를 많이 입은 대부분의 사람들에 비해서는 상대적으로 보상이 될 것이기 때문이다. 또한 이 마음의 나눔은 분명 북쪽 주민 내부의 골짜기를 메워 주는 큰 연장이 될 것이기 때문이다.

탈북자들에게 남한 정부와 주민들의 손길도 중요하겠지만 북쪽 지역의 구조적 모순 속에 희생된 이들은 결국 그곳에서 그래도 편안하게 살아온 이들의 관심이 더욱 큰 치료제라는 생각이 든다. 그래서 적어도 한 달에 단 한 명만이라도 임대료(월 20만 원 가량)를 받아 월 고지서로 인한 심적 부담에서 헤어날 수 있도록 도와주었으면 하는 마음이 간절하다. 이러한 바람은 Y씨 가족뿐 아니라 북쪽에서 그래도 잘지냈으며, 남한에 와서도 다른 탈북자들보다 잘지내는 이들 모두에게 하고 싶은 말이다.

부부와 아들이 왔는데 며느리가 오지 못해 손녀딸들을 맡아 기르는 C씨. 얼마나 집안을 깔끔하게 정돈하시는지 그 댁을 방문하면 마음이 상쾌하다. 엄마가 아닌 할머니의 정성 아래 나날이 커 가는 두 손녀딸(9세, 7세)을 보노라면 안쓰럽기만 하다. 언젠가 두 자매와 함께 전철을 탔는데, 우리가 탄 전철에는 그날 따라 엄마 손을 붙잡고 나들이하는 어린이들이 많았다. 어린이들은 전철 안에서의 무료함을 달래기 위해 엄마와 장난치고 엄마 무릎에 앉아 재롱부리며 까르르 웃기도 했는데, 그 모습을 물끄러미 바라보던 두 자매의 표정이 문득문득 떠오른다. 그리고 학교에서 "북한에서 온 아이"라며 놀림받아 집에 돌아와 우는 모습을 보며 몹시 마음 아팠다는 C씨의 말이 생각난다. 그들이 북쪽에서 태어났다는 이유만으로 놀림받는 우리의 현실. 그것을 아무렇지도 않게 바라봐줄 그때가 그립기만 하다.

남편과 딸과 함께 L씨는 남한에 오기 전에 자신들의 삶에 많은 기대를 하고 왔다고 한다. L씨는 자신이 그 기대의 안경을 벗고 현실을 인정하기까지는 2년의 시간이 걸렸는데, 그 동안 얼마나 울었는지 흘린 눈물을 담는다면 족히 큰항아리 하나는 되었을 것이라고 한다. 요즈음 걱정거리는 하나밖에 없는 열한살배기 딸이 벌써 사춘기가 된 것 같다며 아이에게 몹시 신경이 쓰인다고 한다. L씨의 생일이 북에서는 하필 김정일의 생일과 같아 가족은 물론 그 누구도 자신의 생일을 챙겨 주는 이가 없었으며 또 그것을 당연하게 여겼는데, 남한에 온 지 3년만에 TV에서만 보았던 장면 즉, 자신의 생일에 남편이 꽃 한 송이와 작은 생일 케이크를 전해 주며 쑥스러워했다고 한다. 그때 자신은 기뻐하기보다는 "이 아까운 것을 왜 샀느냐"며 소리를 질렀다고 했다. 남한에 와서 남편의 모습은 정말 너무도 많이 변했다고.

국군 포로였던 아버지로 인해 늘 포로 자식이라는 업신여김 속에 살아온 S양 자매. 언니는 요리 학원을 다니는데, 사용하는 양념도 너무 많고 뭐가 뭔지 하나도 모르겠다고 한다. 또 동생은 컴퓨터 학원에 다니지만 용어가 대부분 외래어이기에 하나도 알아들을 수가 없어 답답했고, 너무나 속이 상해 집에 와서 울어버렸다고 한다. 이렇게 하는 것이 맞는지 틀린지, 자신들이 편하게 물어볼 곳은 하나도 없다고 한다. 남한에 와서 곳곳에 먹을 것이 많고 배부르게 먹고 있지만 북쪽에서 먹었던 '풀죽'처럼 맛있는 것은 없었다고… 얼마나 배가 고팠으면 또 얼마나 맛있었길래 '풀죽'이 제일 맛있었다고 할까? 그리고 자녀들은 먹을 것이 있으면 부모님을 드리려고 하고, 부모님들은 "우리는 살 날이 얼마 남지 않았으니, 너희들이 먹어야 한다"며 끝까지 안 잡수셨다는 이야기를 하면서 두 자매는 어머니가 몹시도 생각난다고 했다.

"여보세요? 내일 제가 개업을 합니다. 개업할 때 격식 차리는 것은 어떻게 해야 하는지 모릅니다. 그냥 전화하니까 내일 12시에 오세요" 드디어 자신들의 일을 찾아 첫 출발을 하는 A씨 가족. 축하와 발전하기를 바라는 마음으로 기쁨에 들떠 알려준 가게를 찾아가고 보니 그렇게 가게를 찾아 오래 헤매지 않아도 되었을 뻔했다. 집 근처라고 하면 더 쉽게 찾아갔을 텐데… 개업 축하 화분을 들고 갔으나 받을 생각은 안 하고, 부인은 주방에서 "오셨느냐"고 인사하지만 일손이 바쁘다. 화분을 어디다 놓아야 할지… 개업을 위해 이리저리 뛰어다니며 준비하느라 얼굴이 많이 안되셨다. 곳곳이 총체적인 어려움 속에 있는 IMF 시대에 그래도 탈북자들은 개업을 한다. 다행스러운 일이지만 다른 이들보다 열 배 이상의 노력으로 조심스럽게 살아야 한다는 것을 꼭 기억했으면 하는 바람이다.

K에게 물으니, "가장 먹고 싶은 음식은 닭곰(삼계탕)"이라고 한다. B수녀와 함께 삼계탕 재료를 사 가지고 갔으나 수줍음을 많이 타는 동생은 나가려고 한다. 먹고 나가라며 어르고 달래 얼른 삼계탕을 했다. 찬장의 그릇을 모두 꺼내니 아쉬운 대로 4인분이 준비되었다. K는 먹고 싶어했던 닭곰보다도 들썩들썩한 집안 분위기에 얼굴 모습이 환해졌다. 이어 먹기 시작하자 잠시 후 두 형제는 손을 사용하여 밥을 먹기 시작하였다. 수저 사용에 익숙하지 못한 것이다.

미용 기술을 배워 자격증을 딴 P. 그러나 일선 미용실 현장에서 경험을 쌓아 가는 과정 속에 슬럼프에 빠져 버렸다. 가장 기본적인 일을 해나가는 또래들 중 나이도 많고, 익숙하지 못한 기계 사용, 자존심, 열등감… 그리고 미용업계는 외모도 많이 좌우된다고 한다. 따라서 남한 사람에 비해 평균 신장이 10㎝ 정도 차이가 나는 탈북자들은 그만큼 상대적으로 열세일 수밖에 없다. 또한 미적인 것보다는 실용적인 측면이 강한 북에서의 생활이 갑자기 변할 수 있는 것도 아니기 때문이다. 그러나 그 슬럼프의 더 근본적인 원인은 남한에 대한 생각이다. 즉, 남한 사람은 모두 다 잘산다는 것. 남한에서 볼 수 있는 화려함 뒤에 땀과 노력이 있다는 것은 인정하면서도 그 과정을 견디는 것은 매우 힘들어한다. TV 연속극에 나오는 화려한 집이 남한의 일반적인 가정이라고 오해를 한다. 그렇지 않다고 구체적인 다른 사례들을 말해 주어도 아니라고 하며 믿으려 하지 않는다. 이럴 때는 비현실 세계를 현실로 만들어 버리는 TV가 원망스럽기만 하다. 어떤 신을 신겨 주어야 편안히 똑바로 걸어가게 될까? 어떻게 도와주어야 할까?

"죽고 싶습니다. 매월 아파트 임대료의 고지서가 날아오는데 낼 방법은 없고 쌓여 가는 고지서를 바라보면 숨이 막힙니다. 답답할 때 터놓고 말할 수 있는 사람이 단 한 명이라도 있으면 좋겠습니다." 눈물을 글썽이는 G. 매우 활달한 성격임에도 불구하고 혼자 밥 먹는 것이 싫어 영양 실조로 병원에 입원까지 했다. 외로움과 자신의 미래에 대한 걱정으로 힘겨워하는 G에게 형의 역할을 해줄 수 있는 분을 소개해 주기로 했다. 그분은 동생이 없었는데 잘됐다며 친동생처럼 생각해 주었다. 며칠이 지난 뒤 G와 통화를 하니, "요즘은 너무나 행복해요"라고 한다. 우렁찬 목소리를 들으니 G의 마음이 그대로 보여졌다. 낯선 곳에서 살아가는 탈북자들에게 가장 큰 힘과 위로는 많은 돈이 아니라 단 한 사람이라도 마음을 나눌 수 있는 사람이라는 것을 다시 확인하게 된다.

H에게서 편지가 왔다. 그 동안 배우고 익힌 기술의 자격증을 따기 위해 국가 기술 자격 시험을 치르니 기도해 달라는 내용이었다. 인민군으로 있다가 남한에 온 H는 여기서 결혼도 했지만 돌발적인 사건으로 4년째 복역중이다. 그래서 그는 더욱 외톨이가 되어 버렸으며, 아무도 마음으로 반겨하지 않았다. 아빠 얼굴에 대한 희미한 기억을 안고 무럭무럭 자라는 두 형제와 아픈 마음을 다잡고 살아가고 있는 아이들 엄마. 그들이 희망을 잃지 않으며 살아가기를 기도할 뿐이다. H는 편지에서 탈북자들을 잘 대해 주기를 부탁

하고 있다. 사회 초년생인 그들이 한 걸음 한 걸음 디디는 데 좋은 누나, 형제, 부모가 되어 줄 것을 바라고 있다. 내일 모레면 H의 생일이다. 시간을 맞추어 한번 가봐야겠다.

　탈북자들을 통해 언제일지 모르지만 만나게 될 북쪽 주민들과 그들의 생활, 그들의 기쁨, 그들의 놀이를 보게 된다. 그리고 정말로 다양한 탈북자들을 만나며 지극히 낯선 곳에서 살아가고 있는 그들의 고독·소외감·열등감·외로움·기쁨 등을 만났다. 그들이 낯선 남한 사회에서 살아가는 모습을 보노라면, 자신들의 선택으로 인해 요구되는 상황들을 결국 스스로가 극복해 낼 수밖에 없다는 것이 안타깝다.

　아무리 살아보려 해도 결국 이방인일 수밖에 없는 탈북자들에게 나는 무엇을 해야 할까? 무엇을 할 수 있을까? 내가 천주교 수도자인 관계로 종교에로 탈북자들을 이끌려는 것이 아니냐 하는 오해도 수없이 받았다. 이러한 오해는 탈북자 본인보다는 그들과 관련된 기관 사람들에게서 나왔다. 어쩌면 그들의 오해가 당연한 것이라는 생각이 들었다. 따라서 그렇지 않음을 보여주는 것만이 나를 바로 이해시키는 방법이었다. 지금 오히려 그들은 내가 할 수 있는 역할을 통해 도움을 받고 싶어한다.

　우리는 그 동안 탈북자들을 통해 그들의 삶보다는 그들이 살아왔던, 우리가 갈 수 없는 저쪽을 알아보려는 노력을 더 많이 하였다. 가깝고도 먼 곳이기에 그럴 수밖에 없음도 이해는 간다. 그러나 통일의 주체는 양쪽 주민인데 그것을 쉽게 잊어버리는 것 같다.

　우리는 탈북자들에게 왜 적응을 못하느냐고 말한다. 적응이라는 것이 결코 남한화는 아닌데, 우리는 너무나도 쉽게 그들에게 남한 식의 삶을 요구한다. 그러나 분명한 것은 몇십 년 살아온 그들의 삶의 형태와 사고가 갑자기 바뀔 수는 없다는 것이다. 그들의 삶을 보며 통일 사회를 맞기 위해 가장 필요한 것이 무엇일까 생각해 본다. 그래서 내가 얻은 결론은 서로를 아는 것, 서로의 진실된 만남이라는 것이다.

나는 탈북자들이 자신들이 듣고 배워서 아는 남한 사회가 전부가 아님을 우리와의 만남을 통해서 알게 되는 것에 내가 하는 일의 희망을 가지고 있다. 그리고 탈북자들은 자신들이 보고 듣고 체험한 남한을 북쪽의 가족, 친척, 친지들에게 그대로 전할 것이므로 그들도 통일을 위한 희망이라는 생각을 한다. 즉, 탈북자는 남과 북, 북과 남을 잇는 튼튼한 다리가 되어 가고 있는 것이다.

약한 사람을 돌보는 용기가 곧 힘입니다

「월드비전 코리아」 오재식 회장과의 인터뷰*

월드비전 코리아

○ 월드비전 코리아는 주로 어떤 일을 하는 기관입니까?

● 이 단체는 6·25 전쟁 때 고아들, 미망인들, 나그네들, 피난민들을 돕기 위해서 만들어졌습니다. 한국에 선교사로 와 있던 미국 사람이 이 일을 시작했는데 한국 교계의 개신교 지도자들이 거기에 합류하면서 일을 더 크게 벌이게 됐죠. 1950년 한국 전쟁 때 남쪽에 약 20만 명의 고아가 있었는데 그 가운데 5만 명이 이 시설을 통해서 보호를 받았다고 합니다. 이후에 상당히 큰 단체로 점차 성장과 발전을 하던 중에 결연 사업을 하기로 뜻을 모으게 됐습니다. 결연 사업은 일시적으로 그저 돈 모아서 고아원 짓고 하는 것이 아니라, 1대 1로 한 사람이 특정한 고아 한 명을 지원하는, 즉 그 아이가 성장

---

* 이 인터뷰는 1999년 8월 4일, 여의도의 「월드비전 코리아」 회장실에서 이루어졌다.

해서 학교를 졸업할 때까지 지원하는 사업입니다. 결국 초기에 시작된 결연 사업은 이 기관의 중요한 기간 사업이 됐어요.

월드비전은 지금 세계 100여 개 국가에서 총 9,500명이 월급을 받는 국제 기구로 성장을 했습니다. 하는 일은 주로 구제 사업, 결연 사업, 계발 사업 등에 치중하고 있고, 주 대상은 아이들입니다. 그런데 단지 시혜적인 사업만 하는 건 아닙니다. 고아와 어린애들을 키우고 지원하다 보니까 가정이 건전해야 되겠다는 발상이 생겼고, 그래서 건전한 가정을 만들려고 일을 하다 보니까 지역 사회가 계발되어야겠다는 생각이 들었습니다. 삼자가 전체적인 균형을 맞춰야 결과적으로 아이들이 건강하게 보호받으며 성장할 수 있다는 것이죠. 그래서 지역 사회 계발 운동으로까지 사업이 확장되었습니다. 아마 세계적인 NGO들을 꼽는다면 두번째쯤 될 겁니다. 월드비전은 2000년에 설립 50주년을 맞습니다. 6·25 전쟁 때부터 시작을 했으니까요.

월드비전의 대북 지원 사업

○ 월드비전 코리아가 꾸준히 대북 지원 사업을 전개하는 것으로 알고 있습니다. 언제부터 어떤 아이템을 가지고 지원 사업을 하고 계십니까?

● 1994년 말에 북쪽에 자연 피해가 있었는데 그때 제 선임자인 이윤구 회장이 그 사실을 알아차리고 원조를 시작했어요. 처음엔 수수 500톤, 황소 60마리, 이런 식으로 북쪽에 전달하고 크게 관심을 갖기 시작했는데, 그 후 1995년과 1996년에 홍수가 크게 난 것이 우리가 북쪽을 지원하는 직접적인 계기가 됐죠. 재해 규모가 커지고 그것과 비례해서 기아 인구가 늘어나니까 조금

△ 북의 수경 재배 온실 내부의 모습. 오이와 토마토를 재배하는 수경 재배 온실에서는 99년 6월부터 하루 1톤의 수확을 보이고 있다.

▲ 96년 12월부터 가동된 평원군에 있는 국수 공장. 일일 생산량이 1만끼 이상이며, 생산된 국수는 어린이집과 마을의 노인들에게 분배되고 있다. 북쪽 전역에 6개 도시에 같은 규모의 공장이 하나씩, 모두 6개 있다.

더 장기적으로 지원할 수 있는 방법을 생각하기 시작했죠. 그래서 1995년에는 적극적으로 식량을 모아 긴급 구호 물자로 많이 들여보냈는데, 식량만 보내서는 이게 "밑 빠진 독에 물 붓기"라는 생각을 했어요. 그래서 오히려 식량을 생산할 수 있는 그런 체제를 만들어야겠다고 생각을 해서 북쪽에다 국수 공장을 시작했어요.

국수 공장은 1996년 말에 가동을 해서 지금은 북쪽 여러 곳에 여섯 개로 늘어났어요. 그러다가 이제 농사 지원도 하자, 긴급 구호 식량은 그대로 들여보내면서 농사도 지원을 하자고 생각했죠. 그래서 우리가 여섯 개의 농장을 맡았어요. 북쪽에는 각 군별로 또는 동별로 인민 위원회가 있고 그 인민 위원회들이 서로 합심을 해서 동영(협동농장)을 만드는데 우리가 그 중에서 군 단위의 농장을 여섯 개 맡아서 종자, 비료, 농약, 농기계 등을 지원하고 있습니다. 그래서 북쪽에 우리가 지원하는 농장이 6개, 공장이 6개 됩니다.

그 다음에 또 우리가 농사 지원의 일환으로 1998년부터 북쪽에 수경 재배 기술을 도입했습니다. 이 수경 재배 농법은 토지를 이용하지 않고 물로 야채를 재배하는 기술로서 아주 고급의 최신 발달된 농사 기술입니다. 이 기술을 북에 도입해서 일단 성공을 했습니다. 1999년 6월에 제1차 수확을 했는데 제법 수확량도 나오고 해서 북쪽에서도 굉장히 좋아했습니다. 우리는 지금 그 수경 재배 농장을 전국적으로 확장시키는 계획을 세우고 있습니다. 그것은 단지 새로운 농법의 차원뿐만 아니라 일단 수경 재배 농장에서 야채를 생산하면 아이들에게 결핍된 비타민을 보충할 수 있지 않을까 하는 생각이죠. 그리고 그것이 조금은 식량의 부족분을 메울 수 있을 것 같기도 하고요.

그 다음에 우리가 또 하나 생각하는 것은 의료 사업입니다. 북쪽 아이들의 영양 상태를 보호하고 영양 실조를 치료해야겠다는 생각에서 다양한 구상을 하고 있습니다. 평양 남쪽에 있는 개천이라는 도시의 병원도 가보고 그랬습니다만 아직 확정은 못했는데, 의료 사업도 앞으로는 조직적으로 지원해야 되겠다는 생각을 갖고 있죠. 이와 같이 긴급 구호 말고 지원하는 사업들이 모두 중장기 계발 사업으로 연결됩니다. 스스로를 지키고 또 그 사람들이 스스로 그런 시설을 운영할 수 있을 때까지 원조를 해서 자생력을 키워 준다는 것이 저희들 지원 사업의 목표입니다. 그것이 바로 월드비전이 하고 있는 대북 사업의 중요한 골자입니다.

그런데 이것은 월드비전 코리아만 하는 것이 아니고 월드비전이라는 국제 네트워크가 모두 참여해서 하는 사업입니다. 월드비전 코리아도 사실은 그 네트워크의 일원으로서 하는 거죠. 다른 나라에 원조를 할 때도 같은 방법으로 하고 있습니다만, 국제 본부에 돈을 다 투입해서 그 전체 예산을 가지고 세계 100여 개 국가의 월드비전 사업을 기획하고 펼치고 있습니다. '북한 돕기'도 그 중의 하나입니다. 최근에는 북쪽이 지원 사업 중에서 우선 순위에 올라 있기 때문에 국제적으로 상당히 많이 강조되고 있죠.

현재 대북 지원 운동의 정체에 대하여

○ 말씀을 들어보니 월드비전 코리아에서는 구호 사업과 개발 사업 등 다양한 대북 지원 사업들을 활발하게 진행하고 있는 것 같습니다. 그런데 다른 민간 단체들의 경우는 1995년부터 약 2-3년간은 굉장히 활발했는데 작년부터는 답보 상태에 머물러 있는 것으로 보입니다. 현재의 민간 대북 지원 운동 혹은 통일 운동에 대해서 어떻게 생각하십니까?

● 월드비전 코리아가 다른 민간 단체와 구별되는 중요한 특징은 국내 단체

이면서 동시에 국제 기구의 일원으로서 활동한다는 것이죠. 가령 한국이 **IMF** 관리 체제에 들어가서 "아, 우리도 먹고 살기 힘들다"는 여론이 있을 때, 국내 시민 단체들이 다 해외 사업 혹은 대북 사업에 모금이 안 되는 고충을 겪었는데, 월드비전은 국제 본부에 돈을 모아서 우선 순위로 적립을 하고 지원 사업을 하기 때문에 한국에서 모금이 안 되도 같은 규모로 지속적으로 대북 사업을 해나갈 수 있습니다. 그런데 우리들은 다행히 대북 사업을 위한 지원을 한국이 국제 풀에다 약속한 것은 다 모금이 됩니다. 아주 착실하게 약속을 지키고 쭉 꾸준하게 지원을 하고 있어서 우리가 본래 계획하고 있던 사업을 확장하면 했지 차질은 없어요.

그런데 국내 민간 단체들의 상황은 좀 다르죠. 모금이 좀 줄어들었어요. 그것은 여러 가지 이유가 있을 텐데, 우선 너무 많은 단체들이 대북 사업을 한다고 경쟁적으로 모금을 한 것도 그 중 하나이겠지만 그보다도 일반적인 우리 국민의 정서에 문제가 있어요. 우리 한국 사람들은 기분에 상당히 좌우가 되는데, 예를 들면 **IMF** 관리 체제로 들어간 다음에 나오는 공통된 표현이 "우리도 살기 힘든데" 하는 것이거든요. 우리 단체는 북쪽만 아니고 해외 아동들을 위한 지원 사업도 많이 하는데, 우리도 초기에는 모금 상황이 상당히 내려갔었어요. "우리도 살기 힘든데 어떻게 남의 아이, 남의 나라의 아이까지 하느냐" 하는 생각 때문이죠. 또 "우리 주변에도 결식 아동들이 있다는데 그 아이들부터 먼저 돕자" 하는 의견도 있었습니다.

그럼에도 불구하고 우리는 **IMF** 관리 체제가 시작된 작년 한 해 동안 우리 단체를 지원하는 분들께 편지를 비롯해서 여러 가지 방법으로 계속 설득을 했습니다. 우리가 힘들었던 **6·25** 때 외국 사람들이 우리를 지원해준 것은 자기 나라에 그런 아이들이 없어서 지원해준 것만은 아니다, 그때 우리가 여러 나라에서 지원을 받았는데 돈의 액수를 떠나서 그들도 다 국내에 그런

△ 평성시 어린이집에서 월드비전 코리아 친선대사인 탤런트 김혜자 씨가 점심으로 국수를 먹고 있는 아이들과 함께 있는 모습.

▲ 해마다 월드비전 코리아에서 주최하는 기아 체험 24시간 캠프에 참가한 청소년들. 이들은 기아 체험일에 각자의 집에서, 전국 주요 도시에 마련된 캠프장에서, 그리고 기아 체험 열차를 타고 24시간을 꼬박 굶으며 이웃의 고통을 직접 체험한다.

아이들을 가지고 있고 힘든 상태였는데도 지원을 했다, 그러니까 점점 지구촌이 하나가 되어 가는데 서로 도와주고 또 도움도 받고 그렇게 오가는 '나눔'이 중요하다. 우리가 잘먹고 잘살 때만 지원한다는 것은 말이 안 된다, 어폐가 있다 등.

이 일을 하면서 보면 실제로 남을 도와주겠다 하는 사람들이 결코 잘 먹고 잘사는 사람들이 아니에요. 대부분 자기가 이런 역경에 처했다가 그것을 이겨낸 사람들이죠. 우리는 그 분들께 계속해서 설득 작업을 하고 호소를 했어요. 그 결과 금년 초부터는 많이 나아졌죠. "아, 그렇겠구나. 아, 그렇겠구나." 하는 마음이 생기셨던 거죠. 그러니까 집요하게 설명을 하고 설득을 하는 노력이 중요합니다. 그래서 아주 상시적인 마음을 가져야지, 그때그때 기분에 좌우되기 시작하면 원호 사업이라는 것은 가능하지 않죠. 그러한 점을 저희들이 철학으로 가지고 있습니다.

월드비전 코리아는 북쪽 사업도 우리가 약속한 것은 지키자 하는 캠페인을 해서 작년부터 세워 놓은 목표를 금년에 다 달성합니다. 그러니까 목표를 너무 엉뚱하게 크게 세우는 것도 문제지만 세워 놓은 목표를 우리가 힘드니까 곤란하다고 포기하는 것도 잘못이에요. 어떤 방법으로든 지켜가야 서로 간에 신뢰 관계가 형성되는 것이 아니겠어요? 우리가 모금이 안 되니까 힘들다, 이렇게 해버리면 저쪽에서는 "역시 그렇구나" 하고 신뢰하지 않게 되죠. 신뢰를 잃으면 참 힘들어져요. 그 점을 우리가 상당히 신경을 써서 조심해야 합니다.

그리고 또 하나 이유는 정치·군사적인 이유인데, 저희는 인도주의적 지원이라고 하는 것이 정치나 군사적인 분위기에 영향을 받아서는 안 된다는 원칙을 철저하게 지켜 나가려고 합니다. 가령 서해에서 사건이 생겼다, 무슨 잠수함 사건이 생겼다, 침투 요원을 발견했다, 이렇게 해서 군사·정치적인 긴장 관계가 생기면 "지금 도와줘서 뭘 하느냐" 하는 여론이 곧 따라옵니다. 주어도 감사하다 소리도 안 하고 오히려 거꾸로 도발을 하는데 어떻게 하느냐 하는 거죠. 그런데 그런 무드에 사로잡히면 안 됩니다.

민간 단체나 인도주의를 표방하는 종교 단체나 이런 데에서는 "그럼에도 불구하고" 지속을 해야지, 그런 무드에 사로잡히거나 보조를 맞추기 시작하면 그렇지 않을 때 신뢰 관계가 떨어지는 거죠. 너희들이 결국은 정부와 페이스를 맞추는 게 아니냐. 정부가 하라면 하고 하지 말라면 안 하고 뭐 그런 정도가 아니냐. 이 정도밖엔 평가를 못 받게 되죠. 따라서 민간 단체에서는 정부 시책과는 구분될 수 있는, 더 보편적인 원리와 철학을 가져야 합니다. 우리는 이런 것들을 생략하고 대외 원조, 특별히 대북 관계에 있어서 한편으로는 일을 너무 쉽게 판단하는 것이 아닌가 하는 생각을 합니다.

인도주의적 지원의 원칙

○ 대북 지원 사업에 관한 우리 사회의 여론에 대해서 미리 말씀해 주셨는데, 사실 IMF 관리 체제하에서 구조 조정이 시작되면서 실직자가 발생하고 가족이 해체되는 등 많은 어려움이 있습니다. 이런 현상들은 굉장히 피부에 와 닿는 현실적인 문제인데 비해서, 대북 지원 사업은 도대체 얼마나 지원을 해줘야 북쪽이 소생 가능한지, 혹은 언제쯤 성과가 돌아올 수 있는지 다소 현실감이 떨어진다는 점에도 문제가 있는 것 같습니다. 일반 국민들뿐만 아니라 운동을 하는 사람들의 입장에서도 이제는 "밑 빠진 독에 물 붓기"라는 여론에 수긍하는 듯한 인상입니다만, 더 보충하실 말씀이 있으십니까?

● 그것도 나는 상당히 철학적인 문제가 있다고 생각하는데, 인도주의적인 지원은 성과를 근거로 삼아서는 안 된다는 것입니다. 가령 우리가 가서 직접 봐야 되겠다, 우리가 가서 감사하다거나 무슨 답장을 받아와야 되겠다, 그래야 모금을 지속할 수 있다고 하는 그런 긴박한 상황도 있습니다. 심지어 무슨 받았다는 영수증이라도 보내달라 하는 것도 있는데, 그런 것은 그것대로 문제가 없는 것은 아니지만 그 이상의 성과, "뭔가 줬으면 드러나야 되지 않느냐. 이거 진짜 밑 빠진 독에 물 붓기다" 하는 식의 조바심을 가지고서는 인도주의적인 원조가 아니죠. 그건 상거래 같은 발상이에요. 돈을 주고받는 것만이 도덕적인 거래도 마찬가지죠.

"내가 이만큼 했는데 적어도 감사하다는 소리는 해야지" 하는 도덕적 보상, 정신적인 보상이라도 받자고 하는 것은 시장 논리의 일환이 아닌가 하는 생각을 합니다. 적어도 우리가 신뢰 관계를 쌓기 위해서 지원을 하자, 저 사람이 내가 하는 것을 통해서 나를 믿을 수 있을 때까지 하자, 시간이 오래 걸리면 우리 불신 관계가 이만큼 깊었구나 하는 반성을 먼저 해야 할 겁니다. 거꾸로 이게 뭐 해도 아무 응답도 없고 나는 이제 지쳤다, 사실 지친 사람이 벌써 많이 생겼지만 불과 지난 3년 동안의 일이라고요. 3년 하고서 지쳤다고 하는 것은 안 하니만 못하다고 나는 생각해요. 우리가 50년을 떨어져 있었는데 50년의 대가, 그 응분의 대가를 고작 3년으로 치르려고 하는 거냐. 그 상처를 서로 치유하고 화해할 수 있는 시간이 고작 3년밖엔 안 되는 거냐. 우리가 앞으로 이 일을 50년을 더 해야 할지 혹은 100년을 더 해야 할지 모르지만 장기적인 호흡으로 해야 되겠다. 훨씬 더 긴 안목과 호흡을 가지고 해야지, 대가성, 그것이 상거래가 아니고 도덕적인 대가라 하더라도 그런 것을 바라고서 일을 했다면 지치죠. 지치게 마련이에요.

또 남은 나보다 훨씬 적게 했는데도 한 건 따냈더라, 체육 대회도 한다더라

등등 우리가 그보다 훨씬 더 많이 지원했는데도 아무 대가가 없다고 하는 비교 경쟁 심리가 있습니다. 그것도 우리 스스로를 우리 자체 내에서 분열시키고 지치게 하는 요인인데, 그렇게 평면적으로 비교할 것만은 아닙니다. 왜냐하면 인도주의적 지원이라고 하는 것은 상대방의 조건에 관계없이 '나 때문에' 하는 것입니다. 그러니까 내 기본적인 원칙과 철학에 의해서 사실은 나 때문에 하는 것이지 저쪽에서 이렇게 했더니 영 이상하게 나오더라 이러기 시작하면 이미 내 원칙이 흔들리는 거죠. 그것은 지금 우리 남쪽 정부가 이야기하는 상호주의에 가까운 발상인데, 민간 단체들이 상호주의적 발상만 가지고는 일하기 힘듭니다. 저쪽의 조건과 반응에 관계없이 내 원칙에 의해서 일이 진행되어야 하고 그것이 결국은 내 자신을 돕는다고 하는 그런 깊은 인식이 따라와야 됩니다. 그렇게 되면 경쟁한다든지 혹은 누구와 비교한다든지 하는 것들에 구애받지 않고 자기 프로그램이나 자기 일을 진행할 수 있지 않을까. 결국 상당히 긴 안목이 필요하다 그런 생각을 하죠.

통일 비용론에 대하여

○ 회장님께서는 결국 경제적인 관점에서 비용론을 근거로 통일을 사고하는 모든 입장들에 대해 원칙적으로 반대하시는 건가요? 많은 사람들은 당장의 대북 지원뿐만 아니라 통일 또한 남쪽 사회의 경제를 저하시킬 것이라고 우려하기도 하는데요…

● 나는 독일 통일을 놓고서 통일 비용을 따지는 것은 의미가 별로 없다고 생각해요. 그건 필요 조건도 아니고 충분 조건도 안 되죠. 또 그렇게 대비를

한다고 해도 가상 시나리오에 대한 대비일 뿐 현실적이지도 않습니다. 통일이 무슨 경제적인 산술 비용만 있겠어요? 통일이라고 하는 것은 여러 가지 다른 무형의 비용도 많이 들어갈 텐데 그런 것은 산출해 내기도 힘들어요.

만약 경제 논리에 동의한다 해도, 통일 과정을 어디서부터 잡느냐 하는 문제는 계속 토론되어야 합니다. 나는 사실 통일 비용이 지금부터 계산되어야 된다고 생각해요. 그래서 현재 이루어지고 있는 대북 지원도 통일을 향한 투자라고 생각하면 좋을 것 같습니다. 가령 우리가 앞으로 백년대계를 생각할 때 10년, 20년은 투자를 하자. 그렇게 하면 그 나머지 80년 동안에는 우리가 이득을 얻는다. 이런 민족적인 그랜드 시나리오를 생각하면 나는 지금 투자 가치가 있다고 생각을 하는 거죠.

그렇지 않고 지금 우리가 가지고 있는 통일 비용의 시나리오에서, 실제로 이만큼 들 거다, 요건 요만큼 들 거다 하는 식의 평면적이고 단순 논리에 입각한 통일 비용 산출은 도대체 어떤 근거에서 하는지도 모르겠고 상당히 의미 없는 것이라고 생각합니다.

또 한 가지는 만약에 우리가 남북 대화를 잘해서 군축이 된다고 가정해 봅시다. "군사 비용을 서로 줄이자. 군비 이렇게 많이 지출을 하고 군대를 이렇게 크게 유지할 필요가 있느냐. 우리 이젠 하지 말자." 이렇게 정치적인 타결이 진행돼 나가면 그 비용도 사실은 통일 비용 안에 들어와야 되는 거죠. 거기서도 우리가 재원을 염출할 수 있는 겁니다. 그러니까 훨씬 종합적으로 생각을 해야지 경제적인 산술 비용만 갖고서 통일을 운운하는 것은 별로 의미가 없다고 생각을 해요.

독일 통일을 돌아보며

○ 독일 통일과 관련해서 질문을 더 드리고 싶은데요. 독일의 사회학자인 하버마스 교수가 몇년 전에 한국에 와서 서울대학교에서 강연을 했는데, 독일의 통일은 분명 서독에 의한 흡수 통일이었는데 독일의 지식인으로서 그렇게 되는 과정을 막지 못했다고 반성하는 고백을 했습니다. 통일 과정에서 지식인을 포함한 민간 운동이 할 수 있는 일이라면 어떤 것들이 있을까요?

● 하버마스뿐만 아니라 여러 사람이 그런 얘기를 하는데 그건 다 결과론적인 이야기예요. 사실 세계의 지성이 독일 통일이 그렇게 빨리 오리라 예측하고 기대했던 사람들은 하나도 없어요. 그래서 어떤 사람들은 역사의 우연이라고 간단히 처리해 버리기도 합니다. 그런 맥락에서 또 혹자들은 한반도의 통일도 마찬가지일 거라고 얘기를 하기도 하죠.

그러나 나는 결과적으로 우리가 잘못했다고 하는 반성도 중요하나, 그렇기 때문에 지금에 와서 어떻게 해야 하느냐 하는 것이 더 중요하다고 봐요. 흡수 통일로 인해 파생되는 여러 가지 사회 문제에 대해서 어떻게 대처를 하느냐. 그래서 그 해를 최대한도로 어떻게 줄이느냐 하는 것이 중요하죠. 지금 종교인이나 지성인, 또 민간 운동하는 이들의 처방은 바로 그런 것이어야 합니다. 그때 우리가 책임을 다하지 못해 잘못했다 하는 반성만 가지고서는 곤란하다는 거죠. 그래서 독일의 경우라면 동독 사람들이 받은 상처, 서독 사람들이 경험한 교만, 그런 것들을 만들어 내는 여러 가지 사회적인 결함이나 사회적인 상처와 대가 같은 것들을 어떻게 감당하고 치유할 것이냐에 대한 처방이 훨씬 더 현실적으로 필요한 것 같습니다.

그렇게 생각을 하면 우리의 통일 형태도 어떻게 될지 나는 잘 모르겠습니다만, 독일식으로 흡수 통일을 하는 결과가 올지 그건 또 모르는 일이에요. 그러니까 이 말은 우리가 바라지는 않지만 정치적인 상황이 그렇게 될 지도 모른다는 뜻이죠. 그런데 그렇게 됐을 때 독일이 경험한 충격과 상처를 감안해서 지성인과 민간 단체들이 어떻게 그 상처를 최소화하기 위해서 노력을 할 것이냐, 또 그 후의 처방은 어떻게 되어야 되느냐 하는 대안을 가지고 임하자. 여러 가지 변수에 대한 처방을 다각도로 생각하면서 만들어 나가자. 그렇게 현실적으로 유동성 있는 대응 방안이 중요하지 않을까 생각을 하죠.

독일의 통일 과정에 대한 분석 자체가 전혀 의미가 없다고 생각하는 것은 아니지만, 우리가 이젠 이미 지나간 역사적 사실쯤으로 그 경험을 이야기할 때에도 동독 사람들은 고통을 많이 받고 있습니다. 이런 상황에서 지성인과 종교인들이 어떤 역할을 해야 할지, 구체적으로 정책은 어떻게 바꿔 나가야 할지 등에 관해서 우리도 앞으로는 적극적인 생각을 해야 할 거예요.

○ 독일 통일에 민간, 특히 교회가 많은 기여를 했다고 알고 있습니다. 우리도 지금 교회들이 개별적으로 혹은 연합해서 대북 지원 사업들을 벌이고 있는데요. 우리 종교 단체들의 대북 지원 사업 참여에 대해서 어떻게 생각을 하세요?

● 그 질문에 답하기 전에 먼저 한 가지 짚고 넘어갈 것이 있어요. 우리가 통일을 이야기하면서 자꾸 독일과 비교하는데 사실 정치적 상황으로 보게 되면 우리가 독일과 비교할 근거는 아무 것도 없어요. 왜냐하면 독일은 구라파에서 패전 국가였고 더구나 나치에 대한 죄의식을 갖고 있었기 때문에 대내외적으로 통일의 의지를 표출하기가 어려웠습니다. 독일은 전쟁 이후에 동독과 서독으로 분리되었지만 과거에 전쟁을 일으킨 독일 민족 혹은 국가

라는 점에서 함께 반성하고 구라파의 평화를 추구한다는 데에 공통점을 갖고 있었어요.

그런데 우리의 경우는 다르죠. 한반도는 남과 북이 모두 '희생자'라는 의식을 갖고 있어요. 일제의 강점과 식민 통치도 그렇고, 외세에 의한 분할 통치도 그 이유가 되죠. 그래서 통일을 굉장히 당위적으로 주장하고 천명해 왔어요. 또 우리가 독일과 다른 점은 남과 북이 내전을 경험했다는 점이죠. 그런 정치사들을 고려하고서 독일과 한반도의 통일 과정을 비교하고 생각해야 될 거예요.

그리고 상호 교류에 관해서 말하면, 통일 전 동서독의 민간들끼리 서로 접촉한 기간이 10년이에요. 크리스마스에는 상호 왕래 인구가 100만 정도였다니까 대단한 숫자죠. 서독은 동독에 이를테면 생색내지 않고 그래서 동독 사람들의 자존심을 다치게 하지 않으면서 다양한 방법으로 장기 지원을 했습니다. 그러면서 서로 신뢰가 생긴 거예요. 어떻게 양독이 동서독 기본 헌법이라고 하는 구상을 할 수 있었는지, 그 틀을 어떻게 마련할 수 있었는지, 그 힘에 대해 우리는 신중하게 검토해야 합니다. 저는 그것이 장기적인 지원을 통해서 구축된 상호 신뢰 관계 때문이었다고 생각해요. 그러니까 독일의 통일을 이야기하려면 독일 내의 상호 왕래와 민간 접촉의 역사부터 연구해야 합니다.

그런데 우리는 어떻습니까? 냉전 논리를 넘어서는 종교적인 처방이 아직도 이루어지지 않고 있어요. 냉전 논리를 대체할 만한 철학이 아직도 마련되지 않았다는 말입니다. 평화라는 말이 요즘 많이 쓰이고는 있지만 최근 4-5년 정도 된 개념이에요. 우리는 이제 막 시작하고 있는 셈이죠.

평화의 철학

○ 회장님께서는 통일보다 어떻게 함께 살 거냐 하는 문제가 더 중요하다는 평소 지론을 갖고 계신 것으로 압니다. 사실 공존과 상생의 철학은 비단 남북 관계에만 해당되는 건 아닌 것 같습니다. 사실 남쪽 사회 내에서도 매우 필요한 것이죠. 그런데 말씀하신 것처럼, 우리는 말로는 평화를 이야기하면서도 그것을 위한 구체적인 철학과 실천 방법은 아직 갖고 있지 못한 것 같습니다. 일반 시민들이 평화를 지향하며 품고 갈 수 있는 가치나 철학이 있다면 어떤 것이 있을까요?

● 결국 삶의 자세거든요. 우리의 사고 방식은 목적은 분명한데 과정이 약해요. 다시 말하면 수단의 선택은 어떤 것이어도 좋다, 거기만 가면 된다, 좌우 간 내일 아침 점호할 때까지는 무조건 맞춰 놓아라 하는 식의 군대적 발상이 지배적이에요. 그것은 우리가 지금까지 살아온 역사적인 과정으로도 설명할 수 있을 겁니다. 하도 환란을 많이 겪다 보니 지긋이 앉아 오래오래 생각해서 장기적인 계획을 세우는 것이 힘들었던 거죠. 그때그때 살아내는 데 급하고 바빠서 그렇게 됐다고 말하는 사람도 있습니다. 하지만 어쨌든 개인이며 사회며 할 것 없이 우리는 목적은 분명한데 과정이 약해요, 즉 과정에 대한 축적이 없다는 이야기입니다. 가령 총론은 있어도 각론이 없다는 것도 같은 표현일 거예요. 또 생각해 보면 우리는 1년 계획은 있는데 3년 계획, 10년 계획은 없죠. 1년 계획 다음에는 바로 백년대계로 넘어가 버리죠.

박정희 정권이 경제 개발 5개년 계획이라는 것을 몇 번 반복해서 시행했는데, 나는 그 사람의 정치를 좋아하지 않아서 저항 운동도 한 사람이지만, 이 계획은 우리 현대사에서 매우 참신한 발상이었다고 생각해요. 물론 그것도 군대식으로 해치우고 말았지만, 5개년 계획을 자꾸 반복했던 것은 적어도 우리가 5개년 단위로 생각할 수 있도록 사고 방식을 훈련시켰다는 측면에서 중요한 거죠. 그런 것이 지금은 없어요. 매년 결산하고 또 새해 예산 세우고 하는 식으로 매사가 1년 단위로 끊어지게 되니까 3년 계획, 5년 계획, 10년 계획이 설 수 있는 자리가 없어요, 우리의 사고 방식 가운데. 그러고서는 하는 소리가 백년대계를 세우자고 해요.

통일 운동도 마찬가지죠. 통일 운동도 과정에 대한 축적이 있어야지, 모든 사람이 통일을 보고 죽겠다 하지만 통일에 대해서 준비하는 사람은 하나도 없어요. 내 자신이 통일의 과정을 축적하는 하나의 수단이고 도구가 될 수 있다는 겸손한 생각을 해야 할 것 같아요. 그렇게 하지 않고 단지 내가 그 지점에 그 시점에 있어야 된다는 목적과 나를 결부시키게 되면 가만히 놔두 어도 통일은 오게 돼 있다는 막연하고도 허황된 종교적 기대와 연결돼 버리 죠. 물론 궁극적인 목적, 즉 목표가 다가온다고 하는 신앙이 나쁘다고 하는 것은 절대로 아니에요. 그런 믿음과 비전은 있어야지요. 그러나 그 비전과 신앙을 뒷받침하는 행동이 따라야 합니다. 그것 없이 자꾸 목적만 강조하게 되면 허황한 선동이 되고 만다는 얘기입니다.

그래서 과정을 중요시하자, 과정을 쌓아가자, 이젠 자체가 과정일 수 있다, 난 그렇게 철학을 가지고 살죠. 민간 단체에서 실무자로 산다고 할 때는 더욱 그런 철학을 가져야 합니다. 과정을 축적하지 않고서는 통일도 오지 않는다, 따라서 통일 자체가 수단이 될 수도 있다, 아니 수단이 되어야 된다, 그것은 평화를 위한 수단이 되어야 한다, 거꾸로 말하면 평화를 깨면서까지 통일해 서는 안 된다, 통일하기 위한 수단으로 전쟁을 한다든지 흡수 통일해서 평화 가 깨졌다든지 하는 발상은 합당한 것이 아니다, 모든 대가를 치러서라도 통일은 해야 되겠다, 가령 북진론, 남진론 식의 발상은 군대적이다, 이젠 그 시대는 지나지 않았나 하는 생각을 합니다.

힘없는 자들의 힘

○ 지금 말씀하신 이야기와 관련해서 조금 더 듣고 싶은데요. 통일 문제와는 다소 동떨어진 질문입니다. 회장님께서는 평소에 사회적 약자들의 소박한 삶 이야기를 기록하고자 하셨는데 그런 계획들이 어떤 의미가 있는지요. 사실 지극히 존중받지 못하고 따라서 스스로를 무력하다고 생각하는 사람들이 역사에 어떤 기여를 할 수 있을까요?

● 그 이야기가 나오면 나는 매번 함석헌 선생을 떠올리는데, 함 선생의『뜻으로 본 한국 역사』라는 책의 마지막 부분에 이런 내용이 있어요. "역사는 반드시 뒤로 돌아 갓 할 때가 온다." 역사가 뒤로 돌아 갓 하면 뒤로 처졌던 사람들이 갑자기 앞에 서게 되죠. 그러니까 앞에 서 있는 사람이 언제나 그 자리에 있을 거라는 역사의 보장이 없습니다. 역사는 뒤바뀐다는 거죠. 역사적인 책임이 갑자기 뒤에 서 있는 사람에게 주어진다는 겁니다. 이것은 하늘의 뜻일지도 모른다는 것이 함석헌 선생의 역사관인데요.

지금 우리가 20세기를 보내면서 힘의 정치가 끝났다고 하지만 아직도 미국의 패권이 지배를 하고 있고 패권에 대항하는 또 다른 패권, 이를테면 중국이 지금 국제 무대에서 중요한 위치를 점하고 있어요. 그런데 나는 이런 신념을 가지고 있습니다. 지금까지와는 전혀 다른 분위기가 컴퓨터 네트워크를 통해서 형성되고 있고, 물론 아직 표면화되고 있지는 않지만 언젠가는 적어도 철학이나 정치학의 영역에서는 힘의 논리가 꺾인다, 반드시 꺾이게 돼 있다고 생각합니다.

왜냐하면 이제부터 우리가 경쟁하지 않고 같이 살 수 있는 세계를 꿈꾸고 만들 때 추구되는 힘의 가치는 무력이나 폭력이 아니기 때문입니다. 이제부터 힘은 가장 약한 사람을 돌보는 '용기'입니다. 약한 사람을 멋대로 제쳐 버리는 것은 더 이상 힘이 아닙니다. 또 경쟁 상대를 제치고 이기는 것이 힘이 아니라 경쟁 상대를 수용할 수 있는 '포용력'이 힘입니다. 그 포용력을 지닐 수 있는 기본 바탕이 종교, 철학, 기공학, 단전 호흡 등 무엇이든 간에 자기와 다른 것을 포용할 수 있는 능력, 포용력이 앞으로는 힘입니다.

사실 포용한다는 것은 개방성을 의미해요. 그런데 개방성이라고 하는 것은 지금의 가치대로 하면 강한 것의 반대입니다. 이때까지 우리가 생각하는 힘 또는 강력한 것이라고 하는 것은 언제나 자기를 닦고 단련시켜서 남으로 하여금 얕보지 못하도록 만드는 것이었죠 "아, 저 사람은 상당히 강하고 내가 함부로 접근할 수 없는 어떤 힘을 가지고 있어" 이렇게 자신을 얕보지 못하게 만드는 포장술, 그런 것이 힘이었어요. 상식적으로 나를 다 열어 놓고 아무나 와도 좋소 하는 것은 약한 것이었죠. 그런데 지금까지의 그 약함이라고 하는 것, 즉 개방성, 유연성, 대응성, 대화… 이런 약함들이 이제부터는 힘의 근거가 되지 않을까 하는 생각이죠. 가령 자비나 사랑도 다 약한 표현이거든요. 가서 한 대 때려 줘야 하는데 그렇지 않고 오른 뺨을 때리면 왼 뺨을 내줄 수 있는 그 마음과 그 여유는 도대체 어디서 나오는 거냐, 굉장히 약한 것으로 표현되지만 그 약한 것이 힘으로 받아들여지는 세상이 온다, 또 와야 된다 하는 생각입니다.

그것을 가령 형상화시킨다면 이런 것이죠. 지금까지 우리는 우리 주변의 장애자들을 제치고 왔어요. 장애자가 있으면 힘이 안 된다, 손해다, 또 부상 자는 버리고 전투에 나가야 힘이지, 부상자를 돌보게 되면 전투력이 약해진다, 우리는 이렇게만 생각을 했던 거죠. 그런데 지금 오는 세상에서는 과연 장애자를 제치고 나가는 사람이 정말 강한 사람이냐 하는 가치관의 전도가 생기기 시작한 거예요. 장애자를 가장 순수한 인간으로 수용하고 사회적으로 그렇게 되도록 제도화하고 그래서 그것을 발전시키는 사회와 인간만이 강한 것이다, 그렇게 된단 말예요. 그런 의미에서 약한 것이 강한 것이다, 힘없는 자들의 힘 Power of the Powerless이라는 말이 소통된 거죠. 사실 이 말은 우리가 70년대 운동할 때 했던 이야기인데 지금 와서는 너무 많은 사람들이 쓰고 있어서 우리가 좀 무색해질 정도입니다.

이제는 '힘'에 대한 전도된 가치, 즉 돌봄과 치유, 나눔과 포용이라는 철학을 어떻게 일상 속에서 실천할 것인가 하는 문제가 중요한 거죠.

월드비전

서울시 여의도 우체국 사서함 230호
전화·(02)783-5161 팩스·(02)786-8549
http://www.wvkorea.or.kr

『통일샘』

통일 정보 시사지 『통일샘』

"한 출판쟁이의 법학자를 위한 변론 / 한 조각 종이 속의 분단선"

"쉬기 전에 마저 걸어야 할 길이 몇 십리 더 남아 있네요 / 아무도 기다리지 않았다"

"통일의 첫 맷부리 금강산 / 두만강 푸른 물이 지난날 술에 절어 흐렸던 나의 눈동자
를 시릴 정도로 맑게 씻어 주었다."

흡사 시 구절처럼 느껴지는 이 글들은 격월간 통일 정보 시사지 『통일샘』의
1998년 발행분에 실린 글들의 제목이다. 우선 첫째 줄에서 '한 출판쟁이'는
「시대 유감」이라는 고정란의 1/2월호 필자인 문부식을 의미하고, '한 조각
종이'는 한때 나라를 떠들썩하게 했던 이석현 의원의 명함을 일컫는다. 둘째
줄은 「아! 그리운 사람들이여」라는 기획하에 양심수·장기수들의 이야기를
엮어간 3/4월호에 실린 글의 제목들이다. 전자는 안선덕이라는 동화 작가가
통신을 통해 알게 된 최연소 미전향 장기수 강용주와의 편지 정담 중 일부를
소제목으로 채택한 것이고, 후자는 소설가 정도상이 회고하는 황석영과 분
단 상황하에서 문학하기의 어려움에 관한 이야기이다. 마지막 줄은 제목 자
체에서 느껴지는 감흥이 남다른데, 해외 거주 시인 이상목의 「한 시인의 예

감」과 소설가 김하기의 「북한 탈출기」이다.

격주마다 발행하는 「자주 평화 통일 민족 회의」의 소식지로 출발한 『통일샘』이 월간 통일 시사 정보지로 그 모습을 바꾼 것은 1995년 1월이다. 이후 격월간으로 발행되고 있으며, 98년 11/12월 발간분이 통권 38호가 된다. 『통일샘』의 발간은 "통일 운동의 일상화와 대중화"라는 「민족 회의」의 제1 과제를 푸는 데 보탬이 되고자 시작된 사업이다. 외래어 제호가 난무하는 잡지 시장에 '통일샘'이라는 한글 제호는 그 지향하는 바만큼이나 신선하여 곳곳에서 격려를 받기도 했다.

격월간 『통일샘』은 끊임없이 독자들과 소통함으로써 적절하게 실속 있는 정보들을 전달하고 있다. 이것은 그리 길지 않은 시간 동안이지만, 다양하게 시도된 기획상의 변화들을 보면 알 수 있다. 초반에는 현안과 주요 행사 소개 혹은 전문가들의 집담과 논문 중심의 딱딱한 구성에서 점차 잘 알려지지 않은 「분단 기행」, 「샘이의 통일 물음표」, 「통일 문화 기행」 등의 새로운 기획을 통해 독자들의 호응을 크게 얻어갔다. 시, 소설 혹은 문인들의 상상력 보태기와 더불어 잘 알려지지 않은 단체나 다양한 개인들의 일상적인 통일 연습도 꾸준히 다루었다.

북조선의 일상 생활을 다양한 방법으로 접근하는 것도 이 매체가 가진 큰 장점이라고 할 수 있다. 북조선 생활에 대한 정보를 바탕으로 북쪽 주민들의 구체적인 삶을 보여 주는 「북한 속으로」는 매우 흥미롭다.

2시 20분부터 조준 훈련과 무기 청소, 3시 40분부터는 6시 40분까지 오후 상학 시간, 그리고 40분간의 복습이 끝나면 저녁 7시 20분이다. 그제야 저녁 식사 시간이다. 저녁 식사 후엔 또 교육이 있고 약간의 자유 시간이 주어진 다음 중대장과 함께 일일 총화를 실시한다. 하루 생활에 대한 가차없는 비판이 쏟아지기도 한다. 저녁 10시, 드디어 취침 시간이다. 영철에겐 오늘이 유난히 정신없는 하루였다. 교육을 충실히 시행해야 했고 동시에 앞으로의 장밋빛 인생에 대한 계획으로 머리가 복잡했기 때문이다… 7년 긴 시간이긴 하지만 그 뒤에 보장될 인생에 비하면 짧은 시간이기도 하다. 그 정도 고생쯤이야 할 수 있다. 영철은 소위 계급장을 달고 어머니를 찾아가는 자신의 모습을 그려 본다. 그리고 내일부터 더 열심히 훈련에 임해야겠다고 다짐한다.[1]

열흘에 한 번씩 열리는 장마당(매달 1, 11, 21일에 열림)이 요즘은 매일 열리다시피 하지만 공식적으로는 저녁 6시 이후에 문을 닫게 되어 있었다. 그러나 세상 돌아가는 데 훤한 옆집 복동 엄마 말로는 요즘은 늦게까지도 장이 파하지 않는다는 것이었다. 국영 시장에서 장본 지가 벌써 몇 년은 되는가 보다. 북조선은 90년대 들어 완전히 농업 경제 시대로 되돌아가고 있어서 암시장이나 장마당에서의 물물 교환이 삶을 지탱하는 유일한 수단이 되고 있다. 그렇지만 세상 물정에 어두웠던 영란은 아직도 월급 받으며 보육원 교사하던 시절을 떨치지 못했다.

오늘 영란이 들고 나온 것은 이불 한 채였다. 아버지가 실직 전에 20년이나 운전사로 일하면서 받은 월급이 백 원이었던 것과 비교하면 정말 우스운 일이 아닐 수 없다… 돌아오는 길에 영란은 복동 엄마에게 몇 번이나 고맙다는 말을 했는지 모른다. 아줌마가 아니었던들 영란이 이런 장사를 알 리도 없었고 알았다 하더라도 엄두도 못 냈을 것이다. 하늘이 어찌 이런 복을 내려줬나 싶을 정도였다. 차는 어느새 고향에 다가서고 있었다. 영란은 어서 아버지에게 돈을 보여 주고 싶어 가슴이 뛰었다.[2]

이와 같이 북의 일상을 재구성하면서 상황에 대한 이해를 돕기 위해 제도적인 측면까지를 세세히 밝혀 주는 노력이 병행된다. 생활상이 다른 남쪽의 독자들에게 북의 일상이 자칫 희화화되지 않도록 각별히 주의를 기울인 점이 돋보인다.

또한 이러한 상상력에 근거하여 공간적인 이해를 돕는 「그곳에 갈란다」,

---

1) 김경훈, 「북한 속으로─상등병 영철의 꿈」, 『통일샘』, 1998년 3/4월, 82-83쪽.

2) 김경훈, 「북한 속으로─보따리 장사로 나선 영란이」, 『통일샘』, 1998년 5/6월, 112, 117쪽.

「주강현의 통일 문화 산책」 등을 싣고 있다. 전자는 북쪽의 명승지와 명소 순례, 후자는 북쪽 주민들의 생활 풍습과 민속 일반에 대하여 소개하고 있다. 「그곳에 갈란다」는 친숙한 지역들을 중심으로 기행해 나가는데, 현재 남포를 거쳐 함흥을 지나 "향기의 산―묘향산"에 이르렀다.

> 언제부터인가 남포라는 도시가 우리 입에 자주 오르내리게 되었다… 지구 반대쪽의 '쿠알라룸푸르'나 '캘커타' 같은 도시보다 더 잘 안다고 내세울 게 없을 만큼 먼 곳이었던 이 항구 도시가 언제부터인가 성큼 우리 곁에 다가온 것이다… 어렵게 열렸다 닫히기를 반복해 왔던 그 바닷길의 한쪽 끝에 바로 남포가 있다. 남포는 예로부터 한반도로 들어오는 바닷길의 주요 관문 역할을 해 오던 항구 도시이다… 북한의 노동력과 부지, 남한의 자본과 기술이 찰떡궁합이 돼 준다면, 훗날 남포는 통일에 가장 기여도가 높은 도시로 꼽히지 않을까?[3]

> 전주 사람들 만나면 비빔밥 안부 묻는 게 일이 되고, 춘천 사람들 만나면 언제 한번 닭갈비 사라는 말 빼놓지 않듯이 통일되어 함흥 사람들 만나면 함흥 냉면 생각에 군침부터 흘릴 것이다… 남한에서 경기권, 강원권, 충청권, 전라권, 경상권 등 자연스러운 권역이 생겨나 '전라도 깽깽이'니 '강원도 감자바위'니 하는 울며 겨자 먹기식 별호를 달고 살 듯이 북한에도 이와 비슷한 말이 오간다… 북한에서도 개성 하면 '깍쟁이' 평양 하면 '노랭이' 같은 별칭들이 있다… '함흥 알개' 가 그것이다… '얄밉게 행동하고 이리저리 잘 빠져나간다'는 뜻이다… '생활 방식이 알뜰하고 생활력이 강하다'는 점이다. 장점이자 단점으로 여겨지는 성격이라 어떤 이들은 너무 생활력이 강해 이악하고 강퍅해서 싫다는 사람도 있다… 통일이 되면 서로간에 가 볼 곳도 먹어 볼 것도 많다지만 사람을 만나라면 단연 '이랬소, 저랬소' 하고 말투 한번 시원하게 내지르는 사리 분명한 함흥 사람들을 제일 먼저 만나고 싶다.[4]

---

3) 이주혜, 「그곳에 갈란다―남포 : 남과 북의 궁합 실험」, 『통일샘』, 1998년 1/2월, 144, 147쪽.

4) 이주혜, 「그곳에 갈란다―함흥 : 말투 한번 시원한 '함흥 알개'들이 사는 곳」, 『통일샘』, 1998년 3/4월, 75, 77, 79쪽.

북에 대한 객관적인 접근이 중요하기도 하지만, 분단 상황에 대한 역사적, 사회적 맥락 안에서 우리 자신의 위치에 대해 꾸준히 이해하고 점검해 나가는 노력 또한 필요하다. 이러한 노력은 김창수의 「트렌드와 이슈」란에서 지난 두 달 동안의 현안들을 정리하여 간단한 연표로서 제시된다. 한편 조혁의 「손자(孫子) 읽기」는 조금 씁쓸함을 갖게 하는데, 아직도 휴전 상태인 남북의 상황에서 병서의 형식을 통해 어떤 지침을 제시한다는 점 때문이다. "목숨 걸고 생각하라, 계산하면 이긴다"(3/4월), "때에 맞지 않는 신중함이 비겁이며 때에 맞지 않는 용감함이 만용입니다"(5/6월), "인재 양성에 전심 전력하기를 권고하고 싶습니다"(7/8월) 등으로 그 주제가 이어져 왔다.

1997년 상반기 전후로 게재된 「영화 속의 통일 이야기」와 「노래 속의 통일 이야기」는 문화 속에 녹아 있는 '자신을 돌아보는' 과정이었다. 이러한 다양한 접근 방식이 기존의 급진적 통일 운동 진영에서 문제를 희석시킨다는 비판을 받기도 했지만, 분단 체제를 인식하고 각자의 삶 속에서 통일된 미래를 준비해 나간다는 점으로 긍정적인 평가를 받기도 했다.

전 멤버 이주노, "이 노래를 듣는 청소년 누군가가 통일에 대해서 한 번만이라도 다시 생각해 볼 수 있다면 이 노래는 그것으로 족합니다." 현실적이고 감각적으로만 묘사되어온 젊은 세대들. 그래서 통일과는 별 상관없이 살아가는 것처럼, 기성 세대의 정치적인 통일에는 관심이 없는 것처럼 보일 수 있지만, 하지만 그들도 한반도에 발을 딛고 한민족의 피가 흐르는 한 이 분단과 통일의 문제에서 제외될 수 없다. 누가 그들의 언어로 그들의 관심을 모아낼 수 있을까?… 이들에게는 내용을 담아낼 수 있는 그릇이 중요했다. 얼터너티브 음악과 버터플라이 춤에 담긴 신세대적인 감각은 통일을 노래한 이곳에서 역시 포기되지 않았다. 갈라진 땅의 친구들을 언제쯤 볼 수가 있을까라고 노래하는 이들의 소망은 통일된 땅에서 자신과 같은 세대들을 만나는 일이다. 그리고 서로 손을 맞잡는 일, 그들에겐 이것이 통일에 대한 가장 진솔한 언어일 것이다. "젊은 우리 힘들이 모이면 세상을 흔들 수 있고 우리가 서로 손을 잡은 것으로 큰 힘인데." 이 노래에 우리 젊은 세대들에 대한 희망을 함께 담아 부르는 것은 어떨지.5)

『통일샘』이 점차로 일반인들의 언어를 찾아 이야기 나누는 데 오랫동안 노력해 온 숨은 일꾼들도 많다. 이 중 가장 대표적인 인물이 1996년부터『통일샘』의 많은 지면을 생각할 공간으로 만들어준 사진 작가 이지누이다. 이전에는 표지 사진 정도를 담당하던 그가 분단의 흔적과 남쪽 구석구석의 평범한 삶을 찾아 사진으로 담아 내는 노력을 해나가면서, 치열한 문제들에 대한 다양한 방식의 표현 시도들이 인정되었다. 여기에 그의 시적인 단상들이 가미되어 사진의 의미를 곰삭이는 데에 큰 역할을 하고 있다. 그의 사진들은 다양한 메시지를 전달하고 메타포 해석의 가능성을 심화시킨다. 특히 인상적이었던 것은 1998년 7/8월호의 북녘 땅을 찍은 연작 사진에서 과감하게 망원 렌즈를 던져 버린 작업이었다. 그의 기행을 따라가다 보면, "왜 보이는 대로 보려 하지 않았는가"에 대한 반문과 함께 삶과 자연이 분리되지 않은 '먼발치의 그곳'의 모습에서 어떤 평온함을 느끼게 된다. 빛과 그 굴절의 조화로 이미지를 형상화시키는 일을 업으로 삼은 그의 작품들은 무척 따뜻한 느낌을 주면서 동시에 매우 실험적이다.

그리고「통일 이웃」,「내 마음속의 분단」등을 통해 평범한 사람들의 진솔한 생활상과 자기 고백들이 이어진다. 특히「내 마음속의 분단」에서는 자기 삶의 분단에 관한 화두를 자신의 고유한 언어로 풀어 가며 지금까지 지니고

---

5) 김용신,「통일 노래 찾아가기-서태지와 아이들의 "발해를 꿈꾸며"」,『통일샘』, 1998년 1/2월, 166-167쪽.

있던 반공·반북의 고정 관념을 떨쳐내려는 노력들이 엿보인다. 그리고 자기가 선 자리에서 묵묵히 통일 정치를 실천하고 있는 이들의 삶을 소개하는 「통일 이웃」은 독자들에게 가장 신선한 자극이 된다.

꽃분홍색 제호 아래 약간 추상화된 꽃 잔치 사진이 있다. 사진 작가 이지누는 "벚꽃잎 후두둑, 오십여 년 전, 똑같은 자리엔 어쩌면 핏빛이 벚꽃잎이었는지도 모른다.—제주 중산간에서"라는 짧은 단상을 보태고 있다. 통일이나 북조선 관련의 잡지와 학술 서적들이 이적성 시비에 말리는 '붉은색' 혹은 반공을 강조하는 '푸른색'으로 상징화되는 반면에 자연 그대로의 차분한 꽃빛이 『통일샘』의 지향점을 그대로 드러낸다. 그리고 삶의 현장에서 다양하게 울려나오는 소리들이 흘러들어 샘처럼 고인다. 무슨 일이 터지기만 하면 득달같이 달려들어 소란을 피우고 사라지는 웅웅거림과는 자못 다르다. 여러 분야의 잔잔한 생각들이 나름의 빛깔을 살피면서 조용하고 담백한 맛으로 연결되어 마치 좋은 친구와 오솔길을 걷는 듯한 기분을 갖게 한다.

*『통일샘』은 1999년 8월 현재 휴간중이다. 그러나 이 작은 잡지가 재야 통일 운동은 물론이고 북녘 동포 돕기 운동 등 시민 운동의 영역에서 통일 운동을 전개하였던 이들에게 매우 의미 있는 매체로 꼽히기에 소개하려고 한다. 특히 통일 운동의 대중성과 일상성을 유도하기 위한 노력에 앞장섰다는 데에 이 매체의 중요성이 있다. 『통일샘』이 다시 복간되어 많은 이들이 통일과 평화에 대하여 생각해 볼 수 있는 기회를 제공해 주기를 바란다.

여성들의 통일 준비 「평화를 만드는 여성회」

「평화를 만드는 여성회」(이하 「평화여성회」)는 우리 사회 각계에서 활동하던 250여 명의 진보적 여성들이 주축이 되어 1997년 3월에 창립된 여성 평화 통일 운동 단체이다. 그간 진보적 여성 운동계는 70년대 원폭 피해자 운동, 80년대 반전 반핵 운동, 90년대 방위비 삭감 운동, 정신대 대책 활동, 그리고 비민주적인 법적, 제도적 장치의 개폐 운동 등을 벌이면서 한반도의 평화와 통일을 위한 활동들을 꾸준히 전개해 왔다.

특히 1990년대에 들어서서는 남북 민간 교류 활동의 일환으로 남과 북, 그리고 일본 여성들이 1991년부터 동경(1991.5.31 - 6.2), 서울(1991.11.25 - 30), 평양(1992.9.1 - 6), 동경(1993.4.22 - 29)을 돌면서 네 차례에 걸쳐 '아시아의 평화와 여성의 역할' 토론회를 개최하였다. 서울 토론회에서는 '가부장제 문화와 여성,' '통일과 여성,' '평화와 여성'이라는 주제를 가지고 남북의 통일 방안과 평화 문제, 여성 문제를, 그리고 이듬해 평양에서 개최된 토론회에서는 민족 대단결, 일본의 전후 보상과 책임, 아시아의 평화를 구축하기 위한 여성의 역할 등을 주제로 토론이 이루어졌다. 이 토론회의 남측 실행 위원회가 「평화여성회」의 전신이다. 「평화여성회」의 창립 배경에는 그간 산발적으로 이루어져 왔던 활동들을 좀더 체계적이고 전문적으로 수행해 보자는 의지가 숨어 있다.

그러나 더 주목할 만한 점은 남성 중심적인 정치 논리, 군사 논리를 중심으로 전개되고 있는 분단 인식과 통일 논의에 여성의 시각을 불어넣어 보자는 데 있다고 할 것이다. 그간 분단 사회가 안고 있는 모순과 문제들, 그리고 고통을 겪는 사람들에 대해서 많은 논의들이 있어 왔지만 분단이 여성에게 가하는 고통에 대한 관심은 사각 지대에 놓여 있었다고 해도 과언이 아니다. 군대에서 청춘을 바쳐야 하는 젊은이들, 이산 가족, 수많은 양심수와 그 가족들, 독재 정권 아래 사상과 표현의 자유를 억압당하면서 살아온 시민들 모두가 분단의 피해자들이라는 인식은 있었지만, 그 가운데서 사회적 약자, 특히 여성들이 겪는 고통은 가려져 있었다.

이러한 맥락에서 「평화여성회」가 주목하고 있는 분단 사회의 문제는 그것이 군사적 긴장을 항상적으로 안고 있는 사회이며, 강력한 가부장적 권력 논리에 의해 뒷받침되는 사회라는 데 있다. 분단과 전쟁 이후 50여 년간 우리 사회에 상존해 온 군사적 긴장감은 폭력적인 군사주의 문화를 창출해 냈고, 이는 강자에 의한 약자의 지배 논리를 강화하여 사회 구성원들의 평화로운 공존을 방해한다는 것이다. 우리 사회 곳곳에서 관철되고 있는 힘의 논리, 흑백 논리, 가부장적 위계 질서, 그리고 일상 생활의 다양한 영역에서 행사되고 있는 갖가지 종류의 폭력들 ─ 학교 폭력, 가정 폭력, 언어 폭력 ─ 은 분단이 초래한 직·간접적 결과물들이다. 이러한 방식으로 구조화된 사회 속에서는 어린이, 여성, 장애인, 가난한 사람들과 같이 약자의 위치에 놓인 사람들이 가장 큰 피해자가 된다. 특히 전통적으로 성을 중심으로 한 불평등이 체계화된 사회에서 여성들의 고통은 이러한 분단 상황으로 인해 더욱 가

「평화를 만드는 여성회」에서 99년에 8·15를 맞아 비폭력 평화 공존 캠페인을 벌이면서
평화의 선언 서명을 받고 있다.

중되고 있다는 것이 「평화여성회」의 분단 인식이다.

이러한 인식을 바탕으로 「평화여성회」가 벌이는 평화 통일 활동은 남다른 면이 있다. 우선 여성과 사회적 약자에 대한 관심을 늦추지 않고 있다는 점이다. 창립과 동시에 1997년 한 해 동안 중점적으로 벌인 대북 식량 지원 사업을 전개하는 과정에서 특히 관심을 기울인 것은 임산부와 어린이의 생존권이었다. 그리하여 '북한 여성들의 고통을 함께 나눕시다'라는 슬로건하에 「한국여성단체연합」과 공동으로 '밥나누기·사랑나누기' 운동을 전개하였고, '아시아의 평화와 여성의 역할'에 관한 토론회의 북측 실행 위원회와 북조선 민주 여성 동맹 위원장에게 26톤의 탈지 분유를 지정 기탁하였다.

여성에 대한 이들의 남다른 관심은 탈북 여성들과의 대화 모임에서도 잘 나타난다. 사실 '탈북자'하면 많은 이들은 '남성' 탈북자들만을 떠올리며, 이들이 낯선 땅에서 적응하는 과정의 어려움에 주목하게 된다. 탈북 여성들이 '여성'으로서 당하는 문제는 부차적인 것으로 치부되거나 아예 무관심하기 마련이다. 그러나 이렇게 덮어버리기에 탈북 여성이 직면해 있는 문제는 그리 단순하지 않다. 남쪽 사회에서 소수의 입장에 있는 탈북자라는 낙인 아닌 낙인에다, 그 중에서도 소수인 '여성'이기 때문이다.

'대답질' 잘하는 남쪽 여성을 부러워할 만큼 남쪽에 와서도 가족 내에서 그들의 삶은 순탄치 않다. 남쪽에서는 비록 소수인 약자의 처지에 있지만, 가정에서는 완고한 가부장권을 행사하려는 남편의 통제와 북쪽에 비해 상대적으로 자유로운 모습을 보이고 있는 여성들 사이에서 갈등하고 있는 것이다. 이들은 탈북 여성들과의 대화 모임을 통해 그들에게 도움을 줄 수 있는 방안과 남북 여성들이 분단 사회에 대한 인식을 공유하고 가부장적 사회에 함께 대처해 나갈 수 있는 길을 모색하고 있다.

「평화여성회」가 벌이는 활동의 또 다른 특징은 평화에 대한 관심에 있다.

과도하게 책정된 방위비 삭감, 국가 보안법 폐지, 대인 지뢰 금지를 정부에 요구하거나 통일 정책을 제안하면서 압력을 행사하고, 일반 대중을 대상으로 한 홍보 책자를 발간하여 이를 정치적으로 쟁점화하고 있다. 군비 축소를 주장하는 정책적 제안(1997년 '15대 대통령이 이행해야 할 여성 평화 정책 20대 과제' 제시)과 연례적으로 개최되는 '5·24 평화와 군축의 세계 여성의 날' 행사, 심포지엄 등은 이러한 활동의 일환이다. 이들은 과도한 군사비는 남과 북의 적대적 관계를 더욱 강화시킴으로써 평화 체제 구축을 방해할 뿐 아니라 복지 예산을 축소시킴으로써 사회적 약자들의 삶의 권리를 침해하고 있다고 주장한다.

또 다른 한편으로는 일반 대중들이 자연스럽게 평화에 관심을 갖고 평화의 문화를 만들어 가는 주도 세력으로 참여할 수 있도록 교육 활동을 전개하기도 하였다. 평화 바자회와 평화 기행, 청소년 문화제 등의 사업들이 그러한 취지의 활동에 속한다. 1997년 7월에 개최된 평화 바자회에서는 평화를 주제로 한 노래, 풍물, 춤 등의 문화 프로그램과 '북한 지도에 나무 심기'와 같이 참여자들이 직접 참여할 수 있는 '평화 만들기' 프로그램을 제공하여 주부, 청소년 등 일반 대중들이 문화를 매개로 하여 자연스럽게 평화에 관심을 가질 수 있는 계기를 마련하였다. 평화 기행은 참가자들이 분단 피해 지역 또는 분쟁 지역을 돌아보면서 분단 상황과 이로 인한 피해를 체험해 볼 수 있도록 하는 프로그램으로 97년에는 14명의 참가자들이 백령도를, 98년에는 50여명의 참가자들이 파주, 연천 지역을 다녀왔다. 참가자들은 분단 지역을 돌아보고, 분단으로 인해 고통을 겪고 있는 주민들과 대화를 나누면서 평화와 통일에 대해 생각해 볼 기회를 갖게 된다. 또한 가정 폭력, 학교 폭력 등 폭력적 상황에 노출되어 있는 청소년들이 토론회, 노래제, 마당극, 풍물과 같은 문화 프로그램을 통해 함께 어울려 즐기면서 평화적 심성을 갖추어 나갈 수 있는 기회를 제공하기 위해 서울시와 여성신문의 후원으로 청소년 문화제를 개최하였다.

이 밖에 청년을 중심으로 하여 평화 운동 세력을 양성하기 위해 평화지기단 및 평화 운동 전문가 양성 프로그램을 계획하고 있다. 이는 한반도에서 경쟁과 대립, 갈등과 분열이 아니라 평화의 가치관을 보편화하고 평화 교육에서 전문성을 발휘할 수 있는 평화 운동 전문 인력을 배출하기 위한 것이다. 평화지기단은 분쟁 지역 순례 프로그램의 참가자들을 중심으로 운영될 계획인데, 평화·통일 운동이 주부와 학생 등 일반인들을 중심으로 폭넓게 전개되는 데 기여할 수 있을 것으로 보인다.

이같이 「평화여성회」가 전개하고 있는 통일 운동은 한반도에 평화를 정착시키는 운동의 일환이자 여성 해방에 기여하는 운동이며, 이는 그간의 통일 논의와 운동에서 간과되어 왔던 여성의 시각을 보완한다는 의미에서 다른 통일 운동과 구분되는 특성을 가진다. 기존 통일 운동이나 통일 관련 활동들이 대부분 '남성의 시각'에서 '남성적 방식'으로 전개되어 왔다면 「평화여성회」는 '여성의 시각'에서 분단 사회의 문제를 진단하고 '여성적 방식'으로 대안을 제시하고자 운동을 전개하고 있는 것이다.

이같은 이분법적 이해가 한편에서는 오히려 여성의 차별적인 성 역할을 더욱 강화하는 데 기여할 수도 있다는 반론이 제기될 수도 있고 다른 한편에서는 피해 의식에 사로잡힌 여성들의 문제 제기쯤으로 치부하는 곱지 않은 시선도 있을 수 있지만, 「평화여성회」가 주도하는 평화·통일 운동의 '여성적 시각'과 그것이 지니고 있는 가능성을 부정할 수는 없을 듯하다. '타인에 대한 배려와 관용, 협력 등 평화적 심성 훈련'을 목적으로 했던 평화 바자회, 단순히 탈북자(우리는 '탈북자' 하면 주로 남성을 떠올린다)가 아닌 '탈북 여성'에 대한 관심은 분명 '남성적 시각'에서 전개되어 온 운동들에 비교해 볼 때 신선함을 보이기까지 한다. 남성적 시각에서 전개되는 운동이 많은 경우 여성의 경험을 간과함으로써 그들을 운동에서 배제시키고 있는 반면, 「평화여성회」의 여성적 시각은 여성뿐만 아니라 주변에서 소외되어 온 사람들의 경험을 관심의 영역으로 불러들일 수 있다는 장점이 있다. 그러면서도 남북 관계 및 통일 정책에서 커다란 쟁점인 동시에, 정치적으로 민감한 문제들까지 포괄하는 운동을 전개하고 있다는 점에서 운동 자체가 주변화되는 한계를 극복할 수 있는 가능성도 가지고 있다. 그러나 「평화여성회」가 가지고 있는 '여성적 시각'과 '여성적 방식'의 운동이 가지는 이같은 장점은 어디까지나 앞으로의 운동이 발전적 방향으로 나아갈 수 있는 하나의 가능성일 뿐이다. 창립된 지 2년여 기간 밖에는 되지 않았기에 그러한 가능성이 현실적으로 발현될 수 있을 것인지를 판단하기에는 이르지만, 그간의 활동을 검토해 볼 때 몇 가지 극복되어야 할 과제가 있는 것은 사실이다.

우선 「평화여성회」의 운동 영역은 좀더 전문화되어야 한다. 그간 「평화여성회」의 운동은 제도적 정치권에 대해 압력을 행사하고 정책적 대안을 제안하는 활동과 일반 대중을 대상으로 한 활동을 포괄하여 전개되어 왔다. 두 영역의 활동이 모두 중요한 것은 사실이지만 내부 역량과 이에 기반한 장기적인 효과를 고려할 때, 활동 영역을 전문화시키는 것이 더욱 효율적일 것이라고 생각된다. 실제로 그간 「평화여성회」의 활동 중 정치, 군사적 문제와 관련된 문제 제기는 실질적으로 영향력을 행사할 만큼 활발하게 전개되지 못했고, 사안에 따라 민첩하게 정책적 대안과 방향성을 제시하지 못하고 있다. 이는 창립 후 아직 내부의 조직적 체계가 견고하게 정비되지 못한 탓도 있겠지만, 현재 가지고 있는 역량에 비해 무리하게 포괄적인 범위의 사업들을 끌어안으려고 했던 것은 아닌가 하는 생각이다.

통일 운동의 일상화와 대중화를 위한 운동계의 자성이 어느 때보다도 높은 지금 평화·통일 운동에 일반 시민들이 참여할 수 있는 장을 마련하는 활동을 체계화시켜 나가는 데 비중을 실어 주는 것도 중요한 의미를 가질 수 있을 것이다. 그간 「평화여성회」가 전개해 온 사업들은 대부분 시민들을 '대상으로' 한 교육 사업이었다. 평화와 통일에 관심이 없는 사람들의 관심을 불러일으키기 위한 방편으로서 시민을 대상으로 한 활동이 필요한 것은 사실이지만, 이것이 전부일 수는 없다. 시민의 관심이 중요한 것이 아니라 참여가 더 중요한 것이다. 이제 통일 운동은 사회 운동가들만의 몫이 아니라 많은 사람들의 광범위한 참여를 기반으로 한 운동이 되어야 한다고 할 때, 시민들이 일회적인 행사와 홍보 활동의 대상이 아니라 운동의 주체로 설 수 있는 계기를 마련해 주어야 할 것이다. 이를 위해 운동 조직은 그들이 지속적으로 관심을 가지고 적극적으로 참여할 수 있는 장을 마련해 내는 일이 중요하며 「평화여성회」 또한 이러한 역할을 담당해야 할 것이다. 평화지기단 및 평화 운동가 양성 프로그램은 이와 같은 문제 의식에서 기획되고 있는 프로그램이라 생각된다.

평화를 만드는 여성회

주소·서울시 중구 장충동 1가 38-84 여성 평화의 집 4층

전화·(02)2264-8649

http://www.woman21.or.kr

어린이들의 통일 연습 「남북 어린이 어깨동무」

안녕? 친구야

「남북 어린이 어깨동무」(이하 「어깨동무」)는 통일된 나라에서 더불어 살아갈 남과 북의 어린이들이 서로 친구가 되어 마음을 나누자는 뜻에서 만들어진 모임이다. 「어깨동무」는 1996년 6월에 「공동육아연구원」과 「한겨레신문사」가 발의하고 어린이를 사랑하는 사회 각계 인사들이 참여하여 결성되었다.

그리고 곧바로 1차 캠페인 "안녕? 친구야"를 전개하였는데, 이는 처음 만나는 북녘 어린이들에게 남녘 어린이들이 자기를 소개하고 인사하는 첫 단계 사업이다. 간단한 자기 소개문을 덧붙인 일명 '내 얼굴 그림 보내기 운동'은 초등학생들로부터 큰 호응을 받았고, 얼굴 그림을 그리지 못하는 유치원·어린이집 등의 아이들은 손이나 발을 물감으로 찍은 그림을 보내기도 했다. 이 캠페인은 빠른 속도로 확산되어 결성된 지 한 달만에 얼굴 그림을 보내온 어린이 회원만 5천여 명, 그리고 성금이나 물품 등을 보내준 450명의 어른들이 후원 회원으로 등록하였다. 그 후 수해로 어려움을 겪고 있는 북녘 어린이들에게 이유식과 분유 보내기 운동을 병행하면서 참여의 열기는 더욱 고양되었다.

그러나 같은 해 10월 잠수함 사건이 발생하면서 남북 관계는 다시 악화되었고 「어깨동무」의 캠페인도 사실상 중단되었다. 하지만 4개월이라는 짧은 기간 동안 캠페인에 참여한 사람들은 어린이 회원 약 2만여 명, 후원 회원 약 1만여 명이라는 경이로운 숫자를 기록했다. 또한 북녘 어린이들에게 얼굴 그림을 보내지는 못했으나, 대신 12월에는 대한적십자사에 4천3백만 원을 기탁하여 다음해인 1997년 3월 5일에 북녘으로 분유를 보내는 데 쓰였다.

일요일엔 마음속의 친구를 만나러

1차 캠페인 "안녕? 친구야"는 『한겨레신문』의 지면과 인터넷 가상 공간을 활용한 적극적인 홍보 활동으로 여론의 관심을 이끌어 냈다. 그러나 무엇보다도 캠페인을 확산시킨 주된 힘은 용산 가족 공원에서 이루어진 '어깨동무 그림·놀이 잔치'에 있다.

1996년 7월 21일에 열린 첫 잔치에는 어린이와 학부모 등 1천여 명이 참가하는 성황을 이루었다. 어린이들은 열심히 그림을 그렸고 어른들은 주머니를 뒤져 즉석에서 성금을 기탁하였다. 그리고 사진을 통해 북녘 어린이들의 악화된 영양 실태를 보면서 그 아이들의 하루 끼니인 150g짜리 '영양 강화 혼합식'을 시식해 보기도 하였다. 특히 이 행사에는 「어깨동무」의 추진 위원인 만화가 김수정, 영화 배우 문성근 그리고 차범근 감독 등이 참여하여 어린이들과 함께 그림을 그리고 사인회를 가졌다.

이 날의 행사는 특히 후반에 쏟아진 소나기로 인하여 더욱 절정에 이르렀

다. 비 세례를 받는 가운데 어린이 풍물패와 노래패가 홍을 돋우자 50여 명의
어린이들이 발바닥에 물감을 묻히고 잔디에 펼쳐진 가로 세로 10m의 대형
한반도 지도 위를 남에서 북으로 또 북에서 남으로 뛰어다녔다. 아직 만날
수는 없지만 친구들이 살고 있는 땅을 한번쯤 발 딛어 보고 싶었을 것이다.
그렇게 군부대와 담 하나를 사이에 두고 있는 용산 가족 공원에서 어린이들
은 분단된 땅을 넘나드는 자유를 맛보았다. 물론 지도상에서였지만 말이다.
　첫 잔치의 성과에 힘입어, 「어깨동무」는 8월 한 달 동안 일요일마다 용산
가족 공원에서 '어깨동무 그림·놀이 잔치'를 열었고 매주 큰 호응을 받으며
진행되었다. 한편 이 기간 동안에 「어깨동무」는 어린이집, 종교 및 사회 단체
등의 어린이 캠프장을 방문하여 캠페인에 참여할 수 있도록 설명하고 홍보
하는 활동을 함께 전개하였다.
　짧은 기간에 이렇듯 많은 활동과 사업을 순조롭게 치러낸 「어깨동무」 운동
의 힘은 과연 어디에서 나오는 것일까?
　우선 수십 명의 대학생들로 구성된 자원 봉사단의 활동이다. 자원 봉사자
들은 매주 두 차례씩 모임을 갖고 통일에 대한 학습과 일요일에 열릴 그림
잔치를 준비하는 작업을 하였다. 물론 하루도 거르지 않고 사무실에 나타나
일을 도운 몇몇 열성 봉사자들도 있었다.
　그리고 이 행사를 함께 준비했던 여러 단체들이 있었다. 8월 둘째 주에는
개신교, 불교, 천주교, 원불교 등 종교 단체와 시민·사회 단체가 공동 주최
하는 '통일 희망 나누기 서울 시민 큰잔치', 셋째 주에는 어린이집들, 그리고
마지막 주에는 「또 하나의 문화」가 함께 하였다. 이 단체들은 단순히 참가하
는 것으로 그치지 않고 행사의 프로그램 중 일부를 직접 기획하고 진행하기
도 하였다.
　이렇게 뜻을 같이 하는 누구와도 어깨동무하기, 그것이 바로 「남북 어린이

어깨동무」 운동의 철학이자 힘이다. 그리고 "일요일, 그곳에 가면 늘 뭔가가 있다"는 사실은 운동의 대중성과 일상성을 고민하는 이들에게 새로운 방법을 제시한 좋은 사례로 꼽힌다.

생명 나눔으로 이어지는 통일 동심 대행진

「남북 어린이 어깨동무」는 1997년 5월 14일에 "북녘 어린이에게 쌀을"이라는 주제로 '어깨동무 통일 콘서트'를 개최했다. 이 행사는 「어깨동무」 운동의 내·외적인 두 가지 이유에서 기획되었다. 갈수록 심각해지는 식량난으로 인하여 북녘 어린이들의 영양 상태가 급속히 악화되고 있었고, 더욱이 어린이 아사자가 속출하는 상황에서 대북 지원 운동의 필요성이 절박해진 것이다. 또 내부적으로는 1차 캠페인을 마무리하고 2차 캠페인을 새롭게 전개하기 위한 징검다리 성격의 행사가 필요하였다.

아이들은 이번에는 얼굴 그림 대신 쌀 한 줌씩을 준비하였다. 북녘의 친구들을 생각하며 짝꿍하고 도시락을 나누어 먹는 마음으로, 집에서부터 쌀 한 줌씩을 마련하여 행사장으로 모여들었다. 그리고 무대 위에 마련된 큰 자루에 조그만 손으로 들고 온 쌀 봉지들을 열심히 쏟아부었다. 이 행사에 참가하여 아이들의 모습을 지켜본 송도영 교수(서울시립대)는 "정치나 사회, 역사를 단숨에 건너뛰는 가장 조그맣고도 가장 위대한 기운, 생명에 대한 가장 솔직한 우정"이라고 평하였다.

당일 행사장 곳곳에는 한동안 창고에 보관되어 있던 어린이들의 얼굴 그림이 전시되어 빛을 보았다. 아이들은 제 얼굴 그림을 찾느라 분주히 뛰어다녔고, 북녘 어린이들의 기아 참상을 알리는 사진전을 둘러보고 옥수수죽 먹기 프로그램에 참여하였다. 이렇게 모아진 성금 6천여만 원은 6월 24일 대한적십자사에 2차 기탁되었다.

1997년 6월부터는 한겨레신문사, 한국 기독교 교회 협의회 북녘 동포 돕기 비상 대책 본부, 천주교 정의 구현 전국 사제단, 북녘 동포 돕기 불교 추진 위원회, 보건 의료계 등이 모여 결성한 「북한 어린이 살리기 의약품 지원 본부」와 함께 "북녘 어린이에게 생명을" 캠페인을 2차로 전개했다.

이 운동의 일환으로 7월 19일에 경기도 파주의 경모 공원에서는 '북녘 어린이 살리기 어깨동무 통일 대행진'이 열렸다. 의약품 지원 본부가 주최하고 「어깨동무」가 주관한 통일 행진은 어린이만 약 2천여 명이 참가하는 대규모의 행사였다. 어린이들은 북녘의 어린이들을 가장 가까이에서 접할 수 있는 통일 전망대에 올라 멀리 떨어져 있는 친구들에게 풍선을 날려 보내며 목청을 돋우어 힘내라고 소리쳤다. 어린이들의 모습에서 감동을 받는 사람들은 오히려 어른들이었다. 「어깨동무」가 펼치고 있는 어린이들의 다양한 통일 연습이 결국은 기성 세대들의 통일 인식을 바꾸고 이 사회의 여론을 움직일 수 있으리라는 희망에 참가자들은 모두 숙연한 모습이었다.

드디어 북쪽의 친구들을 만나다

「남북 어린이 어깨동무」는 이벤트 위주의 사업에서 좀더 체계적이고 조직적인 운동으로 전개해 나가고자 1998년에 사단법인으로 출범하였다. 그리고 그해 11월에 드디어 북쪽에 남쪽 어린이들의 얼굴 그림을 전달하는 역사적인 방북의 기회를 맞게 된다. 물론 전달한 그림이 3년 동안 남쪽 어린이들이 그린 그림 1만여 점 가운데 500점에 불과하고 북쪽 어린이들의 그림과 글은

97년 7월 19일 경기도 파주의 경모 공원에서 열린 '북녘 어린이 살리기 어깨동무 대행진.' 「남북 어린이 어깨동무」가 주관한 이 행사에는 2천 여 명의 어린이가 참가하였다. 어린이들은 북녘의 어린이들을 가장 가까이에서 접할 수 있는 통일 전망대에 올라, 멀리 떨어져 있는 친구들에게 풍선을 날려 보내며 목청을 돋우어 힘내라고 소리쳤다.

그보다 더 적은 수(30여 점)였지만, 이는 그 동안 「어깨동무」가 꾸준히 북녘 어린이들의 생명을 살리기 위한 지원 사업에 동참했기 때문에 거둘 수 있는 성과였다. 실제로 대한적십자사를 통하여 북쪽에 구호품을 기탁해 온 민간 단체들 중에서 「남북 어린이 어깨동무」는 여섯번째로 꼽힐 만큼 대북 지원 사업에 정성을 기울였다.

한겨레신문사 대표단과 함께 평양을 방문하고 돌아온 「어깨동무」 방북팀 은 『한겨레신문』에 다음과 같이 방북기를 게재하였다.

남쪽에서 들었던 것처럼 한 세대가 사라질 위기는 아니더라도 남북간 불균형의 심각 성이 느껴졌다. 하지만 아이들은 아이들이어서, 가난과 추위의 고달픔은 아랑곳하지 않은 채 재잘거리며 정겹게 뛰놀고 장난치는 모습을 어디에서나 볼 수 있었다. 몹시 반가웠다… 남과 북으로 갈려 있지만 아이들은 아주 쉽게 "안녕? 친구야"를 서로 부 르며 스스럼없이 만날 수도 있으리라… 어린이들의 어깨동무는 어른들의 얼어붙은 마음과 분단의 장벽을 녹일 수 있으리라는 믿음도 굳어졌다.[1]

이번 만남의 처음 자리에서부터 헤어짐의 순간까지 어린이들의 어깨동무가 남북을 연결하는 고리가 될 수 있음을 확인한 것이 무엇보다 반가웠다. 대표단을 초청한 기 관과 어린이 관련 시설 관계자들은 '어깨동무'는 세계 어느 민족에게도 없는 우리 민 족 고유의 정다운 의미라는 데 공감하고, 이 뜻을 실천하는 활동이 같은 민족인 남북 이 서로 이해하고 화해하고 협력하는 디딤돌이 될 수 있다는 데 뜻을 모았다.[2]

실제로 남쪽 어린이들의 '내 얼굴 그림'을 전달받은 북쪽의 조정호 통일신 보사 부사장은 "남북 어린이 어깨동무라는 이름을 들었을 때 가슴에서 뜨거

---

1) 조형, 「조악한 학용품, 꺼칠한 얼굴이지만 가난, 추위 아랑곳」, 『한겨레신문』, 1998.11.27
2) 이기범, 「분단이 낳은 문화적 이질감 뛰어넘어 서로를 돕고」, 『한겨레신문』, 1998.11.27.

움을 느꼈는데 오늘 이 그림들을 보면서는 눈물겨워진다"며 "이 행사는 결코 작은 일이 아니고 대단히 큰일이며 앞으로 남북 통일과 민족 단합에 크게 기여할 것이라고 생각한다"고 말했다.3)

1998년에 이루어진 방북은 이와 같이 「어깨동무」의 비정치적이고 순수한 지원과 협력의 열정이 남과 북 모두에서 그 가치를 인정받고 앞으로도 지속되기를 기대하며 상호 신뢰하게 된 계기를 마련한 중요한 경험이었다. 양적인 규모와 관계없이 남북의 어린이들이 서로를 간접 체험하고 서로의 존재를 항상 기억하도록 만드는 것, 그리고 이러한 노력을 통해 언젠가는 펼쳐질 통일 시대에 우리의 아이들이 특정한 친구들을 왕따시키지 않고 모두가 함께 어깨동무할 수 있기를, 또 이 연습에 더 많은 친구들이 참여하기를 기대하며 「어깨동무」는 더욱더 적극적으로 사업들을 준비해 나간다.

연어의 꿈

1999년 4월 「남북 어린이 어깨동무」는 한겨레신문사, 강원도민일보사와 함께 강원도 고성의 민통선 안에서 의미 있는 축제를 마련하였다. 일명 "99 연어의 꿈 축제"가 그것이다. 연어는 강에서 태어나 바다로 헤엄쳐 나갔다가 다시 산란을 맞아 제가 태어난 강으로 돌아와 알을 낳고 목숨을 다하는 속성을 지니고 있다. 연어가 돌아올 때쯤 남과 북의 친구들이 통일의 노래를 부르며 그들을 맞이하겠다는 한 어린이 대표의 글에서 이 행사의 취지를 어렵지 않게 읽을 수 있다. 현내면 고진동 계곡에서 방류된 1백만 마리의 연어들은

---

3) 『한겨레신문』, 1998.11.13.

북녘으로 흐르는 남강을 지나 북태평양으로 나갔다가 알을 낳으러 다시 이곳으로 돌아올 것이다.

철책에 가로막혀 왕래가 자유롭지 못한 땅에서 연어를 방류하는 행사가 갖는 의미는 어떤 상징을 만들어 내는 것에 있는 것이 아니다. 그것은 우리의 아이들이 연어들처럼 자유롭게 남북을 넘나들고 한반도와 세계를 넘나들 수 있게 되기를 바라는 모든 분단 세대들의 바람이 담겨 있는 것이다. 한반도의 미래를 살아갈 주인공들의 자유는 바로 그 두터운 분단의 벽을 허물어냄으로써 보장된다고 믿기 때문이다.

어린이들의 자유와 인권이 제대로 보장되기 위하여 한반도의 평화와 통일은 중요한 환경이므로 그를 위해 노력한다는 「어깨동무」의 통일관은 이후 5월 1일에 있었던 어린이 인권 선언 행사에서도 잘 나타난다. 어린이들이 하나의 노동력으로서 대상화되고 억압받는 것에서 자유로운 것뿐만 아니라 그들에게 가로막혀 있는 모든 편견과 불신의 벽으로부터 자유로워야 한다는 것이 주요 맥락이었다. 끊임없이 냉전적 사고와 행동을 조장하는 분단의 벽이 존재하는 한 어린이들의 미래는 자유로울 수 없다. 가로막힌 벽으로 인해 어린이들이 그것을 넘어 나아가지 못하고 그 앞에서 좌절되는 한 다가오는 지구화 시대에 한반도의 미래 또한 자유로울 수 없다. "장벽은 단지 장벽의 건너편을 바라보지 못하게 할 뿐 아니라 우리들 스스로를 한없이 왜소하게 만드는 굴레입니다."4)

이렇게 「남북 어린이 어깨동무」는 기존의 인권 개념에 통일 환경을 삽입했다. 인간다운 권리가 통일된 땅의 평화로운 환경에서 지켜질 수 있다고 하는 인식을 사회적인 주요 가치로 뿌리 내릴 때까지 「남북 어린이 어깨동무」는

---

4) 신영복, 『더불어 숲』, 중앙M&B, 1998.

앞으로도 다양한 사업들을 모색해 나갈 것이다. 이제 그들이 연습할 통일은 통일 그 자체보다 자유롭고 평화로운 인권이 실현되는 미래를 만들어 나가는 데에 그 목적이 있다는 것이 분명해졌다.

분단의 역사를 딛고 통일 시대를 열어갈 문화 공동체

세계화와 정보화의 시대가 개막되면서, 일상 생활은 더욱더 개별화되고 원자화되어 사회적으로 심각한 공동(空洞)의 위기가 조성되고 있다. 이런 때에 남북의 통일과 한반도에 평화의 문화를 확산시키려는 「어깨동무」 운동은 매우 신선한 충격을 주면서 등장하였다. 앞에서 이미 소개했던 것처럼, 「남북 어린이 어깨동무」는 어린이들이 스스로 일구어 가는 통일 운동이다. 그러나 이것은 어린이에 국한된 것이 아니라 남쪽 사회 전체가 북쪽을 향해 마음을 열고 먼저 인사하는 연습을 하자는 의미를 담고 있다. 그리고 다른 반쪽을 이해하려는 노력을 통해 분단 현장에서 통일 공간을 창조해 내는 문화적 통일 연습을 하자는 것이다. 또 기존 사회 운동의 정치적 관념으로서의 통일 의식을 환기시키고 기성 세대들의 반공 이념을 재고하도록 만들자는 취지를 가지고 있다.

「남북 어린이 어깨동무」는 지금까지 통일을 '민족적 당위'의 과제라고 주장해온 거시적인 통일주의자들의 고집 대신, 나란히 팔을 걸고 '친구와 어깨동무'하는 일상적인 생활 이미지를 부각시킴으로써 어린이뿐만 아니라 학부모들의 관심을 모으는 데에도 큰 성과를 거두었다. 이런 반응은 북쪽에서도 마찬가지였다. 남과 북이 아무리 다르다고 하더라도 분명한 공통점 한 가지는 어린이들에게 있어서 친구만큼 가까운 존재는 없다는 사실이다. 북녘의

99년 4월 「남북 어린이 어깨동무」가 한겨레신문사,
강원도민일보사와 함께 강원도 고성의 민통선 안에서
'99 연어의 꿈 축제'를 열었다. 우리 아이들이 연어들처럼
남북을 넘나들고 한반도와 세계를 넘나들 수 있기를
기원하며.

어린이들을 민족이나 동포라는 다소 불명확하고 모호한 느낌의 존재가 아닌 피부로 이해하고 받아들일 수 있는 친구 관계로 설정함으로써 남쪽 어린이들이 생활 속에서 분단을 인지하고 통일을 생각할 수 있도록 유도했다. 그리고 세대를 초월하여 이어지고 있는 북쪽 사람들에 대한 부정적 이미지를 우리와 똑같이 먹고 자고 울고 웃고 떠들고 뛰어 다니는 '생활하는 사람'의 이미지로 바꾸어 나가는 데에 기여했다. 그리고 이에 공감한다면 남과 북은 물론이고 재외동포까지 누구와도 아무런 정치 · 사회적 계산 없이 어깨동무하고 어떤 차별적인 조건이나 기준 없이 어깨동무를 한다. 그것이 바로 「어깨동무」 운동의 힘이다.

이렇듯 기존의 통일 운동이 정치 운동의 풍토에서 다루어져 왔던 것에 비해 정치색을 완전히 배제한 일상적인 문화 운동으로서의 접근은 「어깨동무」 운동의 가장 큰 강점이다. 그러나 무언가 새롭다는 것은, 또 그 새로움을 잘 관리한다는 것은 그리 간단한 일이 아니다. 이 운동의 주체들은 이미 발의한 몇몇 사람의 소박한 뜻과 범위를 넘어서 수많은 어린이와 이들의 노력을 후원하는 어른들을 회원으로 끌어안고 있다. 따라서 「어깨동무」 운동이 자발적으로 참여한 주체들을 소외시키지 않는 운동으로서 지속되기 위해서는 몇 가지 개선해야 할 과제들이 있다.

먼저, 통일 교육을 문화적으로 접근하겠다는 「어깨동무」 운동에서 중요한 것은 이러한 의미를 어떻게 구체적인 사업 아이템으로 만들고 이를 지속적으로 개발해 낼 것인가 하는 문제이다. '내 얼굴 그림'처럼 「어깨동무」의 취지와 정체성을 살릴 수 있는 특화된 프로그램을 지속적으로 개발하고 기획하는 노력이 필요하다. 특히 남북 민간 협력 사업이 본격적으로 추진되고 있는 시기에 차별화된 사업의 아이템을 강구하는 것은 매우 중요하다.

그러나 이보다 더 우선적으로 요구되는 것은 운동에서 표출하고자 하는 통일 교육관이 적극적으로 홍보되어야 한다는 점이다. 실제로 기존 통일 운동의 일각에서는 「어깨동무」 운동을 자족적이고 낭만적인 운동으로 평가하기도 한다. 이러한 비판이 상당한 편견이요 왜곡된 것이라는 점을 인정한다 해도 그 근저에 놓여 있는 지적을 수용하여 개선해 나갈 필요가 있다. 그래야 장기적으로 일관된 사업들을 구상할 수 있을 것이다. 따라서 운동이 양적으로 확산되는 것도 중요하나 통일 교육 또는 연습의 질적 효과를 거둘 수 있는 최적의 정책들이 마련되어야 할 것이다.

이와 관련하여 교육 공간을 극대화하고 이를 효율적으로 활용하는 능력을 키워야 한다. 일간지를 통한 홍보 활동 외에도 일상적으로 회원들과 소통할 수 있도록 고유의 대안 매체를 개발하려는 노력이 필요하다. 그런 점에서 현재 운영하고 있는 인터넷 홈페이지를 더 적극적으로 활용하고 그 내용 마련에 고심해야 할 것으로 보인다. 「어깨동무」 운동이 일상적이고 장기적인 통일 문화 교육으로서 기획되려면 다양한 삶의 영역에 토론의 공간을 만들어 주는 노력이 이루어져야 한다.

그러나 이 모든 문제점들은 「어깨동무」 운동에 참여하고 있는 다양한 세대의 통일 주인공들이 모여 함께 머리를 맞대고 고민한다면 충분히 개선될 수 있을 것이다. 실제로 일명 '디딤이'(우리를 딛고 분단의 장벽을 뛰어넘어라!)로 일컬어지는 50-60대의 행동파 이사들과 '열음이'(우리가 통일 시대를 열어가리라!)로 지칭되는 대학생 중심의 청년 어깨동무가 함께 소통하며 어우러지는 공동체 문화 속에서 「어깨동무」 운동의 지속성과 건강성은 의심의 여지가 없어 보인다.

'더디 가더라도 제대로 가려는' 노력이 통일을 향한 제1원칙일 것이다. 그것은 통일이 사람들간의 활발한 의사 소통의 결과이며 또 그 과정이기 때문이다. 따라서 통일 운동은 사람과 그들의 살아 있는 삶을 신중하게 고려해야

한다. 그렇지 못할 때 운동 자체의 지속성도 의심스럽지만 운동에 참여한
사람들에게 자칫 생채기를 입힐 수 있는 위험을 내포하게 된다. 어깨동무
운동은 바로 이러한 맥락에서 그 긍정성이 돋보인다. 작지만 단단하게 속을
채워 가는 무던한 노력이 「남북 어린이 어깨동무」가 더 많은 이들과 어깨동
무할 수 있는 비결이며 결국 그 힘이 분단 체제의 거대한 벽을 허물고 통일을
이루어 내는 지름길이라 생각된다.

남북 어린이 어깨동무
주소 · 서울시 종로구 동숭동 1-1
전화 · (02)743-7941~2   팩스 · (02)743-7944
http://www.okedongmu.or.kr

남북 사회 문화 통합의 징검다리를 준비하는 '99 여름 어깨동무 평화 캠프

쪼은영(이화여대 사회학과 대학원)

유난히도 햇볕이 따갑던 올 여름, 남북 어린이 어깨동무의 '99 여름 청년 어깨동무 평화 캠프가 열렸다. 남북 사회 문화 통합의 징검다리를 놓아보자는 거창한 취지 아래 한달 여에 걸쳐 열음이들이 준비한 캠프는 7월 16–18일까지 2박 3일 동안 30여 명의 남북 청년들을 한자리에 모이게 했다.

그러나 흔히 이야기하는 것처럼 여러 가지 점에서 '다른' 우리들이 어우러진다는 것은 생각보다 어려운 일이었다. 말로만 듣던 '북조선 사람'과 캠프를 떠나게 되다니! 고백하건대 나는 사실 은근히 자신감을 갖고 있었다. 근 일년에 걸친 어깨동무 활동에서 가장 많이 들어왔던 '다름과의 만남과 이해'를 직접 실행에 옮겨볼 수 있는 시간이 왔기 때문이다. 하지만 그것이 책을 읽고 토론한다고 해서 쉽게 접근할 수 있는 문제인가. 사실 가슴으로 해야 하는 일을 머리로만 가능하다고 여긴 그 지점부터 어쩌면 내 자신감의 상실은 예상된 결과였는지 모를 일이다.

출발하는 아침, 버스 안엔 묘한 긴장이 감돌았다. 서먹해서인지 말을 아끼는 북쪽 친구들은 창 밖 경치에 열중하거나 제 친구들과 조용조용 대화를 나누었다. 나 또한 낯익은 어깨동무 친구들과 잡담하며 어색함을 조금이나마 숨기려 했다. 한편으로는 버스 안의 자연스러운 섞임이 없다는 걱정이 들기도 했지만, 곧 프로그램 준비물을 챙길 걱정 등으로 마음이 산란했다. 캠프를 떠나는 본래의 의미가 다름을 만나 서로 이해하는 일이라는 점을 잊은 것이었다.

「남북 어린이 어깨동무」열음이 평화 캠프. 99년 7월 16일부터 18일까지 2박 3일 동안 경기도 가평 두밀리 자연 학교에 남북 청년 30여 명이 모였다. 실제로 부대끼면서 발생한 일련의 사건들은 통일 이전과 이후에 우리가 함께 풀어내야 할 숙제가 즐비하다는 것을 다시금 깨닫게 해주는 계기가 되었다.

　얼마 지나지 않아 캠프 장소인 가평의 자연 학교(경기도 가평군 두밀리 소재)에 도착했다. 서울에서 불과 두어 시간 거리에 그토록 한적한 마을이 있다는 사실이 실로 믿어지지 않았다. 나는 그곳에서 우리가 숨쉬는 공기가 본래 이렇게 청량하고 사람의 마을은 모름지기 이렇게 아늑한 것이라는 생각을 했다. 산이 바로 눈앞에 있어 운동장에 짙은 산 안개가 서리는 학교, 나는 점점 이 공간의 아름다움과 평화로움에 매료되기 시작했다. 이곳은 첩첩 산중에 자리한지라 핸드폰이며 삐삐며 모든 통신 수단이 제 기능을 하지 못하는 통화 불능 지역이다. 나는 그 점도 무척 다행스럽게 여겼다. 그건 바로 외부 환경에 방해받지 않고 캠프에만 집중할 수 있음을 의미하는 것이기 때문이다.

　그렇지만 평화 캠프는 그곳의 정경처럼 한가로이 진행되지 않았다. 여는 의식과 캠프의 간략한 소개가 끝나고 곧 이어진 무거운 강의가 따분해서인지 자꾸만 몸을 뒤척이던 옆자리의 북쪽 친구는 내 필통 안의 필기구들을 뒤적거렸다. 알록달록한 갖가지 펜들을 한 번씩 써보던 그 친구는 나의 '북조선제' 샤프펜슬 ― 북쪽에선 수지연필이라고 한다 ― 을 물끄러미 바라보았다. 수지연필은 물품 지원차 북쪽에 다녀오신 어느 선생님께서 선물해 주신 것으로, 내 손에 가장 자주 쥐여지는 애용품이다. 남쪽에서 북쪽의 물품을 본 그 친구의 느낌이 너무도 궁금했지만 강의중이어서 당장은 곤란했다. 그러나 그 반응은 곧 알아차릴 수 있었다. "이거 어디서 났습니까?" 반가워하며 물어볼 것이라는 나의 예상과 달리 조금은 무뚝뚝한 어조였다. 선생님께서 사다주신 거라는 내 대답이 끝나자마자, 그는 필통 가장 깊숙이 연필을 집어 넣고 주황색의 화려한 펜을 꺼내들었다. 채 2분도 되지 않는 그 짧은 순간에 일어난 일, 그제야 나는 우리가 서로 마음을 맞대기가 결코 쉽지 않을 거란 생각을 하기 시작했다.

우리가 부딪친 크고 작은 갈등은 즉시 표출되기도 했고 조금 시간이 지난 뒤에 불거지기도 했다. 소소한 여러 갈등과 긴장이 있었으나 가장 큰 사건 — 그것은 정말 사건이었다 — 은 바로 캠프가 시작된 첫날 저녁에 발생했다. 운동간의 다름을 이해하기 위하여 과거에 한총련 방북 대표였던 조응주 씨와 간담회를 가졌는데, 일부 남쪽 친구들이 현 세태를 표현하는 과정에서 북쪽 친구들과 큰 마찰을 겪었다. 탈북하게 된 사람들을 바라보는 남쪽 사람들의 왜곡된 생각 가운데 하나인 "거지 같고, 부모 형제 버리고 도망칠 정도로 독한" 사람들이란 표현이 북쪽 친구들에게는 심하게 거부 반응을 일으켰던 것이다. 이곳에서 그런 이야기를 들을 줄 몰랐다는 친구들은 날이 밝으면 짐을 꾸려 서울로 떠난다고 했고, 진행과 기획을 맡았던 친구는 돌발 사태를 진정시키느라 정신이 없었다. 캠프에 참가한 친구들의 생각이 아니라 일반적으로 남쪽 사람들이 탈북자들에 대해서 그렇게 오해하고 있다는 말이었다며 화해를 요청했고 그날 밤늦게까지 이야기를 한 결과 다음날 북쪽 친구들이 떠나는 일은 발생하지 않았다. 그 일을 생각하면 지금도 가슴 한편이 묵직하기만 하다.

하지만 남쪽 친구들 또한 그다지 유쾌한 것만은 아니었다. 그들도 적잖이 마음을 상한 일들이 생겼는데, 청년 어깨동무에는 여성 문제에 관심이 많은 친구들이 있고 또 숫자상으로도 여학생이 많은 터라 북쪽 친구들이 갖고 있는 보수적이고 차별적인 여성관이 내내 문제가 되었다. 그래서 캠프가 끝난 후 가장 크게 부각된 것이 여성과 남성의 부딪힘이었다. 남쪽 여학생들에게 예쁜 여성 동무하며 어깨를 두르거나 손을 잡고 사진 찍자는 것, 반바지를 입은 맨 종아리를 보며 살양말을 신지 않는다고 야단하는 것 등등이 여학생들에게 당혹감과 불쾌감을 주었다. 이처럼 실제로 부대끼면서 발생한 일련의 사건들은 통일 이전과 이후에 우리가 함께 풀어내야 할 숙제가 즐비하다는 것을 다시금 깨닫게 해주는 계기가 되었다.

　캠프 이튿날은 다양한 프로그램이 마련되어 있었다. 두 사람이 서로 등을 기대고 숨쉬며 서로의 호흡을 함께 느끼는 짧은 시간엔 따뜻한 온기와 평화로움을 가졌고, 단체 줄넘기를 하며 아이처럼 웃고 떠들었던 시간엔 모두의 얼굴에 생기가 돌았다. 마음의 경계가 풀린 탓일까, 점심을 먹은 후 노곤해진 참가자들은 오후 강의 시간 여기저기서 꾸벅꾸벅 고개를 떨어뜨리며 졸기도 했고, 옆자리 친구와 쪽지를 건네는 등 과감한 딴짓들을 감행하기도 했다. 남쪽이나 북쪽이나 강의 시간의 학생들은 어쩜 그렇게 똑같은지 괜히 반갑고 웃음이 났다. 잠깐의 간식 시간. 준비해 간 찐 옥수수를 야금야금 먹으며 다시 프로그램이 진행되었는데, 어느 북쪽 친구는 근 3년만에 처음 대하는 옥수수라며 매우 반가워했다. 남쪽 학생들이 고구마도 좋아한다고 대답하자 북쪽 친구들은 매우 신기한 모양이었다.

　우리는 캠프 내내 천사놀이라는 일종의 마니또 게임을 하였는데, 천사가 인간에게 관심과 격려의 편지글을 보내거나 작은 선물을 보내는 것이었다. 천사가 북쪽 친구였던 경우에는 대개 한 통의 편지도 받지 못했다. 친밀하지 않은 누군가에게 글을 써서 보낸다는 것이 익숙하지 않은 탓이었다. 천사가 제 모습과 신분을 드러내는 시간, 북쪽 친구들은 자신의 인간에게 어색한 미소와 약간의 째려봄을 당하기도 하였다. 곧 이어진 캠프파이어 시간에 함께 불러본 북쪽 노래 「반갑습니다」와 「휘파람」을 배워 부르면서 친밀감은 한껏 높아져 갔다. 남쪽에 와서 지낸 후론 별로 부를 일이 없었던 자신들의 노래가 이렇게 만나 함께 부를 수 있다는 사실에 북쪽 친구들은 감개무량한 표정이었고, 남쪽 친구들은 마냥 새롭고 신기한 노래를 익히느라 자꾸만 흥얼거렸다.

　남쪽 땅에 와서 이렇게 조용하고 외딴 곳은 처음이라는 북쪽 친구들. 핸드

폰도 공중 전화도 연결되어 있지 않는 인적 드문 곳에서 오로지 서로에게만 집중할 수 있었던 시간. 나중에 알게 된 사실이지만, 북쪽 친구들은 자신들을 이런 곳으로 끌고 와서 진하게 말싸움이라도 하자는 것 아닌가 하는 의문이 들었다고도 한다.

떠나온 길과 같은 길이었으나 캠프를 마치고 돌아가는 길은 그 느낌이 조금 다를 수밖에 없었다. 이 캠프는 어떤 다름과도 만날 수 있고 이해할 수 있다고 생각했던 나의 교만함을 확인하는 기회였고, 생각할 거리와 숙제가 너무 많아서 조금은 버겁기도 했다. 마무리 평가에선 여러 가지 미흡한 점이 지적되었다. 다양한 것을 함께 하고 싶은 욕심에 빽빽했던 일정, 돌발 상황에 유연히 대처하지 못했던 진행상의 미숙함 등등. 그러나 참가했던 모두에게 의미 있는 날이었기에 내년에도 내후년에도 평화 캠프는 준비될 것이다. 그때엔 이번과 다른 즐거움을 가지고 다가서겠지만 말이다. 북쪽 친구들과 기획부터 꼼꼼히 머리를 맞댈 수도 있겠고, 한가로이 누워 낮잠 자는 시간도 넣어 보는 등 어떤 형태의 프로그램이든간에 마음 맞대는 시간이 되리라 믿는다.

떠나기 전 북쪽 친구들은 북녘동이, 남녘동이가 아닌 자신들의 이름을 불러달라고 했다. 우리와 똑같이 김 아무개, 박 아무개 등의 이름을 가진 사람들. 개인의 인성이나 기호에 차이가 있을 뿐 누구도 차별받지 않게 서로 이름을 부르자는 뜻이었으리라. 사람들을 만날 수 있었던 캠프는 내겐 더없이 귀한 시간이었고, 웃음 띤 우리들의 기념 사진은 아직도 내 책상 위에 놓여 있다.

아이와 함께 통일을 생각한다

김은미

주부

"기가 막히는군. 어떻게 저런 일이…"
"생각보다 심각하네. 어쩌면 좋아…"
"성금을 어디에 내야 가장 빨리 갈까?"
……

사실 통일에 비관적이었던 우리들은 비관의 깊이만큼 통일에 무관심했다. 남편이 글을 실은 인연으로 『통일샘』이란 잡지를 구독하게 됐지만 1년 정기 구독료를 내야 할 때가 돌아오면 '이걸 내, 말아' 망설이다가 두세 번 고지서를 받고 나서야 은행을 찾곤 했다. 그런 우리에게 북의 존재를 알리고, 통일에 대한 관심을 환기시킨 것은 불행하게도 북의 집단적인 굶주림이었다. 우리 세 식구가 용산 가족 공원으로, 통일 전망대로 「남북 어린이 어깨동무」가 주최하는 행사에 참가하러 간 것도 무심하게 지나칠 수 없는 북의 식량난 때문이었다.

북의 식량 사정이 소문으로 떠돌 때만 해도 아프리카나 아시아의 굶주리는 사람들에 대한 생각 그 이상도 이하도 아니었다. 안됐다고 말하면서도 정작 그들을 돕기 위한 실천까지는 생각하지 않았다. 그러나 온갖 흉흉한 소문 속에서 신문이나 방송이 북의 식량 사정을 다루기 시작하자 사정이 달라졌다. '지구의 어느 한편에서 누군가 불행하다면 나 또한 불행하며, 그들에게 달려가리라'던 열정을 감동적으로 마음에 새기던 때가 있었고, 더욱이 그 불행을 겪는 이들이 다름 아닌 북쪽 사람들이어서 남의 일 같지 않은 느낌 또한 강하게 다가왔기 때문이다.

그러나 우리가 그런 생각을 하게 된 것은 이미 여러 단체들이 북쪽을 돕겠다고 나선 다음이어서, 어느 단체에 성금을 기탁해야 할지 결정하기가 어려웠다. 우리들의 소박한 생각이나 정서에 맞는 단체는 성금을 모은다 해도 굶주리는 이들에게 제대로 전달될 수 있을지 걱정이었고, 그나마 모금한 것을 빨리 전달할 수 있는 단체는 또 그 사업 내용이나 이미지 등 여러 면에서 마땅치 않고 의심쩍은 면이 있었다. 그러나 우리 가족은 결국 식량이 전달되도록 하는 일이 중요한 만큼 적십자사 단일 창구를 인정한 어느 단체에 성금을 기탁했다.

이것을 시작으로 남편은 남편대로, 나는 나대로 생각날 때마다 성금을 내왔다. 이 얘기는 말 그대로 생각이 나면 했다는 것이지, 정기적으로 꾸준하게 참여한 것은 아니라는 뜻이다. 우리 식구들에게 북쪽의 굶주림은 일상적인 관심사가 되지 못했고, 더욱이 일상 속에서 통일을 실천한다는 것에는 아직 생각이 미치지 못했었다. 그저 「남북 어린이 어깨동무」 행사에 몇 번 참여했을 뿐이고 행사에 참여한 여운으로 얼마간 긴장하지만 그러다가 다시 아무 일 없는 것처럼 일상으로 돌아와 있었다. 우리집에서 통일은, 아직은 에피소드일 뿐이다.

「남북 어린이 어깨동무」에서 전개한 첫 캠페인 "안녕? 친구야"에서 북녘 어린이들에게 남녘 어린이들이 자기를 소개한 '내 얼굴 그림 보내기 운동'에 참여한 어린이들의 그림과 북녘 어린이들이 보내온 내 얼굴 그림. 맨위 왼쪽부터 리은정(북), 이지의(남), 리광(북), 박봉옥(남), 김영림(북), 무명(북), 박현경(남), 문성주(남) 그림.

그런데 살기 바쁘다는 핑계로 정작 중요한 사회 문제들에 무관심했던 우리지만 차츰 우리가 성금을 낸다는 것이 불우 이웃을 돕는 것 이상의 의미로 다가오기 시작했다(사실 이제까지 우리는 연말 연시 불우 이웃 돕기 성금을 내본 적이 없다). '북'의 존재에 대해, '통일'에 대해 관심을 갖기 시작한 것이다.『통일 샘』을 꼼꼼히 읽게 되었고, 아이에게 해주어야 할 말이 생겼다.

사실 일곱 살짜리 우리 아이는 북의 식량난이 대대적으로 알려지기 이전에 「남북 어린이 어깨동무」 회원이 되었다. 처음 용산 가족 공원에서 「남북 어린이 어깨동무」 행사가 열린다는 신문 광고를 보고 다섯 살이던 아이와 함께 가던 날 비가 억수같이 쏟아졌다. 고양시에 사는 우리가 용산까지 간 까닭은 찌들 대로 찌든 어른들이 아니라 자라는 아이들을 위한 자리였기 때문이다. 더 솔직하게 이야기하자면 아이에게 재미있는 경험이 될 것 같아서였다. 하지만 참으로 통일을 길게 보지 않고는, 몇십 년을 세상에 둘도 없는 원수로 살아온 남북의 통일이 얼마나 복잡한 문제인가 깊이 헤아려 보지 않고서는 생각해 내기 어려운 것을 누군가 생각해낸 것이 놀랍기도 했다.

초등학생을 위주로 준비된 행사에서 낯가림을 하는 아이가 빗속에서 같이 어울리기란 어려운 일이었다. 하지만 아이에게 두고두고 자랑거리가 된 아기공룡 둘리 그림, 박재동 화백이 그려 준 초상화가 생겼고, 자기 얼굴 그림을 내고 「어깨동무」 배지와 티 셔츠를 얻었으니 풍성한 하루였다. 문제는 그 다음이다. 아이에게 뭔가 이야기를 해주고 생각할 수 있게 도와줄 거리가 내게는 준비되어 있지 않았다. 아이가 놀이방에서 손도장 찍으며 다시 한번 북의 아이들을 떠올릴 때까지도 말이다.

어쨌든 뭔가 다른 이야기를 해줄 거라고 마땅한 거리를 찾던 중, 용산 가족 공원에서 「어깨동무」 행사가 있다는 소식을 접했고, 내가 궁리하던 새로운 화제는 자연스레 또 다시 북녘 사람들의 굶주림에 관한 것으로 돌아왔다.

처음엔 엄마 손에 이끌려 갔던 아이가 이젠 쌀을 더 많이 가져가자고 하면서
엄마 아빠를 부추겼다. 흘린 쌀을 속상해 하면서도 옥수수죽 맛이 새로웠나
보다, 먹어 보더니 밥보다 더 맛있단다. 북의 현실을 이해하기 어려워하는
아이에게 "그것만 매일 먹는다고 생각해 봐, 이것도 부족해서 제대로 먹지
못한대"라는 이야기가 얼마나 도움이 되었을까.

　무대 위 행사가 길게 이어지다 보니 다리가 아파 왔지만 추적추적 젖은
땅에 앉을 수는 없었다. 의자가 마련되어 있기는 했지만 넉넉하지 않았고
그나마 가방이며 들고 온 짐을 의자에 모셔둔 사람들이 있어 자리는 턱없이
모자랐다. 남을 돕자고, 고통을 나누자고 나온 이들이 함께 모인 자리에서
이런 풍경을 연출하다니, 내내 씁쓸한 마음이 가시질 않았다. 가방 밑바닥이
젖더라도 서 있는 사람들에게 자리를 내줄 수 있는 배려, 조무래기 아이들은
앉히고 키 자란 어른들은 뒤로 물러설 수 있는 마음가짐을 보지 못한 탓이다.
생각 없는 어른들의 모습은 통일 전망대에서도 만날 수 있었다. 그러나 "친
구들아, 힘내!"를 외치며 마음 아파하던 아이들의 모습은 희망으로 남았다.

　그렇게 행사장에 다녀오고 나면 얼마간은 화제가 북쪽 사람들과 통일로
모아진다. 생활에 바쁘다 보면 아주 쉽게 잊혀지기에 한동안 냉장고에다 굶
주린 북쪽 아이들의 사진을 붙여 놓았다. 어느 날인가 사진을 물끄러미 바라
보던 아이가 말했다.

　"엄마 아빠들이 돈을 벌어오면 될 텐데."
　"북한에서는 돈 주고 먹을 걸 사는 게 아니라 나라에서 나누어 주는데,
지금 나누어줄 식량이 없대."
　"그럼 나라가 더 많이 일을 하면 되잖아."
　"일을 하긴 하지. 그런데 홍수가 나서 농사를 망쳤대. 그래서 먹을 게 없대.

그러니까 우리가 도와야지."

북의 생활이 이해되지는 않지만 돕자는 말에 고개를 끄덕이는 아이를 보며 그래 이렇게만 자라라 하는 생각을 했다. 다행히도 북의 존재, 북쪽 친구들의 어려움은 아이의 관심 안에 자리잡고 있었다. 프랑스 월드컵이 열리는 동안 경기하는 나라들을 일일이 지구의에서 찾아보던 아이가 말한다.

"엄마, 지구에 북한이 없어."
"그럴 리가. 서울 위쪽으로 찾아봐."
"정말 없다니까…"

아니나 다를까 지구의에 '조선 민주주의 인민 공화국'이라는 나라는 없었다. 대한민국이란 이름에 평양, 원산, 개성 같은 도시 명칭이 있을 뿐이었다. 지구의가 잘못 만들어졌다고, 불량품이라는 아이 말에 나는 아무 말도 하지 않았다. 설명을 해도 알아듣지 못할 것 같다는 생각이 들기도 했고 차라리 이야기를 꺼내지 않는 게 더 나을지도 모른다는 생각 때문이었다. 이 아이가 좀더 자라 초등학교를 다니게 되면 어떻게 될까. 그때쯤이면 교과서도 좀 바뀌고 제대로 된 통일 교육이 이루어질까. 그래서 좀더 많이 이야기를 나눌 수 있게 될까.

6월 마지막 주 아이가 유치원 친구들과 임진각을 다녀왔다. 무슨 소리를 듣고 무엇을 보고 왔을까 걱정이 되어 아이에게 물었다. 안내해 주는 사람도 없었고, 유치원 선생님도 그냥 구경이나 하라고 했단다. 아이가 보고 온 것은 탱크, 전투기 같은 전쟁 무기들이었다. 아이는 그것들이 어떤 전쟁에서 사용된 것인지 모르고 있었다. 나도 굳이 설명하지 않았다. 일어나지 말았어야 할 전쟁에 대해서 알려 주길 꺼렸던 탓이다. 또 아이가 난폭하거나 호전적으로 자라지 않길 바라는 마음에 총이나 칼 같은 장난감은 사주지 않고, 누군가 선물을 해서 생긴 칼 한 자루도 사람을 향해서는 휘두르지 않도록 주의시켜 온 탓에 남과 북의 전쟁 이야기는 더더욱 하기가 조심스러웠다.

그러나 우리들의 작은 노력은 정말이지 보잘것없는 것이었다. 이 글을 쓰기 시작하던 날 아이의 입에서 군가가 흘러나왔다.

"사나이로 태어나서 할 일도 많다만
너와 나 나라 지키는 영광에 살았다…"

놀란 마음에 그 노래 어디서 배웠냐고 물었더니 아이는 그냥 배웠다고 한다. 사나이가 무슨 뜻인지 알고 부르는 거냐고 했더니 자기처럼 축구를 좋아하는 사람이란다. 아마도 응원가로 불려진 이 노래가 귀에 익어 따라 부르게 된 모양이다. 뜻도 모르고 부르는 노래라 다행으로 여겨야 할까. 그러나 자기도 모르는 사이에 군가에 익숙해지고 거기에 깃든 호전성에 길들여지는 것이 오히려 더 큰 문제가 아닐까.

지금은 생략하는 많은 이야기를 아이의 생각과 경험이 좀더 자라면 들려줄 생각이다. 분단을 체감해야 통일이 왜 필요한지 알게 된다고 했던가. 분단 기행도 다녀오고, 철없는 어른들이 벌이는 창피스러운 짓들도 감추지 않을 생각이다. 그래야 어른인 나 또한 책임을 느낄 것이며 그렇게 사정을 아는 아이는 자기도 모르는 사이 분단에 길들여지는 일 없이 북녘의 친구들 걱정, 통일에 대한 소망을 갖게 될 것이기 때문이다.

이 글이 『통일을 준비하는 사람들』에 들어간다는 사실이 글을 마치는 지금까지도 못내 부담스럽다. 우리 가족의 경험은 남들에게 소개할 만한 것이

못 되고, 그렇다고 부실한 내용을 그럴 듯하게 써낼 재주도 없는데, 참으로 어설픈 우리 가족의 이야기가 통일을 만들어 가는 데 무슨 도움이 될지 계속 걱정스럽다. 다만, 대단한 각오나 뚜렷한 의식이 있어서 시작한 것은 아니었지만 한 번 두 번 성금도 내고, 행사에 참여하다 보니 통일을 비관하고 북쪽에 대해 무관심했던 처음 출발점에서 많이 떠나와 있다는 생각은 든다. 우리들처럼 자기 사는 데 바쁜 다른 사람들에게 우리 가족의 이 변변치 않은 경험이 좋은 계기가 되길 바란다.

그래서 우리 아이들이 남과 북에서 작은 땅의 닫힌 역사를 배우기보다는 서로 만나 세계로 열리는 큰 꿈을 꾸게 되기를 바라고, 친구의 소중함과 생명의 귀함을 눈앞에 보이지 않는 사람들에게까지 넓힐 수 있게 되기를 바란다. 그리고 아이들이 직접 제 몸과 마음으로 연습하고 노력해서 저희들의 세상을 함께 일구어 갈 수 있기를 바란다. 그렇게 저희들의 부단한 땀의 수고로 이 땅에 통일 미래가 펼쳐질 수 있기를…

인천방송 「통일마당 남남북녀」

일요일 저녁. TV 채널을 여기저기 돌리다 보면, 비슷한 구성의 프로그램들이
연달아 억지 웃음을 자아내느라 여념이 없다. 케이블 TV, 위성 방송 또는
여타의 미디어들이 보급되어 시청자들의 방송 집중도가 떨어진다 하더라도
주말 황금 시간대의 오락 프로그램들은 말초적인 자극을 연달아 내뿜는 화
면으로 시청자들을 현혹하고 있다. 그러나 지역 방송의 후발 주자로 인천과
인접 수도권 지역에 전파를 보내고 있는 인천 방송은 일요일 저녁 6시에 이
러한 분위기와는 달리 참신한 모습으로 시청자를 맞이한다. 「통일마당 남남
북녀」가 99년 5월부터 방영 시간을 옮겨 시청자를 찾아가기 때문이다.

기존의 대북 관련 방송들이 시대적 감각에 뒤떨어진 채 천편일률적으로
제작된다는 문제 제기와1) 인천 지역민의 60%가 실향민이라는 지역적 특성

---

1) 참고로 1999년 5월 현재, 공중파의 통일 관련 프로그램들을 소개한다.
 • TV KBS1 (금) 22:40 「남북의 창」(20분) / MBC (목) 00:10 「통일로 가는 길」(4월 16일까지)
  / SBS (일) 00:40 「통일로 가는 길」(1월 31일까지) / EBS (일) 11:10 「통일의 길」
 • 라디오 KBS 1 (매) 01:00 「사회 교육 방송」, (일) 21:30－22:05 「남과 북 하나로」 / KBS2 (매)

을 고려하여 기획된 이 프로그램이 처음 방송된 것은 1998년 9월 8일이다. 몇 차례 구성안을 바꾸면서 1999년 6월 6일, 36회분이 방영되었다. 현재에는 선우경 아나운서와 전철우 씨가 공동으로 진행을 맡고, 통일 교육원 김석향 교수가 고정 패널로 자리한 스튜디오에서 한 시간 남짓 진행된다. 먼저 그날 다루어질 주요 내용들이 오프닝 화면과 함께 간단히 소개된다.

"영상 보기"-북한 읽기, 국내 최초로 소개되는 북한 포스터
"희망을 찾습니다"-장애인을 돌보며 사랑 실천하는 탈북자 장영진
"통일 초대석"-연변에서 만난 탈북자들의 생활, 강훈PD 연변 리포트

오프닝 멘트는 세계 보건 기구에서 정한 정신 건강의 날에 관한 이야기로 시작된다. 북조선 주민들이 기아 상황에서 정신적인 장애를 갖게 될 가능성에 대해서 두 진행자가 이야기를 주고받는다. 여타의 공중파 방송국의 통일이나 대북 관련 방송들을 살펴보면, 정치적인 핫 이슈를 오프닝으로 삼아 무게를 잡기 일쑤다. 2회분을 함께 녹화한다는 제작상의 제한점으로 인해 시사적인 내용으로 오프닝을 하기 어렵다는 점을 차치한다면, 주 시청층인 남쪽 사람들의 일상에서 이야기를 풀어 가는 소재를 찾는다는 것이 이 프로그램의 전체적인 의도라는 것을 짐작할 수 있다.

"영상 보기, 북한 읽기" 코너는 전용준 아나운서가 담당한다. 우선 올림픽 축구 예선전의 북쪽 상황에 대한 이야기를 시작으로 "평양 뉘우스"가 이어진다. 이 날의 뉴스는 '북 - 중 국경에 철조망 설치', '남포시까지 수도권 확대',

---

02:00 「사회 교육 방송」/ MBC AM (일) 06:05-07:00 「두고 온 산하」/ EBS (일) 09:30 「통일의 길」/ CBS (월-토) 20:35-21:00 「통일로 가는 길」

'북 식량난 해결 위해 스위스산 토끼 수입', '북한에도 집단 따돌림 있다' 네 가지이다. 객관적인 사실을 전달하기 위하여 북의 방송 화면을 그대로 이용하지만 이후에 진행자와 고정 패널, 담당 아나운서의 대화 속에서 객관적인 뉴스를 재구성한다.

특히 집단 따돌림에 관한 이야기가 인상적이었다. 전철우는 북에서는 '왕따' 혹은 '따돌림'이라는 단어는 없고 '모서리 주기'라는 말을 쓰는데, 선생님께 사랑을 받거나 이를 위해 '알랑방귀를 뀐' 학생들 또는 성적이 매우 좋거나 외모가 특출나게 예쁜 여학생이 보통 그 대상이 된다고 말한다. 그런데 김 부자에 대해 강한 충성을 맹세하거나 김 부자의 사상을 전부 아는 척하는 경우로 그 의미가 변화한 것을 현재 북의 실정을 고려하여 설명한다.

이렇게 북의 일상 세계를 추론하는 가운데 일반 주민들에게 정보가 통제되어 있고 매스컴이 부정적인 내용은 보도하지 않기 때문에 평양 뉴우스를 전하는 데 일정한 제약이 있음을 밝히고 있다. 북쪽에서 매스컴은 오랜 시간 선전과 선동의 기제로 사용되어 왔으며, 교육과 교양에 맞추어 제작되어 왔다. 이러한 정보와 매체에 제한적으로 노출되었던 북녘 주민들의 실상을 직시하지 않은 상태에서 남북 방송의 자율화를 논의하는 데는 위험성이 내재되어 있기도 하다. 정보 소통의 법제화와 더불어 일상 세계의 지각 변동까지를 예측할 수 있는 수준에서 차근차근 살펴나가야 한다.

이어서 북조선의 포스터를 감상할 수 있는 기회인 '어울림 한민족 현대 포스터 대전'이 소개된다. 성균관대학교 예술대학의 포스터 작가인 백금남 교수가 지난 3년여 동안 북조선의 포스터를 100여 점 수집하여 이를 전시한다는 내용이다. 백 교수의 수집 과정을 육성으로 들어보고 직접 포스터를 화면에 담아 분석적으로 보는 작업이 이어진다. 생산을 독려하는 포스터가 가장 많이 제작되었고 이외에 환경, 체육 생활화, 대중화, 증산 절약, 건설

등이 그 주제로 설정되었다. 북의 포스터는 사회주의 체제의 주류 예술 경향인 사실주의가 가장 잘 반영된 장르이다. 사실적인 사람들이 많이 등장하며 우리의 70년대 새마을 운동 포스터와 비슷하게 강렬한 색감과 비장한 각오가 담겼다. 사뭇 영화 포스터와도 비슷한 포스터들을 북에서는 '선전화', '선동화'라는 말을 사용하거나 혹은 '속보'라는 말을 쓴다고 한다. 시대의 변화에 따라 그 내용이나 구성에 큰 변화가 없는 것은 60년대 이후 북의 선동 선전 체계 책임자인 최종 심의권자가 김정일이었기 때문으로 풀이된다. 그의 지시에 따른 원칙으로 규제되고, 외부 사회와의 교류가 없다 보니 글자체나 그림 모양 등의 디자인 감각상의 변화가 쉽지 않았을 것이라는 부연도 잇따른다. 북쪽에서는 인물 묘사력을 살리기 위해 88년부터는 조선인 얼굴로 제작된 석고상으로 데생 연습을 해왔다고 한다. 체제의 차이를 뛰어넘어 소중한 자아의 모습을 제도권 교육에서 담으려 했다는 점은 평가할 만하다.

 "영상 보기, 북한 읽기"는 20회분부터 계속되었는데, 그 동안 북녘의 인기 티브이 방송(2.3), 만화 「고슴도치의 겨울잠」(2.10), 설 풍경(2.17), 대중 체육(2.24), 춤과 집단 체조(3.3), 서커스와 요술(3.10), 먹거리 감자(3.17), 청소년들의 학교 생활(3.24), 유행 춤, 군중 무용(3.31), 의료 생활(4.9), 타조(4.23), 만화 「산삼꽃」(5.7), 꼬마 천재들의 이야기(5.14), 굶주리고 있는 아이들(5.21), 평양 에티켓(5.30)이 그 내용이 되었다. 앞서 이야기한 것처럼 북에서 방영되는 프로그램이나 영상물들을 가감없이 보여 줌으로써 시청자 스스로가 판단하고 정리하도록 구성된다.

 "희망을 찾습니다"에서는 장애인을 돌보며 사랑을 실천하는 탈북자 장영진을 미니 다큐멘터리로 구성하였다. 현재 41세이고 함경북도 청진 출생인 그는 96년 3월 탈북하여 중국에서 고생을 하다 결국 남한으로 입국하지 못하였고 북조선으로 돌아갔다가 다시 남행을 시도하여 철조망을 넘은 사람이다.

장영진 씨는 97년에 귀순하여 가톨릭 작은 예수회에서 운영하는 「역곡 공동체」에서 한동안 살았고, 지금은 따로 살면서 시간을 내어 자원 봉사를 하고 있다. 수사님 한 분과 열 명 남짓의 지체 장애 식구들이 모여 산 지 2년여 된 공동체인데, 장영진 씨가 남한 사회에서 놀란 마음을 다스릴 수 있게 해준 장소가 되었다고 한다. 그는 남쪽에 와서 바오로라는 새 이름을 얻었고 현재는 자신의 탈출기를 정리하고 있다. 북에 두고 온 아내(참고로 그의 아내는 고등학교의 수학 교사이다)의 안부를 궁금해 하며 아픔을 간직하고 사는 그는 평범한 탈북자이며 동시에 통일의 날을 진심으로 바라는 남녘 주민이다.

탈북자들이 종교 단체를 통해 일시적으로 도움을 받는 경우는 많은데, 다른 어려운 사람들과 더불어 살면서 일상에서 보은을 실천하는 경우는 많지가 않다. 눈과 마음이 휘둥그래질 만큼 '놀라운 남쪽 사회' 속에서 인간적인 삶의 향기를 경험할 수 있는 기회를 탈북자들 스스로 마련하기 위해서는 제도적인 뒷받침뿐만 아니라 소소한 사례들을 발굴하여 다양한 삶의 형태들을 제시해 줄 수 있는 방송의 역할도 중요하다. 어린 시절을 남과 북 어느 곳에서 보냈는지와 관계없이 다름에 대해서 마음을 열고 이해하고, 자신의 세계에서 실천하고자 노력하는 타자들의 모습은 공감대를 이끌어 내기 충분하기 때문이다.

그 동안 미니 다큐멘터리로 구성했던 주인공은 비단 개인뿐이 아니라 단체나 그룹 활동 등도 포함되었으며 20회부터 계속되어 왔다. '김박사의 공생 철학'(김순권 · 2.3), '오마니 이영순 씨의 행복'(2.10), '1999 해방촌 연가'(2.17), '38선 맨은 오늘도 달린다'(유대지 · 2.24), '단발머리 최할머니의 귀향'(최인순 · 3.3), '북녘에 있는 나의 직녀에게'(원윤연 · 3.10), '삶이 그대를 속일지라도'(김정룡 · 3.17), '북한 사람들은 뭘 입고 살았을까?'(박영순 · 3.24), '물냉, 특, 익스프레스'(통일 익스프레스 연극 · 3.31), '우리는 만화로 통일을 연다'(세종대 영상만

화학과 · 4.9), '연어와 부르는 통일 노래'(남북 어린이 어깨동무), '스물다섯 김혜
영의 봄나들이'(5.7), '리철진 가라사대 "나, 난 간첩이라니까"'(5.14), '나는 통
일이 화두일세'(원공 스님 · 5.21), '우리 이웃합시다'(홍천 고향 마을 · 5.30) 등이
다루어졌다.

특히 2월 24일에 방영된 유대지 씨는 아내와 함께 정기적으로 38선 주변을
태극기를 달고 차로 달리는 평범한 사람이고, 3월 10일분의 원윤연은 북녘
처자와 결혼을 하기로 마음 먹고 아직도 남에서 총각으로 살아가고 있는 중
년의 견우이고, 김정룡은 현재 노숙자 보호 시설에서 생활하는 탈북자이다.
연극 「통일 익스프레스」와 영화 「간첩 리철진」의 장면과 출연진, 연출자와의
만남도 다루었다. 이렇듯 "희망을 찾습니다"에서는 통일을 마음에 담고 사는
남쪽 사람들과 단체들의 활동을 보여 주고 탈북자들의 일상 속에서의 작은
바람들을 따뜻하게 담아 낸다.

"북한 말, 알아봅시다"에서는 거리의 시청자들에게 북조선 속담의 의미를
묻는 방식으로 진행된다. 북의 아동 영화 「수달의 뉘우침」에서 일은 안하고
놀고먹으며 게으름을 부리는 수달을 핀잔 주는 장면을 보여 주면서 시작된
다. '부잣집 밥벌레'라는 속담은 '일은 전혀 하지 않고 먹는 데만 눈이 밝은
사람'을 뜻하는데, 길거리에서 만난 사람들의 대답은 천양지차다.

"그냥 운 좋은 벌레 같아요. 사람도 밥 먹기 힘든데…"
"가난한 집 밥벌레는 먹으면 해가 되는데, 아무 해도 안 되는 정도로 부잣집이라는
말 아닌가요?"
"밥 많이 먹는 사람"
"부자는 망해도 삼 년은 먹고산다는 뜻이랑 같은 것 아닌가…"
"벌레 중 가장 빵빵한 벌레"
"요리조리 뜯어먹고 아무것도 안 하는 사람"

“북한 사람들이 가장 좋아하는 벌레 아닐까요? 먹을 것 많이 먹으니까 부러울 것 같아요.”
“부잣집의 큰아들 아닌가?”
“밥만 축내는 사람은 벌레만도 못하다는 뜻?”
“돈은 많은데 남의 집 밥을 빌어먹고 사는 사람”
“부잣집에서 밥은 많이 먹고 일은 잘 안 하는 하인…”

많은 사람들이 북의 기근 사태와 연결하여 이를 해석하려는 것으로 보아 북을 이해하려는 시도들이 최근의 사안들에 맞추어 단편적으로 이루어지고 있다는 것을 알 수 있다. 남과 북의 언어 습관의 차이를 이해하는 것은 단순히 외국어를 습득하는 것 이상의 의미를 갖는다는 것을 자각할 필요가 있다. 50여 년간의 분단의 골을 직접적으로 실감하는 장으로 활용되어야 한다는 점을 주목해야 할 것이다. 1회부터 14회까지의 “통일 유치원”이나 “퀴즈 통일 아카데미”, 1회부터 16회까지의 “맛 좀 봅세다”, 20회부터 29회까지의 “퀴즈! 남남북녀” 등에서도 생경한 북쪽 언어를 알아 가는 시도가 병행되었다. 단순한 단어에 머물지 않고 속담이나 어구, 외래어의 사용, 다양한 용례 등으로 한 차원 높여 진행되는 것이 지금의 ‘북한 말, 알아봅시다’이다. 이러한 속담의 해석을 통해 남쪽 사람들의 사고의 맥락도 더불어 측정된다.

“통일 초대석”에서는 연변에서 만난 탈북자들의 생활을 담은 강훈 프로듀서의 연변 리포트가 이어진다. 이 프로그램은 북쪽 또는 통일과 관련하여 지속적으로 어떤 실천을 하고 있는 사람들을 초대하여 이야기를 나눈다. 어느 날은 두 시간 정도 방영될 다큐멘터리를 제작하기 위해 연변에 다녀온 프로듀서의 육성을 통해 다큐멘터리의 내용과 현지의 취재담을 전하였다. 탈북한 자들과 그들의 탈북을 돕는 자 모두가 한 핏줄임을 강조하고자 했던 프로듀서는 이들에게 혹 해를 끼치는 것은 아닐까 염려하며 제작 기간 내내 자기 검열을 했었노라고 고백하였다.

실제로 그들이 제작한 다큐멘터리에는 희망과 절망이 교차하고 있었다. 얼핏 10세 가량으로밖에 보이지 않는데 "돈 모아 조선 가서 동생을 찾아 데리고 올 생각"을 품고 저금을 하는 17 - 8세의 아이들은, 장기간의 노숙 생활로 인하여 심한 피부 질환을 앓으면서도 자신들의 희망적인 계획들을 쏟아 놓는 데에 여념이 없다. 남편이 죽고 다섯 살인 딸을 북에 두고 개장집 골방에서 기거하는 여인은 "이제 이것이 운명으로 받아들여지고, 죽기 전에 이국 땅을 밟았으니 여한이 없다"는 이야기 끝에 "딸을 북에 두고 온 것"을 못내 아쉬워한다.

그간 "통일 초대석"은 98학번 캠퍼스 일기의 김희성(4.23), 분단 반세기, 북한 건축을 연구하는 장인숙(5.7), 통일을 생각하는 교사 모임의 교사 두 분(5.14), 경수로 기획단 단장인 장선섭(5.21), DMZ 사진 작가 이시우(5.28)가 초대되었다.

웃음과 감동을 주는 따뜻한 토크, 남과 북의 문화 비교, 한 주간의 객관적인 북녘 소식과 정치적 핫 이슈 소개, 실향민들의 간절한 염원을 담자 등이 짧은 시간 동안 고루 다뤄진다. 지금까지의 제작 방향에는 큰 변화가 없었으나 서너 차례의 개편에 따라 내용 구성에 있어서는 몇 가지의 변화가 있었다.

처음에는 "통일 유치원", "통일 아카데미", "맛 좀 봅시다", "고향에서 온 편지" 등으로 프로그램이 구성되었다. 아직 분단을 인지하지 못하는 꼬마들에서부터 대학생, 주부, 실향민 등 다양한 연령대별로 흥미를 돋우기 위한 흔적이 보인다. 특히 유치원생들의 영상 편지나, 그림 설명, 지도 학습 등이 신선하기도 하고 큰 호응을 얻었음 직하다.

주부들의 관심사인 "북녘 음식 만들기"는 북쪽 언어를 익히는 데에도 도움이 되었지만, 남북이 음식 공동체라는 것을 확인하는 데 좋은 프로그램이었다. 묵볶이(9.15), 김치랭면(9.22), 육쌈(9.29), 감자송편(10.6), 쒜기밥(10.13), 남새말이 지짐(10.20), 명태쌈(10.27), 사과우유지짐(11.3), 감자소젓국(11.10), 꽃만두(11.17), 총떡(11.24), 우메기(12.1), 강냉이 남새빵(12.8), 호박범벅(12.15), 가두배추말이찜(12.29) 등으로 이어졌다.

그러나 새로운 방식을 개발하지 못하고 같은 시도를 매번 되풀이한다는 점에서 방송 내용의 참신성에 문제가 제기되었다. 이것들은 북쪽의 일상에 관한 자료가 매우 제한적이며 지속적이지 않다는 데에 그 원인이 있다. 그래서 "고향에서 온 편지"와 일상적인 시청자의 궁금증을 풀어주는 "열려라! 통일"은 네 차례의 시도 끝에 중도 하차하였다.

이와 같은 문제를 해소하기 위하여 정기적인 프로그램 구성과 아울러 특집 프로그램을 제작함으로써 한 소재를 압축적으로 다루는 방식도 기획되었다. 1월 5일에는 "북한 애니메이션 세계", 1월 12일, 19일에는 "북한 영화, 가까이 보기 멀리 보기" 등을 특집으로 제작하였다. 신생 프로그램의 경우 지속적인 것으로 본 궤도에 올라 일반 시청자들에게 친근한 프로그램으로 인식되는 것이 우선적으로 고려될 것이다. 그러나 이와 함께 심화 주제를 가지고 프로그램 제작진의 역량을 실험하고 강화하는 작업들이 동시에 이루어져야 한다. 이것이 빈곤하게 전해 오는 북녘 소식에 의존하여 프로그램을 제작하게 되면 곧 중도 포기하게 되는 현실을 조금이나마 방지할 수 있는 한 방법이라고 생각된다.

통일 관련 행사나 활동의 경우 행정 부처별로 이견이 있기 쉽고, 쉽사리 담당 부서를 정하기 어려운 경우가 흔히 있다. 통일이나 대북 관련 사항들은 얼핏 보면 거창하고 정리가 잘된 완벽한 논리 속에 있는 것 같지만, 사실 개별적인 이해들이 중첩된 우리 자신의 삶의 이야기와 상당히 닮은꼴이다.

그러므로 그 실체에 좀더 가까이 접근하기 위해서는 다양한 시각과 시도들이 어우러져야 한다. 이때 매체들은 올바른 정보를 전달하고 해석의 기준을 제시하며 다양한 주체와의 소통을 통해 끊임없이 성찰하고 발전해 나가도록 노력해야 한다. 정보의 홍수 속에 내던져지는 정보들의 무의미한 나열에 멈추어서는 안될 것이며, 무분별한 맹목의 동력에는 과감하게 비판적인 목소리를 내야 할 것이다. 또한 외부로부터 요구되는 시민들의 각성 요구는 겸허하게 수렴하여 각론이 부재한 통일 담론의 장에 다양한 시각과 소리들을 담아 내는 역할을 해나가야 한다.

CBS 「통일로 가는 길」

일반인들에게 '북한'이나 '통일'에 관한 질문을 던지면, 대체로 뉴스 시간대를 뜨겁게 오르내리고 있는 현안에 대한 이야기나 통일의 당위성 혹은 그것에 대해 반감을 드러내는 대답을 듣기 쉽다. 그러나 좀더 찬찬히 기억에 남는 이미지를 물어보면, 비슷한 상들을 되살려내고 있음을 알 수 있다.

20대나 30대 초반의 경우, 만화 「똘이 장군」에서 똘이의 씩씩한 모습과 대조되는 승냥이 혹은 헐벗은 주민으로 형상화된 북에 대한 이중적인 이미지를 쉽게 떠올리는 사람들이 많을 것이다. 그리고 방학이면 늘 읽어야 했던 '큰 서점에는 없고' 학교 근처 문방구에서만 구할 수 있던 꽤 조잡한 표지의 독후감용 반공 서적들에 대한 기억에도 맞장구를 칠 것이다. 때로는 또래 조무래기들 앞에서 자신도 무슨 말인지 확실히 이해하지 못한 채 목청을 높였던 웅변 대회나 누나가 도와준 반공 포스터 대회 등에서 거둔 수상 경력을 자랑하고 싶은 치들도 몇몇 있을 것이다. 그런데 지금의 어린이나 청소년들은 어떤 공통의 잔상들을 갖고 있을까? 아마 대개는 어느 특집 프로그램이나 잡지 등에서 얼핏 스친 영상들을 단편적으로 기억하고 있을 것이다. 따라서 그들의 대답은 예전 세대들처럼 천편일률적이지는 않을지도 모른다.

'일반인들의 대북 인식 및 이미지'는 매체에 따라 크고 작은 차이를 보인다. 그러나 확실한 것은 전쟁을 직접 경험한 세대에서 멀어질수록 영상이나 대중 매체들을 통한 간접 경험을 이미지화할 가능성이 점점 더 높아진다는 것이다. 현재의 영상물이나 대중 매체들을 통한 이미지들이 과거의 획일적인 반공 혹은 멸공, 승공관을 강요하던 시기에 비해서 좀더 다양해지기는 했지만, 여전히 상투적인 구성으로 고정 관념들을 재생산해 내기도 한다는 점은 간과할 수 없는 부분이다. 대체로 시대별로 또 정치적 배경에서 강화되어 온 왜곡된 이미지의 산물들을 탈피하지 못하고 부정적 상징을 양산하는 관행을 버리지 못하는 저널리즘 언어를 고수하고 있다. 또한 주의력 없는 새로운 시도들은 자칫 내용을 선정적으로 다루거나 남쪽 사고 방식에 기반하여 교정할 여지 없는 상상력 덧대기로 엮어져 부작용을 낳기도 한다.

체제 순응적인 매체든 저항 정신을 담은 대안 매체든 영상이나 음향 등에 의한 대중적인 효과는 시간이 갈수록 개인들에게 추억과 함께 혼재되어 남을 것이다. 그러므로 매체는, 생애 주기에서 분단 당시의 현실을 직접 경험하지 못한 세대일수록 이러한 이미지화 작업이 분단 한국에 대한 접근의 전부가 될 수 있다는 점에서 매우 신중하게 이루어져야 할 필요가 있다. 일시적인 이미지들을 더듬어 가는 노력에 그쳐서는 안 되며 일상적인 수준에서 다각도로 꾸준히 진행되어야 한다.

추상적인 차원 혹은 정책 중심의 통일 논의에 신물을 느끼는 일반인들에게 신선하게 다가오는 프로그램을 꼽으라면 기독교 방송의 「통일로 가는 길」을 들 수 있다. 이 방송은 지리할 수도 있는 이야기들을 사뭇 다른 접근을 통해 담아 내고, 통일이나 북조선 문제를 일상적으로 엮어낸 작업 공간이라는 점에서 매우 중요하다. 「통일로 가는 길」은 언제나 '그곳에 가면' 있는 종교

회당과 같이 통일을 생각해 볼 수 있는 구심점이 되어 주고, 또 다양한 담론들을 소개함으로써 일상 속에서 북녘의 사람들과 그들의 삶을 생각하기 어려운 불특정 다수의 대중이 통일 정치를 실천할 수 있는 기회를 제공한다.

1998년 7월 어느 화요일.

리포터의 취재 현장은 "남북 사투리 경연 대회"의 대회장이다. 함경도 사투리와 전라도 사투리를 걸지게 엮어가는 대회의 전경을 현장음으로 들려주고, 이를 보고 함께 즐기는 신세대를 중심으로 인터뷰가 이어진다. 남북 사투리 경연자의 자격 요건이 고향을 떠난 지 10년 이상인 사람에 한정한다는 점도 대회 참가자간의 형평을 맞추기 위한 노력이다. 어떤 행사라도 북녘과 관련된 것이라면 보도에 많은 주의가 요구된다. 정확한 사실 보도와 함께, 북쪽의 일상 생활을 한낱 웃음거리로 만들지 않으려는 구성상의 노력이 필요하다. 리포터의 현장 취재인 경우 대체로 이러한 이벤트나 세미나 등이 그 대상이 되곤 하는데, 꾸밈없는 현장음들 속에서도 세심한 배려를 기울이고 있음을 느낄 수 있다.

이어서 진행되는 "북한 이모저모" 시간에는 북조선의 유명한 식물원과 동물원에서부터 교통 질서 등을 소개한다. 다른 방식의 근대화를 통해 상이한 현대를 살아가고 있는 남과 북의 크고 작은 제도들이 어떠한 차이점을 가지는가에 대한 내용은 청취자의 흥미를 유도한다. 다르게 살아가고 있는 북의 삶을 재구성해 보면서도 청취자 스스로 '다름' 혹은 '달라져 왔음'을 인식하도록 돕는다. 북의 일상 생활에 관한 이야기는 우리에게 익숙한 북조선 총각 전철우를 통해 매주 자연스럽고 상세하게 소개된다. 특히, 스승의 날에 즈음하여 방송된, 북조선의 사제간의 따뜻한 정에 얽힌 이야기는 그 동안 북녘의 일상을 이미지화하면서 쉽게 지나쳤던 '살아가는, 살아 있는' 느낌을 전달해 주었다.

그러나 이 프로그램이 매일 이렇게 소소한 생활의 단면만을 다루는 것은 아니다. 권만학 교수와 안찬일 박사의 전문가적 식견을 통해 북조선 잠수함 사건에 대한 심층적인 분석이나 곽태환 소장(극동문제연구소)의 "북한 학술 기행" 등의 프로그램도 해설이 필요한 현안에 대해 상세히 소개함으로써 일반인들의 이해를 높이는 데 도움을 준다. "탈북자들의 한국 사회 적응에서의 소비 형태 분석"이라는 논문이 소개되는 시간도 있었으며, 「남북 기본 합의서」에 대한 위헌 여부 논란도 다루어졌다. 정보를 전달하되 편중되지 않는 시각으로 제공하는 것이 이 방송 관계자들의 공통된 의견이고, 이것이 바로 여타의 통일이나 북조선 관련 방송들과의 차이점이라고 할 수 있다.

AM 채널 837 KHz 기독교 방송의 「통일로 가는 길」은 전신인 「통일의 그날까지」라는 대북 방송에서 홀로 서기 한 지 꼭 만 10년(1988년 11월 방송 시작)을 맞고 있다. 이 프로그램이 저녁 시간대(8시 30분 혹은 10시 30분)에 전파를 타게 된 것은 그리 오래된 일이 아니다. 원래는 새벽 1시부터 1시간 동안 방송되는 프로그램이었는데, 95년 가을 개편과 함께 11월 1일부터 저녁 10시로 시간대를 옮겼고, 1시간 방송에서 30분 방송으로 그 모양새가 바뀌었다. 현재 방송 매체의 거의 모든 통일 관련 프로그램이 자정 전후나 새벽에 방송되거나, 아예 기획 뉴스 프로그램의 끄트머리에 포함되기가 일쑤인 점에 비추어볼 때 시사 프로그램과 연결되는 시간대로 편성 시간이 옮겨진 것은 의미가 있다.

방송은 저녁 8시 35분에 시작되며 전화 연결을 통해 전문가들과 현안에 관해 이야기하거나 초대 손님을 맞아 진행하는 형태가 주를 이룬다. 또한 북조선과 관련된 뉴스를 간단히 보도하기도 한다. 대개 녹음 방송으로 이루어지며 이에 따라 초읽기의 현황에 대해서는 민감하게 반응할 수 없다는 한계를 가지기도 한다. 월요일에는 경희대 권만학 교수의 "주간 초점", 화요일에는 민족 통일 연구원의 임순희 박사의 "북한 이모저모", 수요일에는 북조선 총각 전철우의 북조선 일상에 대한 소개와 목요일에는 통일 교육원 권영경 교수와 김석향 교수의 "함께 생각해 봅시다"가 진행된다. 금요일에는 통일맞이 김창수 기획실장의 "통일 주평"이 토요일에는 "통일 초대석"이 구성된다. 지금은 진행되고 있지 않지만 영화에 나타난 전쟁과 평화, 분단과 통일의 문제를 살펴보는 "영화 속의 통일"이라는 프로그램을 진행하여 인기를 끌기도 하였다. 특집으로 북조선 교회의 이모저모를 살펴보면서 다양한 북조선 사회의 모습과 향후 전망을 살펴보는 시간들이 마련되기도 하였다.

이러한 고정 프로그램의 진행자들과 현장 리포터들의 독특한 양념이 전체 프로그램의 맛깔스러움을 더한다. 대체로 북조선의 사회 문화적인 측면을 살펴내고, 이후 예상되는 통일의 과정과 결과 속에서 남북한 사회 통합의 실마리를 찾아가는 작업이 주를 이루고 있다. 각 코너의 명칭이 다양하게 바뀌어 오기는 했지만, 각계에서 통일을 준비하고 실천하는 사람들의 삶의 모습을 읽어 내고 공유할 수 있다는 점도 지속적으로 그 맥을 이어오고 있다.

팀장과 제작 담당, 아나운서와 리포터가 개편과 함께 모두 바뀌는 것이 아니고 들고나는 데 순차가 있으나 프로그램에 대한 생각이 크게 다르지 않다고 한다. 방송사 자체의 종교적인 특성과 프로그램의 원만한 성향 덕분에 외부 검열로부터 비교적 자유로운 편이며, 사내에서도 내부 검열은 이루어지지 않는다. 딱딱한 주제인 만큼 쉽고 재미있게 친근감을 가지고 전달되어야 한다는 것, 조롱하거나 혹은 기고 만장한 어조로 흥미를 유도하지는 않는다는 것 정도가 기본 수칙이라고 한다. 방송의 일관된 방향성은 통일과 북조선 문제를 일상에서 사고한다는 것이 기본틀이다.

따라서 정치 경제적 측면의 남북 대결적 접근보다는 사회 문화적인 면에서 청취자들의 왜곡된 인식을 교정하는 데 기여하려는 목적을 갖는다. 그래서 청취자의 반응을 확인하는 것이 중요한데 단지 청취자들의 자발적인 참여에 의존한다는 점에서 한계가 있다. 그러나 이를 보완하기 위해, 일상 현장으로 나가 그곳의 목소리를 담으려는 노력을 성실히 해나가기도 한다. 소재 발굴은 신문, 통신, 여타 방송이나 단체 소식 등을 활용하나, 매일 방송 구성에 따른 섭외, 여타 방송들과의 소재 중첩 등의 제약점이 있다. 그러나 관련자들에게 좋은 인상을 갖는 프로그램 성격 때문에 많은 사람들이 함께 하려는 시도가 끊이지 않고 있다.

이 프로그램은 1995년 기자 협회와 방송 PD 협회가 선정한 제1회 '통일 언론상'을, 1997년 1월 18일에는 통일맞이 늦봄 문익환 목사 기념 사업회에서 주관한 제2회 '늦봄 통일상'을 수상했다. 그러나 무엇보다 중요한 것은 사회 운동이 대중화되어 가던 무렵에 시작된 방송이 햇수로 11년을 꽉 채우도록 건재하다는 사실이다.

통일에 대한 한결같은 희망을 갖고서 그 시도들을 다양하게 모색해 가는 프로그램들이 시사하는 점은 매우 크다. 즉 북쪽을 대상화시키는 기존의 접근 방식을 지양하고 일상에서 행해지는 다양한 실천들을 살피려는 노력은 분명 분단 체제를 극복하는 데에 기여할 것이다. 특히 방송이라는 매체가 남쪽 사회에서 갖는 영향력을 고려할 때, 그리고 맘모스 방송들이 취하고 있는 보수적이고 편향된 시각을 대폭 수정하고 개선했다는 측면에서도 그렇다. 앞으로도 이 프로그램이 개인들의 삶 속에 통일이라는 화두를 심고 그것들이 뿌리 내려 알찬 결실을 맺을 수 있도록 일상적인 통일 정치 문화의 개척자적 정신을 잃지 않기 바란다.

* 이 글은 1998년 11월에 「통일로 가는 길」 프로듀서와 구성 작가 등 관계자들과의
인터뷰를 통해 작성되었다. 이 프로그램은 1999년 7월 현재 「시사자키 오늘과 내일」
(매일 오후 7-9시)이라는 프로그램의 한 코너인, "통일스페셜"로 개편되었다. 이 코
너는 매주 금요일에 1시간 동안 방송되고 있다.

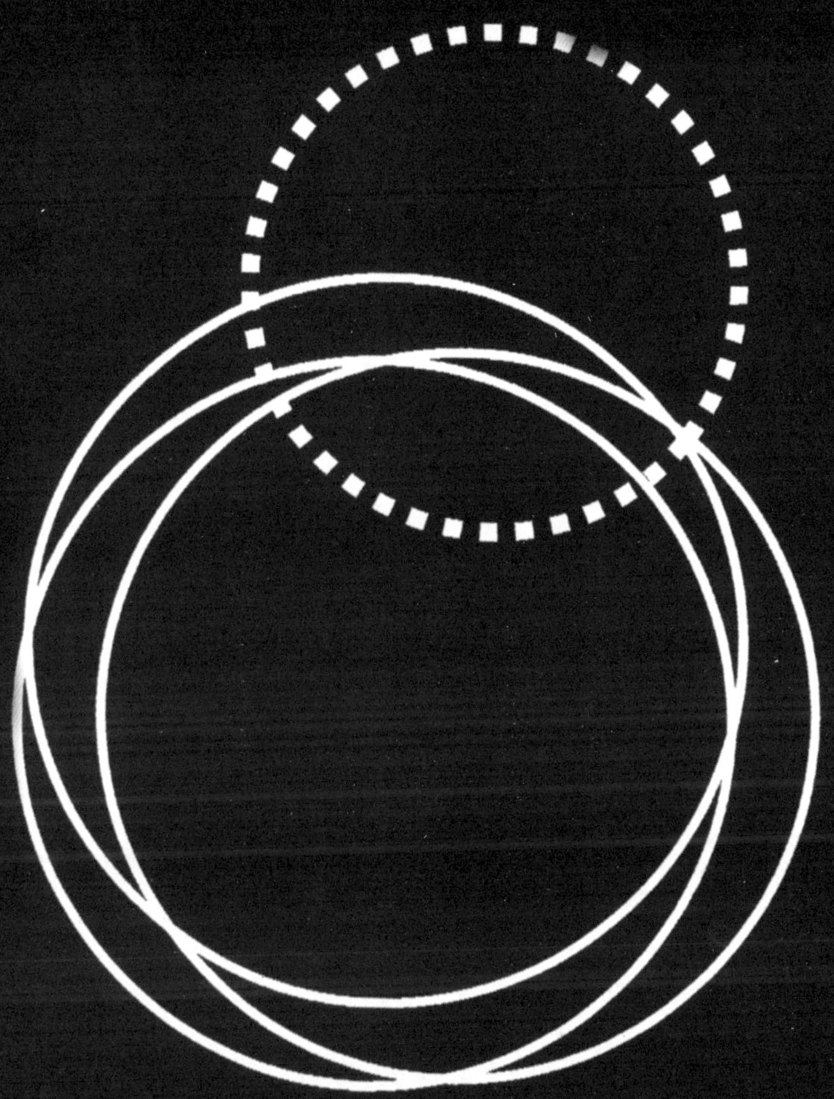

WE DON'T WANT TO
ABSORPTIVE UNIFICATION

3부 | 통일을 둘러싼 몇 가지 쟁점들

1990년대 중반 이후부터 민간 영역에서는 통일에 관한
토론을 활발하게 전개하고 있다. 독일의 통일로 인하여
지구상의 유일한 분단 국가로 세계의 주목을 받으면서
활성화된 통일 논의는, 과거 정부와 운동계 간의 혹은
민간 운동 내부에서 벌어졌던 냉전주의적 갈등과 대립을
극복하려는 노력에 힘입어 더욱 확산되었다. 그리고
국민의 정부가 들어서 대북 포용정책을 추진하고 있는
것도 통일 논의가 활성화되는 데에 기여한 중요한
환경이다.

따라서 통일과 관련하여 다양한 논의들이 등장하기도
하고, 일부 논의들은 벌써 사회적으로 암묵적인 합의를
이루어가고 있는 것으로 보인다. 또 과거의 관점이 일부
수정을 거치면서 여전히 계승되고 있는 것들도 있다.
「통일을 둘러싼 몇 가지 쟁점들」에서는 현재 논의되고
있는 담론 상의 새로운 분위기들을 읽어 내고 그것들에
어떤 문제점은 없는지 살펴본다.

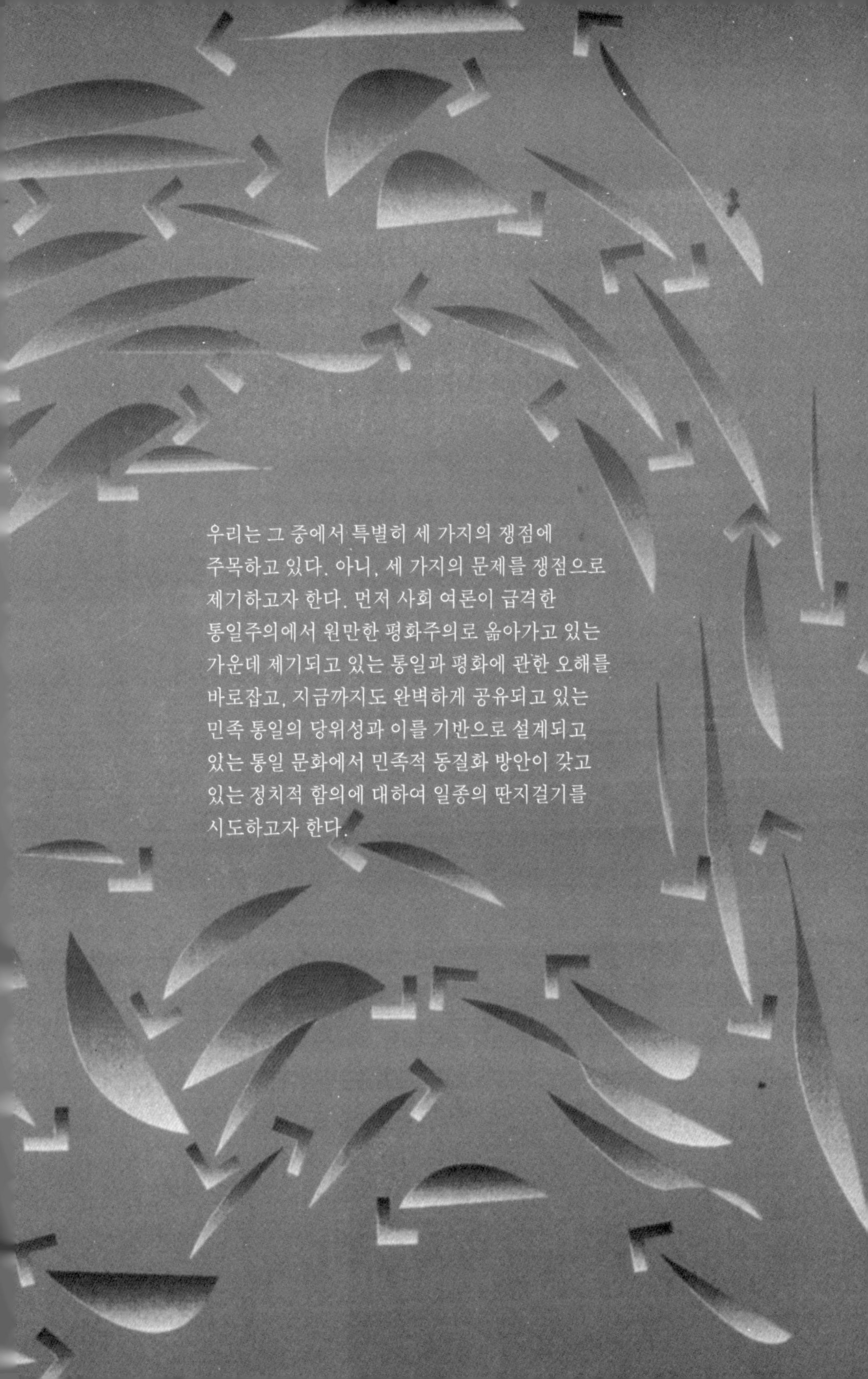

우리는 그 중에서 특별히 세 가지의 쟁점에
주목하고 있다. 아니, 세 가지의 문제를 쟁점으로
제기하고자 한다. 먼저 사회 여론이 급격한
통일주의에서 원만한 평화주의로 옮아가고 있는
가운데 제기되고 있는 통일과 평화에 관한 오해를
바로잡고, 지금까지도 완벽하게 공유되고 있는
민족 통일의 당위성과 이를 기반으로 설계되고
있는 통일 문화에서 민족적 동질화 방안이 갖고
있는 정치적 함의에 대하여 일종의 딴지걸기를
시도하고자 한다.

일러스트 류명식

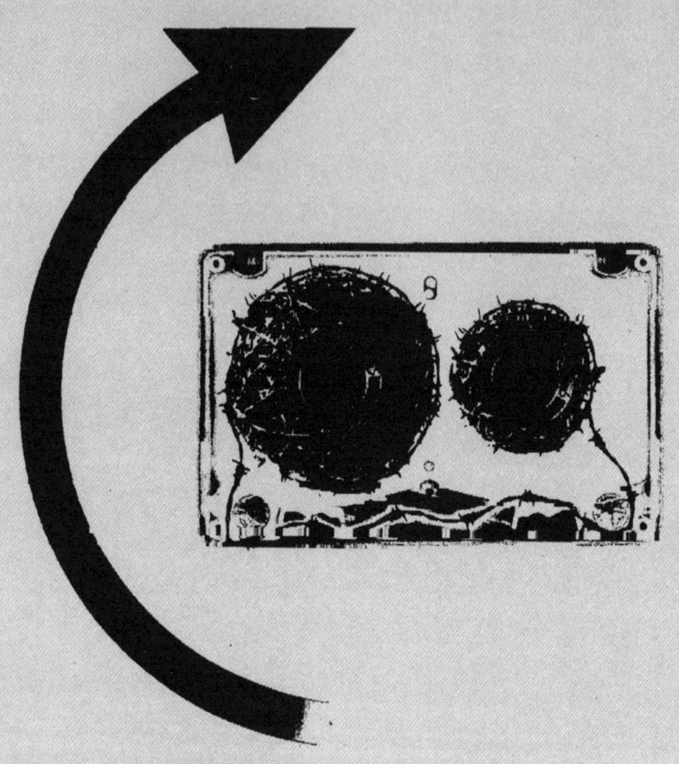

(1945 ~   )
이 노래가 언제 끝나게될지는
아무도 모릅니다.
그러나 다시는 들을 수 없다는 깃을
우리는 잘 압니다.

일러스트 류명식

평화와 통일의 딜레마

1. 왜 평화인가?

세계화의 바람이 불고 있다. IMF 관리 체제를 신호탄으로 사회 곳곳에서는 연일 구조 조정이라는 이름의 전쟁이 벌어지고 있고, 국민들은 한동안 날마다 태극기를 내거는 것으로 아침을 맞았다. 불과 2-3년 전만 해도 머지않아 선진국 대열에 진입하여 국민의 삶의 질도 향상될 것이라고 공언하는 이들이 적지 않았다. 그러나 장롱 속에 들어 있는 금가락지마저 애국심이라는 명분하에 동원되었던 현실을 고려할 때, 이 사회가 꿈꾸던 미래는 이제 실현할 수 없는 한낱 꿈에 불과한 것이 아닐까? 바야흐로 IMF 관리 체제에서 1년 6개월을 보낸 시점에서 정부는 경기가 호전되고 있다고 선전하고 있으나 그것을 피부로 느끼는 사람은 많지 않다.

경제 위기의 심각성은 단순히 일자리를 잃고 소득이 줄었다는 문제뿐만 아니라 사회적 공공성을 파괴하는 데까지 이어진다. 개인주의와 정치적 허무주의의 심화, 사회 문제에 대한 총체적 무관심 등 시간이 갈수록 그 파장의 스펙트럼은 더욱 강렬하고 광범위하게 확산되고 있다. 이런 상황에서 남북 통일을 꿈꾸고 말하기란 쉽지 않다. 북의 기아를 염려하고 유아 및 아동의 대량 아사(餓死)를 안타까워하면서 한반도 반쪽 사회의 존망에 대하여 고민할 수 있는 아량이 거의 부재한 것으로 보인다.

그러나 정부는 남북이 공동으로 직면한 경제 위기를 해소하고 남북 관계에 새로운 전기를 마련하고자 노력하고 있다. 1998년에 두 차례에 걸쳐 발생한 동해안 잠수함 침투 사건과 미사일 논쟁을 일으켰던 북의 인공 위성 발사 등 정치·군사적 긴장을 유발하는 계기들이 있었으나 현재까지는 비교적 일관된 대북 정책을 추진해 왔다. 그 대표적인 예가 바로 현대의 금강산 관광 사업이다. 잠수함 사건 뒤에 정주영 명예 회장의 소몰이 방북이 이루어졌고, 인공 위성 발사 후에도 금강산 개발 사업은 진행되었다. 그리고 서해에선 교전이 이루어지고 있었지만 같은 시간에 동해에서는 금강산 관광단이 배에 오르고 있었다.

이렇게 정부와 기업이 대북 정책에 대하여 유연한 입장을 보이자, 통일 운동 또한 정치적 저항에서 사회적 공유의 차원으로 전환하게 되었다. 현실적이지 못한 통일 담론상의 논쟁을 지양하고, 현재의 경제 위기를 극복하는 동시에 통일로 가는 길을 준비하기 위한 사업들이 모색되고 있다. 즉 대중적이고 일상적인 관심을 유도할 수 있는 영역에서 통일 의지를 조성하고 이를 사회적으로 공유하는 것에 주안점을 두기 시작한 것이다.

이것은 또한 외부 환경에 힘입은 바 크다. 북의 대규모 수해 발생 후, 미국은 북의 갑작스런 붕괴에 대비하여 연착륙 정책을 제시하였고, 제네바에서 열린 북미 핵협상에서 대북 포용 외교로 만족할 만한 성과를 거둔 후에 북미 관계는 한층 개선되었다. 또한 인공 위성 발사의 영향으로 긴장 관계에 있지만, 일본 또한 북과 수교를 재개하기 위한 협상 조건들을 완화시키고 있다.

동구의 사회주의가 몰락하고 최근 경제 위기까지 겹쳐 북에 대한 러시아의 통제력은 상당히 약화되었고, 중국은 사회주의 시장 경제의 실험 단계에서 미국, 한국 등과의 외교 관계를 무시할 수 없는 상황에 놓여 있다. 이미 중국은 김대중 정부의 햇볕론이라는 대북 포용 정책에 대하여 공개적으로 지지의 입장을 밝힌 바 있다.

이와 같이 한반도와 이를 둘러싼 동북 아시아의 정치 외교 환경은 두 가지 축을 중심으로 구성되어 있다. 한편으로는 탈냉전이라는 세계사적 흐름에 맞춰 국경 없는 자본의 세계화가 진행되고 있고, 다른 한편으로는 냉전의 질서를 관리하려는 이데올로기간의 미묘한 외교적 갈등이 아직도 소멸되지 않고 있다. 결국 경제·문화적 측면에서의 탈냉전과 정치·군사적 측면에서의 냉전이 공존하는 지역이 동북 아시아이며 그 주요 현장이 바로 한반도인 것이다.

따라서 한반도 통일과 관련한 국내외 여론은 성급하게 통일을 이루기보다는 그것을 만들어 가는 과정에 더 많은 의미를 부여하고 있다. 그리고 이 과정에서 중요하게 부각되고 있는 것이 '평화 공존'이다. 평화 공존론은 휴전 체제를 평화 체제로 바꾸는 것을 주요 과제로 설정하고 있는데, 항시적인 전쟁의 위험을 제거하고 서로의 체제를 인정하면서 안전하게 공존하자는 의미를 담고 있다. 이것은 정치·군사적 차원뿐만 아니라 경제·사회·문화 등 제 영역에서 북에 대한 인식을 새롭게 하고, 남과 북의 교류 협력의 현재적 필요성을 규정하는 근거가 되고 있다.

물론 평화 공존론을 주장하는 이들 중에 대부분은 평화 공존이 통일로 나가는 한 과정이며 현재의 남북 관계 수준에서 구상할 수 있는 단기적인 목표라고 설정하고 있지만, 이것은 때로 통일에 관한 여론을 불식시키고 더 나아가 반통일론을 합리화시키는 '정당한' 근거로 왜곡되기도 한다.

이 장에서는 평화 공존을 주장하는 이들의 레퍼토리가 어떤 근거에서 전개되고 있고 통일에 대한 지향이 각각 어떻게 나타나고 있는지를 살펴봄으로써 평화 공존론의 허와 실, 왜곡과 한계에 대하여 살펴보기로 한다. 그리고 진정한 평화란 어떤 상태인지, 그것을 실현하기 위하여 분단 체제를 극복하는 것이 어떤 의미를 갖고 있는지에 대하여 다루게 될 것이다.

2. 한반도에서의 평화의 가치

사실 평화는 우리에게 그다지 익숙한 개념이 아니다. 그보다는 오히려 사회 정의나 민주화라는 구호가 더 와 닿을지 모른다. 어떤 이는 이를 매우 기독교적인 개념으로 이해하기도 하고 문명화된 선진국에나 해당되는 것으로 파악하기도 한다. 실제로 이러한 이해는 일부 타당성을 갖는다. 역사적으로 평화라는 개념이 서구의 제국주의 경험을 가진 강대국들에 의해서 제기되었고 발전되었으며, 이들은 대부분 기독교 문화를 공유하고 있었다.

흔히 기독교적 전통에서 일컬어지는 평화의 의미는 '샬롬 Shalom'을 근간으로 삼는다. 이것은 본래 신의 약속과 베풂이라는 의미로서, 자유와 해방에 기초한 사회 구원과 공동체 유지를 목적으로 한다. 즉 폭력에 대한 그 어떠한 정당성도 부정하며 그 부당성을 바로잡아 정의를 구현한다는 의미를 갖는다.

그러나 이러한 폭력과 평화의 의미는 국가 또는 민족에 따라 각각 다른 의미로 이해되었으며 더욱이 폭력을 정당화하는 의미로 왜곡되기도 하였다. 역사적으로 발생한 종교 전쟁이나 제국주의 침략 등도 다 이러한 왜곡에서 비롯되었는데, 이 절에서는 다만 평화에 관한 의미가 역사적으로 어떻게 이해되어 왔고, 한반도의 상황에서는 어떻게 이해할 수 있는지에 관해 간략하게 설명하겠다.

1667년에 발행된 코메니우스의 저작『평화의 천사』를 시초로 하여, 19세기 이전의 평화의 개념은 인간의 도덕성 회복과 평화에 대한 본질적인 선호 경향을 부각시키는 내용이 주를 이루었다. 이는 전쟁과 인간의 공격적 본능을 억제시키는 사회적인 목적도 있었으나 신과 인간의 화해를 위한 종교적인 목적도 동시에 겨냥한 것이었다. 그러다 19세기 중엽에 사회주의가 대두하자 이때부터는 이념적 가치가 덧칠해져, 자본주의와 사회주의의 이념을 선전, 교육하며 아울러 그 이념들을 정당화시키는 수단적인 개념으로 전락하게 되었다.

20세기에 들어서서, 비로소 평화의 가치와 그 중요성이 본격적으로 조명되기 시작하였다. 다양한 열강들의 힘 겨루기는 미국과 소련으로 분할된 세계 질서 속으로 편입되었고, 제국의 식민 통치에서 갓 해방된 아시아, 아프리카 등 제3세계권은 각각 미국과 소련의 또 다른 식민지가 되었다. 이에 따라 미소간의 냉전적 대립에 온 세계가 휘말리게 되었고 세계의 모든 지역에서 전운(戰運)이 감돌았다. 따라서 이 시기의 평화의 주된 가치는 무엇보다도 반전(反戰)에 초점이 맞춰졌으며 정치·군사적 차원에서 활발하게 논의되었다.

그러나 동구권의 사회주의가 해체되고 이데올로기의 종언을 고한 탈냉전이 도래하면서 분쟁의 양상은 이데올로기에서 민족·종교 등 한층 다원화된 문화적 갈등과 대립으로 옮아갔다. 따라서 평화는 새로운 분쟁의 성격과 양상을 포괄할 수 있는 의미로 재조명될 필요가 있었는데, 이에 대한 연구를 포괄적으로 전개한 사람이 요한 갈퉁 Johan Galtung이다.

그에 따르면 평화는 모든 폭력의 부재 상태를 의미한다. 우리가 흔히 이해하고 있는 폭행, 전쟁 등 직접적이고 물리적인 폭력만이 아니라, 기아, 빈곤, 성차별, 인종 차별 등 간접적이고 상징적인 구조적 폭력까지 소멸된 상태가 바로 평화인 것이다. 최근에 그는 이에 덧붙여 '문화적 폭력'이라는 새로운 개념을 제시하였다. 이것은 "직접적, 물리적 폭력과 구조적 폭력을 정당화해 주는 문화와 의식 속에 있는 폭력적 요소로서 이데올로기와 종교, 언어, 예술, 학문, 법률, 교육의 체계 속에 숨어서 작용하고 있다."[1] 따라서 그는 평화를 실현하기 위하여 문화 구조 전반의 폭력적인 요소들을 모두 개혁할 것을 주장한다.

여기서 한반도의 긴장과 남북간의 갈등을 상기시켜 보면 그의 문화적 폭력의 개념은 한층 더 중요해진다. 이미 이 책의 앞부분에서 밝혔듯이, 남북의 분단이 상태가 아니라 체제로서 존속하기 때문이다. 지금까지 분단 체제는 남북의 권위주의적 군사 문화를 정당화하고 정치에 의한 경제·사회·문화 등 시민 사회의 제 영역에 대한 통제를 합리화하였다. 강요된 분단 문화는 각 영역별로 내재화 과정을 거쳐 이미 개인들의 일상 생활에까지 깊숙이 스며들어 있다. 따라서 분단 체제는 언제든 전쟁이 발발할 수 있는 직접적인 폭력 외에도 구조적인 폭력과 문화적인 폭력을 모두 내포하고 있고, 이러한 체제하의 한반도 역사는 조직화된 비평화적 상황의 연속인 것이다.

결국 한반도의 긴장을 완화하고 남북 통일을 이룬다고 하는 것은 분단 체제 극복의 결과로서 평화로운 상황과 구조를 만들어 내는 것을 의미한다. 다시 말하면, 한반도의 평화는 분단 상황을 해소하는 소극적인 차원이 아니라 분단 체제를 해체하고 새로운 통합 체제로서 통일을 실현하는 것을 의미한다. 따라서 한반도에 평화를 정착시키기 위한 노력이 단순히 남북간의 가시적인 정치·군사적 영역에서만 이루어질 것이 아니라 두 사회의 비평화적인 모든 사회·문화 구조에 대한 전반적인 개혁 작업으로 전개되어야 한다.

---

1) 이삼열, "한반도에서의 평화 연구의 과제", 유네스코한국위원회 국제학술회의, 1998.

3. 통일과 평화에 관한 오해

한반도에서 통일과 평화의 의미를 구분하기는 쉽지 않다. 평화를 사회적 갈등과 그로 인한 차별과 억압이 없는 상태로서 규정한다면, 정치 경제 사회 문화 등의 차원에서 다층적 갈등을 유발하는 분단 체제는 마땅히 극복되어야 할 것이다. 또한 통일을 1민족 1국가 1체제라는 획일적이고 고정된 방식이 아니라 남북 주민들 모두의 노력으로 이루어질 개방적이고 유기적인 형태라고 전제한다면, 이는 곧 평화의 의미를 포함하는 것이기도 하다.

그럼에도 불구하고 간혹 통일과 평화를 분리하여 사고하는 경우들이 있다. 이때 통일과 평화는 매우 기계적이며 제한된 의미를 갖는 것으로 왜곡될 가능성이 있다. 실제로 이러한 논의들을 살펴보면 대부분 과정이 생략된 결과로서의 통일, 결과는 없는 과정에 국한된 평화만이 존재할 뿐이다. 이 절에서는 이와 같은 맥락에 해당하는 논의의 실례를 들어 살펴보도록 하겠다.

1) 통일 무용(無用)론

격월간지 『통일샘』에 실린 정인택의 글, 「뒤숭숭한 통일이 있다면 기꺼이 힘있는 분단을 택하고 싶다」의 내용을 보자.[2]

그에게 통일은 당장의 현실이 아니다. "통일은 차디찬 현실이므로 피해자가 있기 마련인데, 그들의 아픔을 어루만져 줄 만큼 (남북) 양쪽 모두의 의식수준이 높아지기에는 무망한 세월이 필요"하기 때문이다. 그래서 그는 남북이 상호 통일을 전제하지 않는 관계이기를 희망한다. 더 나아가 "나는 우리

---

2) 『통일샘』, 1997.11/12, 136-137쪽.

정부가 북한에 대고 통일할 의지가 전혀 없다고 선포했으면 좋겠다"고 바란다. 그 이유는 "뒤숭숭한 통일이 있다면 기꺼이 힘있는 분단을 택하고 싶은 내가 믿는 바, 통일이 평화의 초석이 아니고 평화의 부산물이 통일"이기 때문이다.

그의 말대로 통일은 냉혹할 수 있다. 아니 그럴 것이다. 이미 통일 독일의 후유증을 지켜본 우리로서는 통일에 대한 낭만적인 기대를 포기한 것이 사실이다. 1990년 베를린 장벽이 무너진 후 5주년 되던 해에, 한국의 언론은 일제히 통일 독일 사회에 관한 기사들을 게재하였다. "동독으로 돌아가자?" "'통일병' 앓는 동독 사람들" 등등, 제호들은 하나같이 무거운 분위기였다. 무엇보다도 구 동독 주민들과의 인터뷰가 많은 지면을 차지하고 있었다. 그들은 가난했지만 단정했던 과거(구 동독 시절)에 대하여 짙은 향수를 간직하고 있었다.

> "언제나 무언가 모자랐지만 생활은 훨씬 안정됐었다."
> "언제나 감시의 눈초리가 있었지만 사람들은 훨씬 상냥했었다."
> "언제나 길게 줄을 서야 했지만 모든 것이 훨씬 단순했다."
> "도시의 모습은 초라했지만 부랑아는 없었다."[3]

전쟁을 치르면서 통일을 이룩한 베트남이나 예멘과는 달리, 독일의 평화적 통일은 유럽 평화의 시대를 열고 나아가 탈냉전의 세계를 안정시키는 희망적인 상징이었다. 그러나 베를린 장벽의 붕괴는 냉전과 분단의 역사를 마감하는 데는 성공했지만 그에 못지 않은 심각한 후유증을 낳았다. 서독이 투자

---

3) "동독으로 돌아가자?" 『한겨레21』, 1995.7.20, 96쪽.

한 막대한 통일 비용은 동독의 대량 부도·실직 사태를 해결하지 못하고, 자국인 서독 주민들의 경제적·정신적 충격을 완화하는 데까지 미치지 못했던 것이다. "통일 이전으로 돌아가고 싶다"는 양독 주민들의 요구가 어떤 연유에서 나오는 것인지 주목해 볼 일이다.

어떤 이들은 상황을 단순화시켜서 통일 사회가 안정되고 평화롭기 위해서는 분단 세월만큼의 오랜 시간이 필요할 것이라고 말한다. 그러나 독일의 통일은 통일 그 자체부터 문제가 있었다는 지적이 있다. 즉 전쟁이 아닌 대화와 협상의 방법으로 통일을 이루었다고 해도, 사회적 통합보다 정치·경제적 차원의 제도적 측면을 우선한 경우 평화를 보장하기 어렵다는 분석이다. 통일은 각각 이질적인 체제와 제도 그리고 상이한 사회 문화적 환경에서 살아온 사람들간의 통합이므로 개별적·집단적 측면을 모두 살펴야 하고 또 그 다양성과 역동성을 충분히 고려한 것이어야 한다. 이를 위해 사회 구성원들의 평화 의지와 그것을 실현할 수 있는 행위 능력이 전제되어야 한다.

그렇다면 우리 사회는 평화를 실현할 능력을 갖고 있는가? 아마도 많은 이들이 부정적이거나 냉소적인 답변을 할 것이다. 실제의 면모를 살펴보면, 소각장 및 장애인 시설 등과 관련하여 님비 현상으로 나타나는 집단·지역 이기주의, 전라도, 경상도에 이어 충청도 등 맹목적인 지역 감정에 따른 뿌리 깊은 갈등과 대립이 만연해 있다. 그뿐이 아니다. 외국인 노동자에 대한 차별에서 나타나는 왜곡된 민족주의, 이지메 등 일상 공간에서 일어나는 폭력까지, 범죄와 같은 물리적 폭력은 말할 것도 없고 사회적 폭력의 발생 증가율이 날이 갈수록 늘어나고 있다.

이러한 상황은 분명 통일을 전망하기에는 심히 비관적인 현실이다. 그래서 통일에 대한, 아니 통일 사회에 대한 두려움을 떨칠 수 없는 것이다. 남쪽 사회도 평화롭지 않은데 통일이 되면 얼마나 더 혼란스러울 것인가? 그래서 대부분의 사람들은 그저 분단의 고통을 몸으로 껴안고 사는 이산 가족들의 아픔이나 정책적으로 해결해 주면 되는 것 아닌가 하고 말한다.

그리고 비단 통일 등 외국 사례들을 거론하지 않아도 우리의 지난 역사는 통일에 대하여 회의하도록 만드는 부분이 있다. 일부 논자들이 주장하는 삼국 통일의 폭력성이 그것이다. 외세의 힘을 빌어 고구려와 백제를 흡수한 신라의 통일이 결국 고구려의 웅장한 기상과 백제의 온화한 미의 문화를 제거하고 그 국민들을 식민으로 복속시켰던 것은 분명 폭력의 역사이다. 아직도 만주와 일본에서 발견되고 있는 고구려와 백제 문화의 우수성이 다양하게 발전하지 못하고 통일로 인하여 그대로 사장된 것은 한국 문화 혹은 민족 문화의 발전이라는 측면에서 몹시 안타까운 일이다.

한 민족의 통일은 민족 문화를 발전시키고 민족의 역량을 키우는 일이어야 한다. 그러나 과거의 통일 경험이 오히려 이를 저해했고 앞으로 오는 통일도 그럴 가능성을 완전히 배제할 수 없다. 신라의 삼국 통일이나 독일 등 외국의 사례들에서 보이는 것처럼 현실 정치 논리와 힘으로 통일을 이룬다면 말이다. 바로 이 점에서 통일 무용론이 등장하는 것이다. 민족의 역량을 저하시키고 민족 문화를 퇴보시키는 뒤숭숭한 통일보다 각각 존재함으로써 보호되고 그 차이가 존중될 수 있는, 차라리 분단의 힘을 믿고 싶은 것이다.

그러나 이러한 이유로 인해서 분단이 힘있는 것으로 미화되거나 합리화되는 것은 바람직하지 않다. 분단 체제하의 권위주의적 사회 속에서 남과 북의 문화는 그 정치성과 실천적 운동성의 측면에서 자유로울 수 없다. 이미 「분단의 체제화와 그 결과」에서 살펴보았듯이, 획일적인 이데올로기는 그것이 발현되는 모든 사회 문화적 차원에서 다양성과 역동성을 거부하고 이념적 사상적 순수성만을 강조해 왔다. 그 과정에서 나타나는 사회적 불합리와 폭력성의 예들은 헤아릴 수 없이 많다. 그렇다면, 현재의 분단 체제를 통일의 휴유증에 견주어 더 힘있는 것이라고 누가 어떻게 확신할 수 있는가?

통일 무용론을 말하는 이들은 암묵적으로 흡수 통일을 전제하고 있다. 그러나 통일은 어떤 정형화된 모델을 갖고 있는 것이 아니다. 통일은 살아 있는 주체들의 참여와 실천으로 부단히 만들어 가는 평화의 과정이고 과정들의 총체이다. 따라서 통일이냐 아니냐의 문제보다 더 중요한 것은 어떤 통일이냐 하는 것이고, 이보다 더 중요한 것은 통일을 어떻게 '만들어 갈' 것이냐 하는 데에 있다.

통일의 주된 가치는 획일성에서 다양성 존중으로 옮겨가고 있다. 또 통일의 당위가 내포하는 도덕성은 통일을 할 것이냐 말 것이냐의 문제가 아니라 이것을 누가 선택하고 이끌어갈 것이냐 하는 주체의 도덕적 자각과 평화적 실천의 내용으로 대체되고 있다. 따라서 남북 주민들의 의사를 무시한 채로 일방의 정치권에 의해 단행되는 흡수 통일은 평화의 초석이 될 수 없다. 그리고 통일을 목적으로 하지 않는 막연한 의미의 평화는 통일을 부산물로 얻을 수 없다.

2) 평화적 분단 관리론

많은 사람들은 휴전 체제를 평화 체제로 전환하는 것이 통일을 실현하기 위한 급선무라고 강조한다. 한반도에서 군사적 긴장을 제거하지 않는 한 통일 환경은 상당히 위축되고 제한적일 수밖에 없다는 논거이다. 실제로 남북 모두가 통일을 지향한다면서도, 남이 통일을 주장할 때는 북이 흡수 통일로 받아들이고, 북이 통일을 외칠 때는 남이 무력 통일로 받아들여 군의 경계 강화와 안보 태세의 확립으로 정책 기조를 조정해온 것이 사실이다. 평화 통일을 위해서는 강력한 무력이 확보되어야 한다는 역설적인 힘의 논리가 한반도 분단의 역사를 탈냉전의 세계사와 화해시키지 못하고 있는 것이다.

이러한 역사적 경험을 바탕으로, 일각에서는 "통일을 원한다면 오히려 통일을 주장하지 말아야 한다"는 논의가 일고 있다. 통일의 본질은 일방의 (경제·군사적) 힘에 의한 상대 체제의 붕괴나 소멸을 가져오는 것으로서, 평화적인 의미의 통일은 가능하지 않다는 것이 그 근거이다. 따라서 통일보다 평화를 강조하고 평화 공존의 시스템화를 통일의 대안으로서 제시하게 된다.

> 흡수 통일도, 협상에 의한 통일도 모두 다 부질없는 희망 사항일 뿐이다. 그래서 한반도에 '평화 통일'은 없다. 평화와 통일은 한 마리의 토끼가 아니라 서로 다른 방향으로 달리고 있는 두 마리의 토끼다… 지난 반세기 동안 우리는 끊임없이 통일을 먼저 잡으려 했다. 그 결과 우리는 두 마리 토끼 모두를 놓쳤다… 역설적이지만 통일은 버려야만 얻을 수 있는 것이다. 내일의 통일을 위해서는 오늘 하루만큼은 통일을 버리고 평화를 선택해야 한다. 평화는 평화 공존을 시스템화함으로써만 얻을 수 있다.[4]

실제로 이러한 입장에 동의하는 사람들이 많다. 그러나 이들은 몇 가지 중요한 문제점을 갖고 있는데, 우선 이들이 상정하고 있는 통일과 평화의 개념부터 살펴보자. 여기에서 평화는 단지 물리적인 폭력, 특히 전쟁과 군사적 대결에 대한 반대의 의미로만 규정되어 있다. 또 오늘은 버려야 하지만 내일의 목적으로 여전히 남아 있는 통일은 '정치적' 차원으로서만 의미를 갖고 있다. 따라서 이러한 논의들이 궁극적으로 의도한 것은 아니라 해도, 평화와 통일의 냉전적 딜레마는 결국 냉소적인 통일 불가론으로 이어진다.

이 논의는 통일의 대안으로서 자유로운 왕래를 보장해 주는 평화 시스템을 상정하고 있는데, 즉 현재의 휴전선을 국경선으로 전환하고 대규모의 민족

---

4) 지만원, 「15조원 국방비, 30%의 거품을 걷어내라」, 월간 『말』 1998년 2월호, 133쪽.

적인 교류를 활성화한다면 그것이 바로 민족 동질성의 구축이자 통일의 지름길이라는 것이다. 그리고 이를 통하여 적대 관계가 형제 관계로 전환될 때 '사회적' 통일은 얼마든지 이룰 수 있다는 생각이다. 통일과 평화를 분리시켜서 결론을 내리자면, 이 논의는 정치적 통일을 포기하고 사회적 평화를 실현하자는 것이 그 요지이다.

그러나 국경선을 사이에 두고 서로 내 집 드나들 듯 자유롭게 왕래하는 것이 과연 한반도에서 가능한 일일까? 혹자들은 앵글로 섹슨족의 예를 들어, 세계 전역에 흩어져 있지만 민족 구성원들이 언제 어디에서든 자유롭게 소통할 수 있는 상태를 통일보다 나은 것으로 제시하기도 한다. 그러나 현재의 한민족 공동체의 운명이 다른 민족의 경우와 같이 단순히 지역적으로 분리되어 있다고 생각하는 것은 한반도 분단의 현실을 매우 피상적으로 왜곡하여 이해하고 있다는 증거이다. 이러한 예는 가까운 해외 교포 사회에서 쉽게 발견할 수 있다. 일본에서는 조총련과 민단 조직 간의 갈등이 심각하고, 미주 지역에서도 친북 인사와 친남 인사 간의 긴장이 존재한다. 즉 남북은 한반도 내에서뿐만 아니라 세계 도처에서 대립하고 있는 것이다.

그 이유 중 첫째는 무엇보다도 한국 전쟁이 동족간에 피를 흘린 전쟁이었다는 사실이다. 서로가 상대방을 향해서 총구를 겨냥하였고 그로 인하여 사상자와 가족 이산의 고통이 발생했다는 사실이 반세기가 지나도록 아물지 않고 오히려 적대감만 심화시키고 있는 현실을 결코 간과해서는 안 된다.

두번째는 남북이 규정하고 있는 주민간 접촉의 내용이다. 「남북 교류 협력에 관한 법률」을 살펴보면, 남쪽 주민은 남쪽에 적을 둔 주민(법인·단체 포함)을 의미하며, 북쪽 주민은 북쪽에 적을 둔 주민과 조총련 등 북의 노선에 따라 활동하는 국외 단체 구성원 모두를 의미하므로, 앞서 얘기한 것과 같이 교포 사회에서의 단절 또한 심각한 수준에 있는 것이다. 그리고 이들의 접촉을 규제한다고 할 때, 접촉이 의미하는 바는 북쪽 주민을 직접 대면하여 의사를 교환하는 것은 물론 제3자를 통하거나 전화, 우편, 팩스, 전자 우편 등의 통신 수단을 이용한 의사 교환도 모두 이에 해당된다.

세번째는 분단 체제가 유화 국면을 조성하는 한편으로 남북간의 대결과 적대적 경쟁을 계속해서 심화시킬 수 있다는 점이다. 또는 북풍 사건, 판문점 총격 조작 사건 등에서 드러난 것처럼 적대적 공생이 지속될 수도 있다. 따라서 분단 체제를 극복하지 못하는 한 국민의 생명을 담보로 한 가상의 전쟁 시나리오는 끝없이 펼쳐질 것이다. 또한 경제·군사적 힘의 우위 논리에 의해 사회의 민주주의와 국민의 삶의 질은 정체되거나 퇴행될 수 있다.

이런 점에서 휴전 체제를 평화 체제로 전환하는 것은 시급하다. 남북이 상호 신뢰에 의해 군사력을 축소하고 상대방에게 무력을 사용하거나 침략하는 일은 절대로 없을 것이라는 약속이 협정 또는 조약으로서 조속히 체결되어야 한다. 그러나 이것은 통일을 실현하기 위한 하나의 과정으로서 존재해야 한다. 휴전선을 국경으로 바꾸어 분단을 유지한다고 해서 분단 체제의 긴장이 완전히 사라지는 것은 아니기 때문이다.

사실상 통일을 지향하는 과정에서 잠정적이고 과도적인 시스템이라고 전제하지 않을 경우에, 한반도에서 평화와 분단이 공존한다는 것은 모순적으로 느껴진다. 그리고 이론적으로는 가능할지 모르겠으나 현실적으로 '분단 관리'는 군사적 지원 없이 불가능하고 늘 잠재적 위험에 노출되어 있는 평화를 유지하기 위해 끊임없이 다양한 방법들을 강구해야 할 것이다. 따라서 소극적인 평화적 타협이 아니라 적극적인 의미에서의 평화 체제를 형성하는 것이 한반도 평화를 위한 바람직한 대안이며, 이때 평화 체제는 곧 통합 체제를 의미하는 것이어야 현실적으로 평화를 실현하는 것이 가능하다.

결국 한반도 통합 체제를 지향하는 데에 쟁점으로 부각된 평화와 통일의 딜레마는 각각의 개념에 대한 인식의 문제와 그것을 실현할 주체와 방법의 문제로 귀결된다. 통일 무용론이나 평화적 분단 관리론은 뚜렷한 실천 주체를 상정하지 않음으로써 통일 담론이 갖는 실천적인 역동성을 상실하였다. 또한 통일은 정치적인 흡수의 방식으로, 평화는 혼란이나 전쟁에 대립되는 의미로만 국한함으로써 적극적으로 통일의 과정을 만들어 가기보다는 분단이라는 현상 유지의 차원에 머물고 말았다.

그러나 진정한 평화는 사회 구성원들이 온갖 폭력과 그것의 공포와 위협으로부터 해방된 상태이자, 동시에 사회 구성원들이 평화를 실현하는 행위 능력을 일상 속에서 발휘할 수 있는 상태를 의미한다. 따라서 평화는 주어져 있는 하나의 정적인 상태가 아니라 실천적인 속성을 내재하고 있으며 그 실천의 내용이 갈등의 해결을 지향하는 것일 때 비로소 완성될 수 있는 것이다. 따라서 평화냐 통일이냐의 논쟁보다는 통일을 지향하는 평화 혹은 평화를 지향하는 통일의 구체적인 내용을 누가 어떻게 마련할 것인가의 논의가 더 생산성을 가질 것이라고 생각된다.

4. 휴전선과 일상 공간의 거리감

우리는 대부분 일상 생활을 영위하는 가운데 분단의 현실을 잊고 지낸다. 그리고 어쩌다 무장 공비나 간첩 침투 사건이 발생하면 언론의 세례를 통해 해묵은 반공주의를 재확인할 뿐이다. 가족 중에 월남한 실향민이 없고, 국가 보안법 위반 사범이 없으면, 또 내가 일하는 직장이나 지역에 탈북자가 없고, 조선족의 피해를 간헐적으로 언론을 통해서만 확인한다면 실제로 휴전선은 일상에서 발견할 수 없다. 늘 그곳, 머리 속에 새겨진 물리적 공간의 한 주소

쯤으로 치부하고 지낼 수 있다.

그러나 휴전선은 꼭 그 먼 곳에만 있는 것이 아니다. 앞으로 다가올 통일이 단지 영토적인 차원이 아니고 또 정치·경제 차원의 제도적인 통합이 아니라, 남북의 이질적인 체제하에서 살아온 사회·문화적으로 단절된 주민들간의 유기적인 통합이라고 본다면, 휴전선은 일상 공간의 도처에서 쉽게 발견할 수 있다. 이 절에서는 휴전선과 일상 공간의 물리적인 혹은 심리적인 거리와 앞서 2절에서 규정한 요한 갈퉁의 폭력, 즉 직접적이고 물리적인 폭력, 구조적이고 상징적인 폭력, 문화적 폭력의 양상을 대비하여 살펴볼 것이다.

1) 일상적 언술의 문화적 폭력

가장 가깝게는 출퇴근길 지하철 안에서 휴전선을 발견할 수 있다. "잘 보면 보입니다. 지금 당신 곁에도… 문민 시대에도 간첩은 숨어 있습니다." 안기부의 간첩 또는 좌익 사범 신고를 권유하는 광고물이다. 혹자들은 이러한 광고물이 전과 달리 사람들에게 별다른 영향력을 행사하지 않는다고 보기도 하나, 일상적인 언술적 차원에서 반복되는 반공주의는 사람들에게 "자기 검열성 및 감시성을 일상화"한다.[5] 그리하여 언론에서 보도된 내용에 관해 토론하면서도 공공의 장소에서는 주위를 살피는 긴장이 있고, 특히 정부나 언론의 입장에 반대되는 의견을 제시할 때는 더욱 그렇다.

권혁범은 같은 글에서, 반공주의의 일상적 실체는 공산주의에 대한 반대가 아니라 모든 형태의 혼란에 대하여 불안을 느끼고 그것을 해결하기 위하여 주류 질서로 회귀할 것을 요청하는 관성을 만들어 낸다고 지적하였다. 그러

---

5) 이 책에 수록된 권혁범의 글, 「내 몸 속의 반공주의 회로와 권력」 참고

므로 "이념적 수준의 반북 반공주의는 통일 후에 사라지겠지만, 그것이 내면화된 일상적 사유 체계로서의 분단 규율 친화적 세계관은 그대로 존속될 가능성이 높다"고 예측한다. 이것은 바로 요한 갈퉁이 지적한 문화적 폭력의 가장 직접적이고 노골적인 양상으로 볼 수 있다.

2) 탈북자에 대한 상징적 폭력

탈북자 문제는 일상에서 조금 떨어진 거리에 있다. 1997년 12월 현재 탈북하여 남한에 이주한 자가 657명이라는 숫자는 4천5백만의 남쪽 인구가 크게 개의치 않는 규모이다. 그러나 이들이 탈북자라는 이유만으로 차별되고 집단적으로 소외된다고 하면 문제가 달라진다. 민족 통일 연구원에서 발표한 『북한 이탈 주민의 사회 적응에 관한 연구』[6]에 따르면, 남쪽 생활이 어려운 이유 가운데 주위의 무관심과 냉대가 36.8%로 가장 높았다.

> 강릉 지역에 공비가 왔을 때, 회사 동료가 "친구가 왔는데 만나 보러 가지 않느냐"고 하더군요. 그 사람은 농담으로 했겠지만, 저는 굉장한 좌절감을 느꼈습니다.(1996. 11.1. ㄱ씨)

> 남한 사람들이 '가족을 두고 온 사람'이라고 배척합니다. 얼마나 힘들었으면 가족을 버리고 왔겠습니까?(1996.7.1. ㅊ씨)

> 회사에 근무할 때 사람들은 '한번 배반한 사람은 자꾸 배반한다'고 비판적이었습니다.(1996.7.1. ㅇ씨)

---

6) 박종철 외, 『북한 이탈 주민의 사회 적응에 관한 연구』, 민족통일연구원, 1996.

이미 탈북자들은 국가정보원을 시작으로 정부의 여러 관계 부처들로부터 조사를 받고 적응 훈련을 위한 명목으로 수용 시설에서 일정 기간을 보내야 비로소 평범한 일상인으로 참여할 수 있다. 그러나 국가에 의한 강제적인 분리 수용을 거치고 난 뒤에 그들은 또 다른 차별과 소외를 경험하게 된다. 그 이유는 그들이 단지 이방인이고, 더욱이 남쪽 주민들보다 경제적 차원 등에서 상대적으로 열등하기 때문이다. 물론 반공주의 교육의 영향으로 북쪽 주민들에 대한 경계와 긴장이 있을 수 있다. 그러나 그들에 대한 차별은 경계심에서 나오는 것이 아니라 상대적인 문명적 우월감에서 비롯된 것이며, 따라서 직접적이지는 않으나 모멸감과 수치심을 자극하는 야만적 폭력 행위로 표출된다. 이것은 성차별, 인종 차별, 장애인 차별 등과 마찬가지로 탈북자를 상징화하여 구조적인 폭력을 행사하는 것이다.

장영철은 『당신들이 그렇게 잘났어요?』7)에서 이렇게 말하고 있다. "나는 '삶'을 원했다. 집단 속에서 한 개인의 종속물이 아닌 '나'로 존재하는 자이기를 바랐다. (그리고) 그 원함과 바람은 자유를 향해 있었다고 믿었다." 그런데 그가 남쪽에 이주하여 느낀 것은 모멸감이었다. "애초에 이 사회는 우리들을 한국(인)으로 대하길 거부했다. 귀순자란 말로, 탈북자란 말로, 대단한 동정과 연민을 담아 부르면서 다른 사람들과 구별하였다. 묻고 싶다. 구별이 어떤 필요에 따른 것인지?"

3) 사상과 양심의 자유에 대한 물리적 폭력

"제가 마음속으로 어떤 생각을 갖고 있건간에 그것은 나의 자유이고 국가 권력은 간

---

7) 장영철, 『당신들이 그렇게 잘났어요?』, 사회평론, 1997.

섭할 수도 없고 간섭해서도 안 됩니다. 차라리 서약서에 불복종하여 계속 갇혀 있는 것이 제 '양심의 법정'에선 떳떳한 일입니다."8)

1998년 7월 1일, 정부는 전향제를 폐지하고 대신 준법 서약서를 도입한다고 발표하였다. 이것은 89년에 사회 안전법이 폐지된 이후 또 한 차원 완화된 방법으로서, 대부분의 사람들은 이러한 정책적 변화를 두고 '획기적인 조처'라고 환영하였다. 그러나 혹자들은 본질적 측면에 있어서 여전히 차이가 없는 제도라고 비판하였다. 언론 지상을 통하여 무수한 논란과 공방이 이어졌다. 그리고 최종적으로는 수감된 자들의 개별적인 선택의 자유로 결론을 내렸다. 여기서 선택의 자유라는 말이 공허하게 느껴지는 이유는 왜일까?

국가 보안법은 반공주의의 법률적 표현으로서 이를 거부하는 사상, 이에 반하는 행위 일체를 물리적으로 억압하는 초헌법적인 법제이다. 또한 이미 1960년대에 '중앙정보부 설치에 관한 법률'에서부터 '반공법', '사회 안전법', '안기부법' 등으로 이어지는 공권력의 일환으로서, 감시와 처벌을 점차 사회 문화적으로 체계화한 본래적 힘으로 기능하였다. 세계 어디에서도 찾아볼 수 없는 '양심수'의 존재로 인하여 남한 사회는 인권 무법 지대로 평가받고 있지만, 끊임없이 출현하는 매카시즘은 대부분 검증되지 않은 채로 정당화되었고 이에 대한 반론은 대부분 검증되지 않은 채로 사장되었다.

분단 체제하에서 개인의 사상과 양심의 자유가 부인되고, 침묵의 자유가 용인되지 않으며, '불복종'은 곧 구속, 수감으로 이어지는 물리적 폭력이 비일 비재로 발생하고 있다. 대북 포용 정책으로 남북 관계를 개선하고 인권 정부로 기대되었던 국민의 정부 역시 출범 직후 5개월 동안 구속한 양심수가

---

8) 강용주, 『한겨레신문』, 1998년 8월 19일, 17면.

300여 명이고 이 가운데 국가 보안법 위반 혐의자가 181명으로 59.7%를 차지하고 있다고 한다. 물론 그후 지속적인 감면, 석방 조치로 인하여 많은 시국 사범들이 자유를 얻었다. 그러나 국가 보안법이 존속하는 한 제한적이나마 시행되고 있는 현재의 평화적 조치들은 매우 불안정할 수밖에 없다. 언제든 반전되어 원상 복귀될 수 있는 가능성이 여전히 내재하는 것이다.

사회가 선진적으로 발돋움한다는 것은 무엇을 의미하는가? 그것은 곧 발전된 문명권으로 진입한다는 뜻이고 더 나아가서는 그보다 더 성숙한 문명을 창조한다는 것을 의미한다. 단순히 1인당 GNP로 환산되는 경제적 소득의 규모로 가늠되는 것이 아니라는 말이다. 문명으로의 진전이 이러한 반문명적인 요소들을 껴안고 함께 진행되었던 역사는 세계사에서 찾아보기 어렵다.

국가 보안과 사회 안전이 제대로 이루어지지 않는다면 사회 구성원들이 평화를 누릴 수 없다. 그러나 문제는 국가 보안과 사회 안전의 기준을 어디에 두고 있는가 하는 것이고, 그것을 어떤 방법으로 적용할 것인가 하는 점에 있다. 모든 폭력의 부재 상태를 의미하는 적극적인 의미에서의 평화는 이를 적용하고 실천하는 모든 기준과 방법에서도 폭력적인 요소가 제거된 상태라야 한다. 그러므로 어떠한 폭력도 정당화될 수 없다는 것이 평화의 원칙이라면, 사회적 주류 질서에 대한 도전과 응전의 전 과정에서 폭력은 제거되어야 하며 폭력을 또 다른 폭력으로 제압하려는 모든 사회적 권력이나 시도들 또한 마땅히 제거되어야 할 것이다.

5. 피해 의식을 넘어 돌봄과 치유의 문화로

1999년 봄, 영화 「쉬리」가 홍행가도를 달리면서 온 사회를 떠들썩하게 만든

적이 있다. 연이어 상영된 「간첩 리철진」도 흥행의 바람을 탔다. 이 작품들은 전자는 할리우드 액션 전략으로, 후자는 블랙 코미디의 형식으로 한반도의 분단 상황을 그려냈다. 혹자들은 분단을 영화화한 사실 자체만으로 호평을 하기도 하고 분단을 소재로 한 영화가 흥행했다는 사실에 놀라움을 표현하기도 한다. 그러나 「쉬리」의 무장 간첩들은 모두 소탕되고 「간첩 리철진」은 자살하는 것으로 결말을 맺는 영화들에서 우리는 또 다른 비극을 발견한다. 이 작품들이 분단의 비극을 다루고는 있지만 형식(액션과 코미디)이 그 내용을 압도해 버리고, 비극적 결말 속에서 화해나 공존을 향한 메시지를 전혀 찾아볼 수 없기 때문이다. 분단이라는 역사적 상황을 상품화하고 북쪽을 철저하게 타자화시키면서 냉전주의는 스크린에서도 승리를 거두었다.

이렇듯 남쪽 사회에서 반공주의와 냉전주의는 아직도 견고하게 유지되고 있고 그것을 해체시킬 만한 새로운 문화적 전략은 제시되고 있지 않다. 아마도 전쟁의 역사적 경험을 통해 만들어진 직접 또는 간접적인 집단적 피해 의식을 해소하지 않는 한 앞으로도 계속해서 재생산될 것으로 보인다. 집단적인 피해 의식! 이것은 흔히 한민족의 정서를 대변하는 한(恨)의 정서로 표현되곤 한다. 끊임없이 외세로부터 침략을 받아왔고 또 국가를 운영하는 관리자들로부터 억압당하면서 한의 정서의 사회적 대물림은 지속적으로 심화되어 왔다. 그리하여 오늘날에는 헝그리 정신, 집념과 오기, 무모한 일등주의와 그로 인한 비관주의, 더 나아가 원한과 보복이라는 물리적 폭력으로까지 표출되고 있다. 그러나 이같은 피해 의식을 극복하지 않고는 누구와도 화해할 수 없고 협력할 수 없다. 그것으로부터 스스로 해방되려는 자유 의지와 실천 행위가 있을 때 비로소 연대와 공존의 문화가 시작될 수 있는 것이다.

오재식은 바로 이 점에서 돌봄과 치유의 정신을 역설한다. "우리는 평화를 위한 역사와 미래의 지향을 공유해야 한다. 이를 위해서는 우리 내면의 또는 우리 사회의 상처와 한, 복수심, 원한 등을 어떻게 돌보고 치유할 것인가, 즉 치유를 위한 사회적 프로그램을 누가 어떻게 만들 것인가 하는 문제를 고민하고 스스로 그 해답이 되고자 노력하는 것이 중요하다."[9] 그리고 더 나아가 치유한 후에는 자유와 해방을 주라고 강조한다. 내가 돌보고 치유해 주었다고 해서 그를 다시 구속하고 소유하려 하는 것은 돌봄과 치유의 본래 목적을 상실한 또 하나의 폭력이 될 것이다. 따라서 그는 돌보고 치유하고 그 다음에는 자유롭게 하는 것, 그것이야말로 진정 우리가 잃어버린 새로운 세계와 역사에 대한 꿈을 복원하는 길이라고 강조한다. 그렇다면 우리가 사회적인 돌봄과 치유의 정신을 회복할 수 있는 평화의 문화는 무엇일까?

6. 남북 통합 체제를 위한 실천적 평화

유엔은 1995년에 '세계 관용의 해'를 선포하고, '평화의 문화'를 지구상에 정착시키기 위한 다양한 프로그램들을 모색해 오고 있다. 이러한 활동은 2차 대전 이후 세계 정치 질서를 지배했던 냉전 구도가 붕괴되고 나서 인종·문화·종교적 차이로 인한 지역 분쟁이 급증하는 현실적 배경에서 비롯된 것이다. 특히 유네스코가 주관하는 '평화의 문화' 프로그램들은 인종(우월)주의, 자민족 중심주의, 극단적 민족주의, 외국인 혐오 및 종교적 적대, 난민이나 망명자들에 대한 배척 행위 등 반평화적 문화에 대한 총체적인 개선을 목적으로 한다. 유네스코는 다가오는 2000년을 '세계 평화의 문화의 해'로 정하고 같은 해 9월에 있을 UN 총회 전까지 「평화의 문화와 비폭력을 위한 선언

---

9) 평화를 만드는 청년 캠프, 「평화를 향한 삶의 이야기」, 크리스찬 아카데미, 1998.

2000」에 1억 인의 서명을 모으는 작업을 전개하고 있다.

유엔의 사업들에서 혹은 세계의 평화 운동에서 중요한 평화의 가치로 꼽고 있는 것은 무엇보다 더불어 사는 마음과 태도이다. 한반도의 분단 체제를 극복하고 통합 체제를 지향하는 과정에서 평화가 중요한 가치로 인식되고 있는 까닭이 바로 이 점에 있다. 그러나 이것은 단순히 주장이나 선언으로 해결되는 것이 아니다. 사회 전반에 침윤되어 있는 반공주의 혹은 냉전주의 문화를 대체할 수 있는 대안적인 문화를 새롭게 모색할 때 가능한 일이다. 그에 관한 상상력을 갖는 데에 단초가 될 법한 몇 가지를 소개해 본다.

첫번째는 전통 시장에서 통용되는 '덤의 문화', '어치의 문화'이다. 시장의 개념이 도입되면서 '짜리'의 문화가 정착했지만, 그 이전에 우리네 거래와 교환의 단위는 '어치'였다. 몇 백원 어치, 몇 천원 어치라고 주문하면 정량보다 조금 더 많은 양을 '덤'으로 얹어 주는 문화가 바로 '어치' 문화이다. 물론 백화점과 상가의 정액제, 즉 얼마 '짜리'의 문화가 장터에까지 파급되고 있지만 '어치'의 문화는 사람과 사람 간의 활발한 소통으로 친밀감과 신뢰가 형성되면 더 많은 덤을 얹어 받을 수 있는 인정의 중요한 표상이었다.

두번째는 이어령 교수가 신문 지상에 소개한 '가위의 문화'이다.[10] 내용인 즉슨, 가위 바위 보 놀이에서 바위(펌)와 보(쥠)만 있다면 이기는 자는 늘 이기고 지는 자는 늘 지게 돼 있다는 것이다. 또 다 펴고 다 움켜쥐는 것의 극단만 존재한다면 사회는 언제나 양극화되어 무수한 갈등과 대립이 노정된다는 것이다. 그래서 가위의 존재가 필요한 것이다. 극단적이고 승패가 고정되어 있는 사회에서 반쯤은 펴고 반쯤은 접은 가위의 존재, 그와 같은 제3의 문화가 고정된 승패의 구도를 개방시키고 극단을 피할 수 있는 대안적인 문화로서

---

10) 이어령, 「호랑이와 가위」, 『조선일보』, 1998년 1월 7일, 5면.

회복될 가치가 있는 것이다.

　세번째는 '술래의 문화'이다. 아이들의 놀이에서 술래는 가위바위보를 해서 지는 아이가 맡지만, 시간이 지날수록 점차 놀이를 만들어 가는 주인공이 된다. 더욱이 우리네 놀이의 특징이 승패를 가르는 게임이 아니라 해도해도 끝이 없는 것이 대부분인 점을 감안한다면 술래의 역할은 매우 중요하다. 끝이 나지 않는 놀이를 지루하지 않고 흥미롭게 끌어가는 존재로서, 술래는 일종의 '게임 메이커 game maker'인 셈이다. 이를 통해 우리가 회복할 것은 놀이 자체가 아니라, 어떠한 상황에서도 주체적으로 사고하고 적극적으로 상황을 재구성해 내는 술래의 창의적인 상상력이다.

　남북 관계에서 이러한 문화가 정착된다면 어떻게 될까? '어치의 정치', '덤의 정치'를 실천한다면 한반도의 긴장은 훨씬 완화될 것이다. 그리고 일관되지 않은 남북 관계의 국면마다 남쪽의 주민들이 모두 '술래'가 되어 통일 지향적으로 상황을 재구성해낼 수 있다면 통일은 머지 않아 실현될 수도 있을 것이다. 마지막으로 통일의 방법과 형태를 모색하는 데에 바위나 보 어느 한 극이 아니라 둘을 모두 고려하면서 동시에 두 극단의 틈새를 좁힐 수 있는 '가위의 상상력'을 가질 수 있다면 우리가 예상하는 것보다 통일 사회의 혼란은 훨씬 덜할지도 모른다.

　그런 의미에서 현재의 햇볕 정책은 어떠한가? 혹자들은 이 정책이 문제점이 없는 것은 아니지만 현실적인 최선책이라고 평가하고 있다. 남과 북 어느 쪽에서도 완전한 신뢰와 지지를 얻고 있지는 못하지만, 안보의 위협 속에서도 포용의 입장을 일관되게 지키고 있고 대북 교류와 협력에 있어서 정경 분리나 민간 자율의 원칙을 견지하고 있다는 것이 그 긍정의 근거다. 그러나 '덤'의 정치는 상호주의에 가로막혀 있고, 아직도 민간이 통일을 만들어 가는 술래로서 역할을 하기에는 제약이 많다. 또한 남쪽 사회 내에 강경한 보수 여론이 정치 사회적 권력을 소유하고 있으므로 평화의 문화를 정착시키고 확산시키는 데에 매우 큰 어려움이 따르는 것이 사실이다. 그러므로 여전히 사회 구조적으로 존재하는 냉전적 극단의 틈바구니에서 그 간극을 좁힐 수 있는 제3의 상상력을 복원하는 문제와 그것에 관한 민간의 자유롭고 자율적인 토론과 실천이 얼마나 가능한지 현재로서는 불명확한 측면들이 있다.

그러나 우리는 지난 세계사의 경험을 통해서 세계적 냉전을 탈냉전으로 변화시킨 원동력이 유럽 시민들의 반핵·반전 운동에 있었고 더욱이 국경을 넘어서는 자발적인 시민 연대 행동을 통해 가능했다는 점을 상기해야 한다. 2차 대전의 후유증을 겪는 가운데 그들은 전쟁의 재발 방지에 대한 의식을 공유하고 서로 연대함으로써 미소간에 핵을 비롯한 첨단의 무기 개발 경쟁으로부터 유럽의 안전을 도모하였다. 그것은 전쟁의 피해자였기 때문에 가능한 행동이었으며 더욱이 집단적인 피해 의식을 평화를 향한 열정으로 승화시킨 행동이기도 했다.

그러므로 남북의 냉전적 대결을 평화적 공존으로 더 나아가 상생(相生)의 길인 통일로 바꾸는 힘도 민간의 평화를 향한 도덕적인 가치와 열정에서 찾을 수밖에 없다. 일상적인 생활 영역에서부터 평화를 위한 실천에 참여하고 지속적으로 평화의 가치를 지향하는 모든 이들과 연대하려는 노력이 반드시 요구된다.

결론적으로 한반도의 궁극적인 평화는 통일을 만들어 가는 방법이며 과정이고, 또 통일의 궁극적 목표로 자리 매김될 때 비로소 실현 가능한 것이다. 곧 통일은 그 자체가 평화롭게 준비되고 평화적으로 실현되어야 하며, 남북 주민들의 평화는 통일을 전제할 때에만 성취될 수 있을 것이라는 점이다.

한 민족이니까 통일해야 한다?

1. 들어가는 말

지난 세월 통일을 말할 때 남한과 북조선은 단군의 자손, 한 민족이라는 사실
이 늘 강조되었다. 통일을 해야 하는 이유나 통일로 인하여 발생할 어려움을
감수해야 하는 이유를 말할 때에도, 언제나 남북이 같은 민족이라는 것이
가장 중요한 자리를 차지해 왔다. 그러나 남이든 북이든 민족을 강조하면
할수록 통일은 더욱 멀어져 갔고, 설사 통일이 된다고 해도 우리가 바라는
상황이 아니기 쉽다는 의구심만 쌓이게 했다. 통일과 결부되어 있는 민족의
모습이 너무도 호전적이고 배타적인 까닭이다.

　사정이 이렇다보니 한편에서는 어차피 국가나 민족이 중요하지 않은 시대
— 경제적으로나 문화적으로나 국경이라는 경계가 점차 무의미해질 지구촌
시대 — 가 왔으니 통일에 연연해 할 필요가 없다고 말한다. 더 나아가 평화
만 보장된다면 한 민족 두 국가의 존재가 '설령 고착되더라도 사실상 그리
불편한 상태가 아니'라고 말한다. 오히려 "남북이 단일 민족 국가의 집착에

서 벗어나야 미래와 현재의 불확실성의 위험을 피할 수 있다"[1]고 말한다. 그런데 지금 우리가 통일과 민족을 분리시키는 것이 과연 타당한 것일까. 또 민족의 통일일 수밖에 없는 우리의 통일은 이제 시대에 뒤떨어진 발상이고 홀홀 털어 버려야만 하는 화두인가.

통일에 완전히 등을 돌리는 경우 — 사실 통일에 대해 어떤 기대도 하지 않는 사람, 아예 관심조차 갖지 않는 사람들이 많은 것 또한 우리의 엄연한 현실이다 — 가 아니라고 한다면 문제는 그리 간단하지 않다. 한마디로 통일과 민족은 분리되기 어렵고, 민족과 국가의 경계 또한 예전 같지는 않다 하더라도 이 지구상에 민족간, 국가간 불평등이 존속하는 한 의연히 그 생명력을 이어갈 것이기 때문이다. 그렇다면 문제는 통일과 결부되는 민족의 모습을 이제까지와는 다른 모습으로 그려낼 수 있는가 하는 것이다.

먼저 오늘의 **남한과 북조선은 같은 민족인가**를 생각해 보자. 너무나 당연한, 부인할 수 없는 사실인 것처럼 수용되고 있지만 '따로 또 같이' 살아온 분단의 세월 속에서 남한과 북조선이 보여준 모습은 도대체 민족이란 무엇인가를 심각하게 반문하도록 만들기 때문이다. 그럼에도 통일은 늘 민족의 통일로 다가왔기에 — 단적으로 통일은 하나의 민족이나 국가가 두 개로 나뉘어져 있는 상태를 전제로 하는 개념이며 두 개의 민족이나 국가를 하나로 합치는 것은 통일이 아니라 합병이라고 보기에 — 이제 같은 민족이므로 통일을 해야 한다기보다는 통일을 위해서라도 남한과 북조선은 같은 민족으로 남아 있어야 하는 것이 되었다.

수많은 통일 논의들이 남과 북 공동의 민족 정체성을 확고한 전제로 삼는 가운데 혹시라도 남과 북이 같은 민족이 아니라고 하면 이는 곧 통일을 부정

---

1) 이종오, 「해방 50년의 근대화 그리고 통일에 관하여」, 『창작과 비평』 1995 가을호, 43-45쪽.

하는 것으로 이해되었다. 그러나 같은 민족인가를 되묻는다고 해서 통일이 공허해지는 것은 아니다. 설령 '한때 같은 민족이었지만 지금은 하나가 아니라고' 말한다 해도, 하나인 채로 혹은 둘인 채로 얽히고설킨 긴 세월의 대립과 분열의 실타래를 풀어내자면 통일을 말할 수밖에 없기 때문이다. 남쪽 사회의 대표적인 극우 집단인「자유총연맹」조차도 인정하는 탈냉전의 시대가 왔건만 한반도는 왜 여전히 냉전의 수렁에서 허우적대는지, 왜 그렇게 통일이 실현 불가능한 일로만 보이는지를 이해하기 위해서라도 분단 이후 민족이 겪은 분열과 모순을 꼼꼼하게 따져볼 필요가 있다.

다음으로 이제까지 남북은 **같은 민족이니까** 당연히 하나의 국가로 통일해야 한다는 주장을 누가 왜 무엇을 위해 해왔는지 생각해 보기로 한다. 남북 공동의 민족 정체성이 끊임없이 분열되고 위축되는 중에도 같은 민족이므로 통일을 해야 한다는 주장은 줄기차게 제기되어 왔다. "언어, 인종, 혈연 등 공동체적 요소를 공유한 집단이 하나의 국가 혹은 정치 단위를 건설해야 한다고 보는 사상과 운동"이 민족주의라면 남북이 같은 민족이니까 통일을 해야 한다는 주장은 민족주의의 표현이라고 할 수 있다. ― 이는 민족 단위와 정치 단위의 일치를 말하는 것으로 남한의 학자들이 민족주의를 설명할 때 곧잘 인용하는 겔너 Earnst Gellner의 정의를 염두에 둔 것이다.

그러나 그런 주장이 연출해 내는 현실은 각양각색일 뿐 아니라 자가 당착에 이르는 모순에 차 있다. 남쪽 사회의 중학생에서 대학생까지의 50.1%, 고등학생의 83%가 북의 주민을 동포로 보지 않게 된 데는[2] 그들의 개인주의적 성향 못지않게 민족의 이름으로 행해진 모순과 역설의 탓이 크다. 이런 상황에서 남쪽의 자본주의, 북쪽의 사회주의를 엮어낼 수 있는 통일 이념은

---

2) 이영우 외, 『통일 문제에 대한 세대간 갈등 해소 방안』, 민족통일연구소, 1995.

민족주의일 수밖에 없다는 주장이 제기되니 혼란은 극에 이른다. 따라서 우리는 민족의 이름을 앞세워 통일을 주장했던 이들이 왜 그런 주장을 했는지, 궁극적으로 민족주의가 통일에 어떤 영향을 미칠 것인지에 대하여 헤아려 보아야 한다.

이렇게 민족의 존재를 가늠해 보고 민족의 이름으로 빚어진 현실의 모순과 역설을 짚어본 다음에야 통일의 여정 속에 민족, 민족주의를 어떻게 위치지을 것인가가 분명하게 드러날 것이다.

2. 남한과 북조선은 같은 민족인가?

통일에 대해 무관심하거나 의문을 갖는 사람들에게 남과 북이 하나의 민족이라는 주장은 부정할 수 없는 사실이 아니다. 그것은 서로 단절된 채 살아온 수십 년의 세월 동안 쌓이고 쌓인 적대감과 이질감 때문이다. 극소수를 제외하고는 대다수가 북쪽 사람들을 직접 접해 본 경험이 없고, 대중 매체를 통해 전해지는 북쪽 사람들의 모습이나 생활은 아주 낯설 뿐만 아니라 이해하기 어려운 점들이 많다. 북쪽 사람들에게도 남쪽은 약육강식의 법칙이 지배하는 살벌한 사회이고 미국식 생활 방식과 왜색이 판을 치고, 퇴폐적이며 비도덕적인 생활 방식이 지배하는 곳으로 인식되어 있다. 서로에게 낯선 곳, 이방인으로 다가오는 것이 현실인데 이런 현실을 앞에 두고 그래도 우리는 한민족이라고 말하는 것은 실감나지 않는 이야기이다. 그저 하나의 이데올로기이며 허상으로 느껴진다.

그렇다면 남과 북을 통틀어 하나의 민족이라고 말하는 것은 과연 허상일까. 그에 앞서 드는 의문은 반만 년의 역사 동안 단일 민족으로 살아왔다는

민족이 오십여 년의 분단으로 하나의 민족으로 보기 어려울 만큼 서로 달라
질 수 있는가 하는 것이다. 정치 단위와 민족 단위가 일치해야 하는 정치
원리가 민족주의라고 말했던 겔너는, 민족이라는 실체가 본래 있어서 민족
주의가 형성된 것이 아니라 역으로 민족주의라는 정치 원리가 민족을 실체
인 것처럼 만든 것이며, 그런 의미에서 모든 민족은 민족 국가의 형성과 더불
어 나타난 근대적 현상이라고 했다. 이런 맥락에서 보면 "5천년 역사를 통해
면면히 이어온 것으로 간주되는 민족"은 하나의 신화에 불과하다.

그러나 우리의 경우 서구의 경험과는 달리 근대 이전에 이미 단일 종족,
언어를 갖추고 봉건제의 분할 통치가 아닌 중앙 집권적 왕조 국가의 통치를
받아왔던 탓에 "일종의 전기적 민족주의의 역사를 갖고 있다"3)고 말할 수
있다. "유럽을 무대로 여러 종족들이 중세의 봉건 질서 아래 이리 모이고
저리 모이고 할 때 한반도와 만주에 터를 잡고 살았던 여러 종족(혹은 부족)들
이 삼국 시대와 남북국(통일신라와 발해) 시대를 거친 후 고려의 건국과 더불어
이미 하나의 국가를 세웠던 역사"를 가진 것이다.

반면 민족을 민족이게 하는 것에서 정치적 소속감은 빼놓을 수 없는 요소
이고 그런 의미에서 "민족의 존재는 매일 매일의 국민적 결의"라고 한다면
우리에게 그런 의미의 민족은 여전히 미완인 채로 남아 있다. 몇백 년 전
평온한 시기를 살았던 백성은 과연 "나는 조선 사람"이라는 생각을 얼마나
했을까. 아마도 왜란이나 호란 같은 전쟁을 겪으며 왜놈, 뙤놈과 다른 조선
사람이라는 자각이 들기는 했겠지만 당시에 일본으로 끌려간 도공들이 돌아
가고 싶어했던 곳은 자기가 살던 고향이지 조국은 아니었을 것이다. 여기서
우리는 5천년 단일 민족 자체도 그렇게 확고한 것은 아니라는 것을 알 수

---

3) 김동춘, 「1980년대 한국의 민족주의」, 유병용 외, 『한국 현대사와 민족주의』, 1996, 164쪽.

있다.

이제 문제는 분명해진다. 민족을 무엇으로 보는가, 민족을 민족이게 하는 것은 무엇인가에 대한 이해가 어떠한가에 따라 남과 북은 같은 민족일 수도 있고, 아닐 수도 있는 것이다.

1) 민족 개념에 대한 남북의 이해

먼저 민족을 어떻게 정의할 수 있는지 생각해 본다. 답답한 일이지만 누구도 민족을 만족스럽게 정의하지 못하고 있다. 그것은 민족이라는 개념 자체가 역사적 상황이나 정치적 조건에 따라 아주 달리 정의될 수 있기 때문이다. 즉, 민족은 역사적, 실천적 개념이다. 그래서 존재하는 것은 민족 일반이 아니라 'ㅇㅇ민족', 'ㅿㅿ민족'으로 구체적인 실체일 뿐이고 이 또한 불변하는 것이 아니라 끊임없이 변화를 겪는다고 보는 것이 옳다. 특히 민족이 실천적 개념이라고 하는 것은 그 민족이 특정 시기에 어떤 과제를 실현하고자 하는 가에 따라 추구하는 민족에 대한 이해가 달라진다는 것을 말한다. 여러 이유로 민족이라는 문제에 남쪽보다 더 매달려온 북쪽에서 민족에 대한 정의가 변화해온 과정은 이를 분명하게 보여 준다.

북쪽에서는 민족을 "핏줄과 언어, 문화, 지역의 공통성에 기초하여 력사적으로 형성된 사회 생활 단위이며 사람들의 공고한 운명 공동체"[4]로 정의한다. 주체 사상이 체계화되기 전까지는 민족이 "언어, 지역, 경제 생활, 문화와 심리 등에서 공통성을 가진 역사적으로 형성된 사람들의 공고한 집단"[5]으로

---

4) 『조선말대사전』, 1992.
5) 『철학사전』, 1970.

정의되다가 1973년에 와서 혈통이 추가되고 여기에서 다시 경제 생활의 공통성을 빼고 핏줄과 언어를 가장 중시하는 정의로 바뀌어 오늘에 이르게 된 것이다.

남북을 가르는 기본적인 차이 가운데 하나인 경제 체제를 민족의 구성 요소에서 삭제하고, 대신 남북을 아우르는 공통 요소에 주목한 데서 북쪽의 실천적 관심에 통일이 자리하고 있음을 알 수 있다. 따라서 북쪽 사람들에게 남쪽은 의심의 여지없이 하나의 민족이며 이 민족은 "부모가 그러한 것처럼 선택의 자유가 허용될 수 없는 사회적 집단"6)인 것이다.

한편 남한의 입장을 대표할 만한 민족의 정의는 찾아보기 힘들다. 우리는 아직 "(정치적) 민족이 아니거나 되어 가는 중"7)이라는 것에서부터 "서로가 함께 공동체를 이루고 살아갈 대상으로서의 '우리'라고 느끼는 사람들의 집단"8) 또는 "인간이 객관적으로 언어, 지역, 혈연, 문화, 정치, 경제, 역사를 공동으로 하여 공고히 결합되고 그 기초 위에서 민족 의식이 형성됨으로써 더욱 공고하게 결합된, 역사적 범주의 인간 공동체"9)로 보는 견해에 이르기까지 민족에 대한 이해와 포괄하는 범위가 아주 다양하다.

앞에서 민족은 역사적, 실천적 개념이라고 했는데, 남쪽 사회에 이처럼 다양한 민족 개념이 존재하는 것은 그만큼 역사적, 실천적 관심들이 많은 차이를 드러내고 있다는 사실을 말해 주는 것이다. 이런 상황에서 북쪽 사람들은 과거의 역사적 경험을 공유하고 있기 때문에 같은 민족일 수도 있지만 더

---

6) 『주체 철학 원론』, 1989.

7) 권세기, "통일 한국의 사회 통합과 정치 교육," 한국 정치학회, 『통일 한국의 사회 통합과 정치 교육』, 제3회 한국정치세계학술대회 발표문, 1993, 7쪽.

8) 이상우, 『함께 사는 통일』, 나남출판사, 1993.

9) 신용하, 『민족 이론』, 문학과 지성사, 1985.

이상 '우리'라고 생각되지 않으면 같은 민족이 아닌 것이다. 그런가 하면 "통일 한국은 정치적 민족 형성의 첫번째 가능성"[10]이고 그 가능성을 공유하게 된다면 같은 민족이 될 수도 있는 잠재적인 집단이다. 결국 남쪽에서는 북쪽을 같은 민족이라고 딱 부러지게 인정하는 분위기가 아니라는 얘기가 된다. 민족을 어떻게 규정하는가 하는 문제는 통일 문제와 직접 연결되는 까닭에 더욱 미묘한 과제가 된 것이다.

2) 분열된 민족 정체성

남쪽 사회 내에서만 보면 이렇게 정체가 불분명한 민족을 밖에서 보면 사정이 달라진다. "우리는 남한이요 북한이요, 전라도요 경상도요 하지만 그러한 구별에 대해서 우리 밖의 세계는 아무런 관심도 보이지 않는다."[11] 모두 다 '코리아'인 것이다. 무엇인가 남쪽과 북쪽을 같은 집단으로 보게 하는 특성들이 있다는 얘기다. 우선은 생김새, 말과 글이 그렇다. 국가 대항전 경기가 벌어지면 둘간의 시합이 아닌 경우 늘 응원을 해주는 것도 그렇다. 그러나 생김새가 같고 말과 글이 같은 미국과 영국이 서로를 응원하지는 않는다. 남과 북 사이에는 뭔가 특별한 유대가 있는 것인가?

남북은, 사정을 좀 아는 외국인들에게는 냉전 체제 때문에 두 개의 국가로 나뉘기는 했어도 원래는 하나의 국가이다. 해외 동포들 — 일본의 민단과 조총련처럼 출신 지역에 따라 나뉘어 서로 대립하는 이들도 있지만 어느 쪽에도 속하는 것을 거부하며 누구보다도 통일을 열망하는 이들도 있다 — 에

---

10) 권세기, 앞의 책, 7쪽.

11) 송두율, 「한 동포학자의 조국을 위한 상념」, 『월간 말』, 1992년 1월호, 171쪽.

게는 집안 싸움에 날 새는 줄 모르는 부끄러운 하나의 조국이다. 다시 안으로 돌아와 보면 일상 생활에서 등장하는 '5천년 유구한 역사를 지닌 단일 민족, 백의 민족' 하는 표현에서 북쪽이 제외되지는 않는다. 혹은 대동강변에서 어깨춤을 추며 어울리는 사람들을 볼 때 '역시 우리는 가무를 즐기는 민족이야' 하는 느낌도 남아 있다.

그렇다면 민족을 민족이게 하는 것은 무엇일까. 어떤 이는 언어나 영토, 정치·경제 체제 등의 객관적인 요소나 민족 감정 혹은 민족 의식과 같은 주관적인 요소의 결합을 말한다. 이는 우리에게 익숙한 설명이지만 문제는 이런 기준으로 따져보아도 별 도움이 되지 않았다는 것이다. 최근 이보다 더 체계적으로 민족의 요소를 설명한 예가 있는 만큼 이를 중심으로 생각해 보자.

이에 따르면 유럽의 역사적 경험에서 도출된 민족의 유형은 크게 세 가지로 국가 민족, 문화 민족, 저항 민족이 있고 각각의 경우에 민족이게 하는 요소들은 차이가 있다. '국가 민족'의 경우 민족을 민족이게 하는 요소는 국가에 대한 소속감이다. 이 경우 어느 나라 국민이라는 것이 민족과 같은 의미로 쓰일 수 있다. '문화 민족'의 경우에는 그 요소가 민족 정신 혹은 심성 **mentality**을 형성하는 언어, 혈연, 관습, 종교, 전통, 역사의 공통성이다. 따라서 스위스는 독일, 프랑스, 이탈리아 등 세 개의 문화 민족으로 이루어진 하나의 국가 민족이고 남과 북은 두 개의 국가 민족으로 이루어진 하나의 문화 민족이다.12) '저항 민족'은 외부의 적을 전제로 하여 그에 대항한 내적 일체감을 갖는 것이다. 결국 민족은 정체성의 문제 — 자신이 누구이며, 무엇을 해야 하고, 어떻게 해야 하는지에 대한 판단의 집합 — 이며, 정체성을 공유

---

12) 박호성, 『남북한 민족주의 비교 연구』, 당대, 1997.

하는 이들 사이의 일체감(또는 공동의 유대, 공동체 의식)의 문제이다. 그 정체성과 일체감을 매개하는 것이 경우에 따라 국가라는 형식일 수도 있고, 문화적 유산과 심성, 전쟁을 비롯한 외부의 위협일 수도 있는 것이다.

남과 북은 하나의 문화 민족이었지만 분단 이후 언어나 전통, 관습의 차이가 커져 왔다. 한 예로 북은 일찍부터 한글 전용을 선언했고, 그 밖의 외래어는 구 소련의 발음을 따온 만큼 같은 한글을 사용한다고는 하지만 남쪽과 차이가 있다. 더욱이 문화가 고정되어 있는 것이 아니라 끊임없이 변한다는 점을 생각할 때 그 차이와 단절은 결코 가볍게 여길 일이 아니다. 그런 점에서 '남북이 다르지도 않고 같지도 않은' 상황이 진실에 가깝다고 봐야 할 것이다. 게다가 두 개의 국가로 나뉘어 있음으로 해서 민족적 일체감은 결정적으로 금이 가기 시작했다.

이 민족은 깊이 병들었습니다. 우리는 서로 믿지 못해서 치고받고, 증오심에 불타 서로 물어뜯다가 모두들 지쳐 죽게 되었습니다. 오가는 마음에 독이 스며 있고, 주고받는 말에는 가시가 돋쳤습니다. 서로 전하는 눈길에는 서슬 푸른 칼날이 번뜩입니다
― 문익환, 『땅의 평화』 중에서

이는 핵을 장착한 소련의 인공위성이 고장으로 추락할 때 어느 신문 만화에 "이북 땅에 떨어졌으면" 하는 표현이 실린 것을 보고 쓴 글이다. 분단의 골은 더 이상 정권의 이해를 앞세운 당국자들 사이에만 있는 것이 아니라는 점이 분명하게 드러난 것이다. 적어도 남쪽에서는 "정치 단위로서의 민족(즉, 국민)과 종족 ethnic, 언어, 문화 단위로서의 민족이 분열"13)되었다. 한편 분단

---

13) 김동춘, 앞의 책, 165쪽.

이전에는 외세의 침략과 통치를 받아야 했던 공동 운명체의 경험이 있어 저항 민족으로서 하나였다고 할 수 있으나, 분단 이후 다른 어떤 국가들보다도 서로 증오하고 경쟁하는 관계로, 다른 한쪽을 '외부의 적'으로 삼아 온 탓에 민족적 일체감의 균열은 더욱 심각할 수밖에 없다.

이제 남과 북은 같은 민족인가라는 물음에 어떻게 답할 것인가. 민족은 역사적, 실천적 개념이며 일체감의 문제이자 정체성의 문제이다. 이에 비추어 볼 때 우리의 모습은 어떠한가.

민족이 역사적 개념이라는 것은 과거의 경험과 오늘의 현실이 민족의 모습을 형성한다는 말로 이해될 수 있다. 이런 점에서 남과 북은 같은 민족도, 그렇다고 전혀 별개의 민족도 아니다. 서로 아주 다르지도 않고 그렇다고 아주 같다고도 할 수 없는 이런 상황을 '민족의 분열'이라고 부를 수 있을 것이다. 민족적 정체감과 일체감이 민족 의식을 구성하는 축이라고 한다면 특히 민족적 일체감에서 남과 북은 결정적인 분열을 겪고 있는 것이다. 그런가 하면 민족은 실천적 개념이다. 이는 민족이라는 것이 구성원들 개개인에게 의미 있는 존재가 되고 민족 과제가 무엇이며 나는 무엇을 할 것인가에 관한 실천적 관심을 불러일으킨다는 뜻으로 이해될 수 있다. 이런 점에서 민족적 정체감은 하나의 단위를 지향하는 통일에 대한 실천적 관심을 불러일으킬 수 있다. 때문에 서로 완전히 다르지도 같지도 않은 상황에서 하나를 지향하는 것이다.

이렇게 남과 북이 같은 민족이라는 것은 하나의 지향이지 실재하는 것이 아니다. 그럼에도 같은 민족이므로 통일을 해야 한다는 주장이 난무하는 현실은 어떻게 이해해야 할까. 흔히 이러한 주장을 민족주의로 이해하지만 과연 민족의 통일을 주장하면 민족주의인지, 민족주의는 오늘 우리의 통일 이

넘으로 제 역할을 할 수 있는지를 짚어 보기로 하자.

3. 한 민족이니까 통일해야 한다?

한 민족이므로 통일을 해야 한다는 주장은 민족주의의 표현일 수 있다. 이런 주장은 남과 북에 있어서 공통적이고, 남쪽 내에서도 끊임없이 대립해온 정부 당국과 민간 운동 모두에게 공통된 주장이었다. 그러나 우리는 남과 북, 정부와 정당, 민간을 아우르는 민족 대단결의 원칙이 얼마나 공허한지를 수없이 보아 왔다. 그것은 민족 통일이라는 같은 주장을 해도 어떤 경우에는 민족주의가 아닐 수 있고, 또 민족주의라 해도 하나의 민족주의가 아닐 수 있기 때문이다. 그런 점에서 민족 통일이라는 주장은 민족주의의 충분 조건이 아니다. 이제 민족주의를 둘러싼 무수한 혼란을 헤쳐나가자면 인식의 푯대부터 세워야 하는데, 이를 위해 민족주의에 관한 정의를 내리는 것에서부터 출발해 보자.

1) 민족주의의 정의

민족주의를 둘러싼 많은 혼란 가운데 하나는, 예를 들어 '박정희의 민족주의'라는 것이 말이 되는 이야기인가 하는 것이다. 조금 오래된 기억이지만 "우리는 **민족 중흥**의 역사적 사명을 띠고 이 땅에 태어났다. 조상의 빛난 얼을 오늘에 되살려…"로 시작하는 헌장 전문을 외야 했던 때가 있었다. 꽤나 민족주의적으로 보이는 이 헌장의 명칭은 **민족** 교육 헌장이 아니라 **국민** 교육 헌장이었다. 그런가 하면 정권 연장을 위해 마련된 유신 헌법은 일명

통일 헌법이었고 체육관 선거를 치러낸 대통령 선거인단은 다름 아닌 **통일** 주체 국민회의였다. 이처럼 민족, 국가(국민), 통일이 있을 자리를 찾지 못하고 엇나갔음에도 '무궁화 꽃이 피었습니다' 식의 상상력을 빌어, 박정희 정권이 민족주의 정권이었다고 보는 이들은 이를 '위로부터의 민족주의'라고 부른다.

그런가 하면 박정희 정권은 (분단) 국가주의의 전형이라고 평가하는 이들도 있다. 즉, 해방 이후 남과 북에 따로따로 정부가 들어섰고 휴전 이후에도 한동안 유격전을 불사할 만큼 적대 관계를 유지해 온 상황에서 박정희 정권에게는 남쪽 국가의 이해, 자기 정권의 이해가 중심이었다고 보는 것이다. 박정희는 민족주의자였는가 아니면 정권 유지를 위해 민족주의를 동원했을 뿐인가. 혹은 민족, 통일이라는 말만 따왔을 뿐 민족주의 운운하는 것 자체가 어불성설인가.

모름지기 무슨 주의(主義)나 이즘(-ism)은 사고의 중심을 두고 그 중심의 이해를 다른 무엇보다 우선한다. 그러므로 민족주의라 하면 민족이 사고의 중심을 이루고, 민족의 이해가 다른 무엇보다 우선하는 것이다. 그러나 민족의 이해가 무엇인가 하는 것은 민족이 처한 상황에 따라 다르며 그런 의미에서 민족주의는 또한 민족과 마찬가지로 역사적이고 실천적인 개념이다.

민족주의 일반을 정의하려는 많은 노력이 기울여졌지만 어느 하나 만족스럽지 못한 가운데 'ㅇㅇ 민족주의, △△ 민족주의'가 있을 뿐이라 이야기되는 것도 이 때문이다. 앞서 소개한 겔너의 민족주의 정의 역시 철저하게 서구의 경험에 바탕을 둔 것이고 바로 그런 점에서 서구와는 다른 근대화의 길을 걸어온 이곳 한(조선)반도의 역사적, 실천적 개념이 되기는 어렵다.

남쪽만 놓고 보면 민족의 역사적 경험과 실천적 관심을 반영하여 정의한 것으로 보이는 민족주의는 일차적으로 "민족의 통일, 독립 및 발전을 지향하고 추진하는 이데올로기와 운동"14)이다. 더욱 구체적으로는, "민족 내부적으로는 민족 구성원 상호간의 실질적인 동질성 확보와 민족적 통일을 통한 민족 국가의 수립을 지향하며, 민족 외부적으로는 민족의 해방 또는 자주 독립, 나아가서는 민족 국가 상호간의 실질적 평등을 추구하는 정치적 이데올로기 및 운동"15)이다. 여기에는 (민족이라고 하는) 같은 집단에 속한다고 말하기 어려울 만큼 내부의 경제·정치·문화적 격차와 차별이 존재하는 상황, 남북 분단, 세계 자본과 미국의 패권적 지배를 넘어서고자 하는 지향이 담겨 있다. 이러한 정의는 민족적 과제를 함축하고 있지만 이것으로 민족주의를 다 이해했다고 보기는 어렵다.

민족적 과제라고 하는 것이 민족의 존재를 일깨울 때 의미가 있다는 점에서, 다른 무엇보다도 민족주의는 민족적 정체성과 일체감을 불러일으키는 것이어야 한다. 예를 들어 민족 통일이라는 과제를 제기한다고 해도 그것이 민족적 정체성과 일체감의 형성에 오히려 방해가 된다면 민족주의라고 보기 어렵다. 이런 기준으로 볼 때, 이제까지 우리의 민족주의라는 것이 민족의 상징은 동원하지만 민족주의라고 할 수 없는 국가주의에 다름 아니라고 할 수 있다.

2) 민족이라는 상징을 동원한 국가주의

다시 남과 북은 같은 민족이므로 통일을 해야 한다는 주장으로 돌아가 보자. 여기서 중요한 문제는 그런 주장을 누가, 왜 했는가 하는 것이며 이때

---

14) 차기벽, 『민족주의 원론』, 한길사, 1990.

15) 박호성, 같은 책.

그 밑바닥에 민족 성원들간의 유대감이 자리하고 있는가, 민족의 독립과 자주를 견지하고 있는가에 따라 그것이 민족주의일 수도 있고 민족주의가 아닐 수도 있는 것이다. 박정희 정권이 충효의 전통이나 민족, 통일과 같은 수사를 동원하였지만 우리가 이를 민족주의라고 부를 수 없는 이유는 바로 그러한 점 때문이다. 그러나 이처럼 민족이라는 상징이 동원되는 예는 박정희 정권에만 해당되는 것이 아니다. 우리는 남과 북 모두에게서, 분단 이후 오늘에 이르기까지 민족이라는 상징을 동원한 국가주의를 확인할 수 있다.

언뜻 보기에 남북의 정권들은 민족주의의 선봉에 서 있는 것처럼 보인다. 남쪽 대통령이 "어느 우방국도 민족보다 더 나을 수는 없다"고 말하고, 명색이 사회주의 국가인 북쪽의 주석이 "민족이 있고서야 계급이 있을 수 있으며 민족의 리익이 보장되어야 계급의 리익도 보장될 수 있다"고 말했으니 말이다. 또한 남쪽 당국의 공식적인 통일 방안은 '민족 공동체 통일 방안'이고 북쪽 당국의 연방제 통일 방안은 '조선 민족 제일주의'를 내세운다.

남쪽의 민족 공동체 통일 방안은 "7천만 민족 구성원 모두가 주인이 되는 민족 공동체를 토대로 1민족, 1국가, 1체제, 1정부 형태의 통일 민족 국가 건설"을 그 내용으로 한다. 여기서 1체제는 자유 민주주의를 뜻하며 이는 정치 이념인 동시에 '시장 경제의 원리에 바탕을 둔 이념'이다. 한마디로 자본주의 체제와 그 기본 이념을 뜻한다. 이는 결국 북쪽을 남쪽으로 흡수하는 통일이며 바로 그러한 연유에서 북쪽이 위협을 느끼는 통일 방안이다. 한편 북쪽의 연방제 통일 방안은 '1민족, 1국가, 2체제, 2정부'를 지향하는 것으로 남북 체제의 공존을 인정하고 있지만 남쪽 당국은 이를 위장 평화 전술 정도로 받아들이고 있다. 북쪽이 통일을 해야 하는 이유로 내세우는 '조선 민족 제일주의'가 북조선식 사회주의에 대한 자부심을 표방하는 이념이며 '미 제국주의로부터 남한 인민을 해방시키는 것'을 과제로 삼기 때문이다. 이렇게

‘민족 제일주의’로 무장한 채 서로 대치하는 현실을 어떻게 이해해야 할까.

1945년 미소 점령군이 38선을 경계로 밀려오고 남과 북에 체제를 달리하는 두 개의 정부가 세워짐으로써 한반도는 냉전 체제의 최전방이 되었으며 이런 상황에서 두 개의 정부는 ‘민족 이익보다 각자의 국가 이익(또는 정권의 이익)을 우선하는’ 국가주의의 길을 걸어 왔다. 남한이나 북조선이나 민족의 상징을 동원하거나 ‘같은 민족이니까’ 하는 이유를 붙일 때 그것은 민족적 자각이나 민족의 이익을 위해서가 아니라 내부 통치를 위해서, 즉 국가의 질서 유지 — 정권의 안정 — 를 위해서였다. 따라서 통일이든 민족 자주성이든 국가 질서에 위협이 되면 언제든 부정할 수 있는 것이었다.

동시에 남한 당국이나 북조선 당국이나 민족 정통성의 계승자임을 자처하는 마당에 각자에게 국가 이익이 민족 이익에 대립되는 것도 아니었다. 남한이 내 땅도 내 땅, 네 땅도 내 땅이라고 말하는 — 휴전선 이북을 ‘일시적으로 통치권 행사가 유보된 영토’로 보고 헌법 3조에 ‘대한민국의 영토는 한반도와 그 부속 도서로 한다’고 명시하였다 — 근거는 남한 정부만이 한반도에서 ‘유엔이 인정한’ — 1948년 12월 12일 유엔 총회의 결의를 말함. 그러나 사실은 ‘5·10 총선거가 실시된 38선 이남 지역에서만 한국 정부가 유일한 합법성을 갖는다’는 내용 — 합법 정부였다는 것뿐만 아니라 대한제국, 식민지 시절 임시 정부를 계승한 민족의 적자라는 것이다. 북조선의 경우 1992년 헌법 개정을 통해 ‘전국적 범위에서 외세를 물리치고’라는 표현을 삭제하여 남한의 영토도 자기 관할이라는 주장을 접었지만 자신들은 항일 민족 해방 운동의 주류였고 민족 자주를 지켜온 반면 남한 정권들은 사대주의에 굴복하여 민족을 팽개쳤으므로 민족의 정통성은 당연히 자신들이 이어가고 있다고 생각한다. 따라서 상상을 초월하는 식량난과 주변 강국의 위협 속에서 북조선을 지키는 것은 곧 (조선) 민족을 지키는 것이 된다.

민족의 정통성이 호전적인 경쟁의 근거로 작용하는 현실에서 우리는 상징으로 동원되는 민족의 분열과 허구성을 본다. 민족의 깃발이 아니었다면 국경을 맞대고 살아가는 이웃 국가, 과거에 하나의 민족이었던 경험이 있어 서로 더 잘 이해하고 도우며 살아가는 사이가 될 수도 있었을 것이다. 그러나 '잃어버린 반쪽'으로 이야기하니 더 미련이 남고 언젠가 되찾기 위해 나는 강해져야 하고 상대는 약화시켜야 했던 것이 아니겠는가. 그래서 러시아에는 30억 불 차관을 군말 없이 주면서도 경수로 지원에는 인색하고, 굶어 죽어가는 사람들을 앞에 놓고도 돕기를 주저했던 것이다. 또한 남한은 '북경과 모스크바를 거쳐 평양으로' 가려 하고, 북조선은 '워싱턴과 동경을 거쳐 서울로' 오려 하는 것이다.[16)

3) 민족을 빙자한 국가주의의 폭력성 : 획일성의 강요

민족주의에 대한 일반적인 통념 가운데 하나는 그것이 '개인보다 집단을 앞세우는' 집단주의라는 것이다 즉, 민족 전체의 이익을 위하여 개인의 이익은 얼마간 희생할 수도 있고, 민족의 이익을 실현하기 위해 민족 구성원이 책임을 다할 것을 주장한다는 것이다. 민족주의에 대한 이러한 평가는 남한과 북조선의 국가주의가 질서 유지를 위하여 민족의 상징을 동원의 명분으로 이용해 왔던 경험과 무관하지 않다.

물론 이런 경우가 아니더라도 혈통과 언어가 같고, 외부의 침략을 경험했다면 그런 기반에서 자라는 민족주의는 충성과 획일성을 강요하는 경향이 있어 보인다. 여러 개의 소국가로 나뉘어 있는 가운데 통일된 민족 국가를

---

16) 송두율, 『통일의 논리를 찾아서』, 한겨레신문사, 1995, 232쪽.

세우기 위해 민족 정신에 기대야 했던 독일이 나치즘을 낳았던 것이 그런 예 가운데 하나이다. 나폴레옹의 정복에 대항하는 과정에서 발화된 독일의 민족주의는 "민족이 자유를 급습하고 통일이 민주를 짓밟아 버리는 인색한 통로만을 허용"[17]했다. 남한에서는 독재 정권이 충효 사상이라는 과거의 전통을 끌어와 권위주의 통치를 정당화했고, 폭력적인 통제를 '한국적' 민주주의로 불렀던 경험이 있다. 또한 북조선의 조선 민족 제일주의는 "밖으로부터의 압력 내지 간섭과 지배에 용감하게 응전해야 하며 안으로는 온갖 외세 의존을 배격"하기 위하여 당과 수령에게 충성할 것을 요구한다. 외부의 적에 대항하여 민족 자주성을 지키고 '밖으로부터의 자유'를 위하여 '안의 자유'를 허용하지 않는 것이다.

　이러한 속성은 국가주의에 민족이라는 상징이 동원되었기 때문인가 아니면 민족이라는 상징을 동원할 때면 여지없이 나타나는, 민족주의 본래의 모습인가. 민족주의 자체는 하나의 사상이고 운동이다. 이 말은 즉 어떤 지향으로 구성되는가가 문제라는 뜻이다. 다시 민족주의에 대한 정의로 돌아가 보면 '민족 내부적으로는 민족 구성원 상호간의 실질적인 동질성 확보'라고 표현되었던 지향이 있다. 동질성이라는 표현에는 획일성과 유대감 간의 긴장이 존재하기는 하지만 중요한 것은 민족 구성원들이 '우리'라는 느낌을 갖는 일이다. 단지 정치적 동원을 위한 구호나 수사가 아니라면 구성원 스스로 중요한 결정에 참여할 수 있어야 하고 발전의 이익을 고루 나누어야 우리라는 느낌을 가질 수 있을 것이다. 즉, 참여와 평등이 보장되어야 실질적으로 유대감을 가질 수 있고 그런 의미에서 최소한의 동질성이 확보될 수 있다는 말이다.

---

17) 박호성, 같은 책.

이런 의미의 민족주의는 우리가 아직 가보지 못한 길이다. '시민적 민족주의' 혹은 '국가 민족'이라는 표현에 담겨 있는 서구 — 특히 영국과 프랑스 — 의 경험은 민족을 민족이게 하는 핵심적인 요소가 정치적 소속감임을 말해 준다. 정치적 소속감은 중요한 결정에서 배제되지 않고 자기의 목소리를 낼 수 있을 때라야 가능하다. 그리고 이 정치적 소속감은 실질적인 평등 — 구성원들간의 경제적, 사회적 격차가 크게 벌어지지 않도록 남는 것은 나누고, 모자라는 것은 채워 주는 의미에서 — 에 의해서 뒷받침되지 않으면 빈 껍데기에 지나지 않는다. 우리의 경우, 하나의 민족, 동포라는 말을 수없이 들어왔지만 이런 의미의 민족은 '아직 형성되지 않았거나 형성되는 과정' 중에 있다. 그렇게 보면 오늘 남북 모두의 호전성과 폭력성은 민족주의의 과잉 때문이라기보다는 **제대로 된** — 민족의 이해를 말하기 이전에 민족에 대한 소속감을 갖는 집단이 존재할 수 있었나 하는 면에서 — 민족주의의 길을 간 적이 없었던 것에 기인하는 것이다.

4) 끼리끼리 우리끼리, 반외세 저항 민족주의와 배타성

외세/민족의 이분법은 안의 차이를 인정하는 데 서툴고 밖으로는 폐쇄적인 태도를 지니기 쉽다. 예컨대 남과 북, 해외 동포의 3자 연대와 민족 대단결로 대표되는 기존의 주류 통일 운동은 각 주체들의 실정과 요구보다는 3자 연대라는 형식 자체를 더 중시해왔다. 남한 사회의 대다수 사람들이 납득하지 못하는 가운데 임수경의 방북 이후로 해마다 한총련 대표가 방북을 하는 것도 "민족 주체 역량의 제1 기동력인 북을 중심으로 남과 해외의 민이 단결하는 모습을 내외에 과시하여 남한 정권을 고립시키는 것이 각 주체의 실정을 고려하는 것보다 훨씬 중요하다고 보기 때문"18)이다.

이런 사고 방식과 태도가 통일 운동에만 자리하고 있는 것은 아니다. 무엇을 경계로 하는가의 차이가 있을 뿐 경계 안에 들어오면 그 안에서는 하나여야 하고 경계 밖에 대해서는 한없이 잔인해지는 습성은 이미 일상화된 지 오래이다. "뭉치면 살고 흩어지면 죽는다"는 말은 이제 강요할 필요도 없이 우리들 생활과 사고 방식에 굳게 자리하고 있다. 그래서인지 세계의 대도시 어디엘 가도 있는 차이나타운이 서울에는 없다. 외국인 노동자를 고용해서 턱없이 낮은 임금을 준다거나 그것도 체불을 하기 일쑤고 산재를 당해도 보상해 주지 않는 일이 흔했던 것은 돈이 되는 일이라면 무엇이든 하는 얄팍한 자본주의 논리 때문만이 아니다. 그들이 '우리 나라 사람이 아니라서' '비위생적이고 못사는 나라 출신이라서' 마음 놓고 그렇게 대할 수 있었던 것이다.

우리의 일상을 돌아보면 혈연, 학연, 지연이 얽히고설킨 '끈끈한 정,' 일명 가족주의, 연고주의라고 하는 것이 다른 것들보다 우선한다. 좁은 땅덩어리에 모여 살면서 외세의 침략을 겪었고, 나라를 빼앗긴 경험에다 못 살고 배고픈 시절에 콩 한쪽이라도 나누어 먹을 요량으로 끼리끼리 모일 수밖에 없었던 것이 습성이 되어 오늘 우리들의 아주 폐쇄적이고 배타적인 모습을 만들어낸 것이다. 그렇다고 해서 민족이라는 커다란 틀에서는 모두 하나인가 하면 그 안에서도 또 끼리끼리 모여들고 안에 들어와 있으면 내 편, 밖에 있으면 적 대하듯 하는 것이 일상화되어 있다. 남한에서 생활하는 탈북자들이 겪는 큰 어려움 가운데 하나가 주변 사람들의 냉대와 무관심인 것도 이런 맥락에서 벌어지는 일이다.

물론 이러한 현상은 혈연과 같은 자연적 기초를 갖는 경우, 외부의 침략과 지배를 겪은 경험이 있는 경우 흔히 볼 수 있는 일이다. 독일에서 신나치즘이

---

18) 이승환, 「90년대 통일 운동의 반성과 과제」, 『통일샘』 1998년 7/8월호.

다시 등장하여 독일인이 아닌 사람들에게 린치를 가하는 것이나 남한 사회
에서 외국인들 대하는 태도가 유별나게 배타적인 것이 그렇다. 북조선이 폐
쇄적인 사회라는 것은 누구나 인정하는 사실이고 그것이 위기 의식과 자신
을 지키려는 방어의 표현임을 알지만 그렇다고 바깥에 대해 폐쇄적이라는
사실에 면죄부가 주어지는 것은 아니다. 바깥에 대해 배타적인 태도는 상황
에 따라 제어되지 않는 수탈로 돌변할 수 있기 때문이다. 후발 자본주의의
길을 걸었던 독일과 일본 등이 그랬고, 세계 체제의 주변부에서 반주변부로
위치가 바뀐 남한이 동남아 여러 나라, 심지어는 연변 조선족을 상대로 보여
준 행태가 그랬다.

이렇게 편가르기에 익숙하고 편을 가른 다음에는 안과 밖을 대하는 태도가
너무도 다른 것은 누가 강요해서 이루어지는 것이 아닌 까닭에 더욱 심각한
문제이다. 사람들 스스로 문제를 의식하고 변하려고 노력하지 않는 한 "언젠
가 평화롭고 진보된 인류 공동체가 세계 시민 사회라는 이름으로 창조되어
민족이 아름다운 해체의 길을 걷게 될"[19] 때가 온다고 해도 달라지지 않을
것이기 때문이다. 지금은 남한 사회의 동서 지역주의를 걱정하지만 통일의
과정에서 남북의 지역 이기주의가 그보다 더 심각한 양상으로 벌어질 일이
걱정이고 "(정치 중심적 근대화와) 저항 민족주의의 해체 없이 남북 통일은 어
려울 것"[20]으로 보는 것도 다 이런 배타성을 염려하기 때문이다.

저항 민족주의가 열린 민족주의로 바뀔 가능성은 있는가. 침략을 당한 경
험이 있기에, 차별을 당한 경험이 있기에 침략하고 차별하는 것을 배울 수도

---

19) 문부식, 「민족을 위한 변명」, 『통일샘』 1996년 7/8월호.

20) 조혜정, 「남북 통일의 문화적 차원 : '북조선'과 '남한'의 문화적 동질성·이질성 논의와 민
족주의·진보주의 담론」, 『통일 사회로 가는 길』, 1997, 33쪽.

있지만 반대로 그 고통과 문제를 겪어 보지 않은 사람들보다 이에 대해 더 잘 알고 있기에 침략하지 않고 차별하지 않을 수도 있다. 문제는 편가르기이다. 그 경계에서 조금만 자유로울 수 있다면 남북의 평화를 주장할 수 있지만 오늘 한반도의 현실은 이러한 기대와는 거리가 멀다. 그 속에서 통일은 점점 더 무망해지고 그와 함께 남한과 북조선은 한 민족이라는 일체감 또한 흐려져 간다.

4. 맺는 말 : 전부 다는 아닌 가능성

이제까지 통일과 결부되어 있는 민족, 민족주의의 여러 모습들을 살펴보았다. 의문의 출발은 아주 당연한 것으로 여겨져 왔던 통일의 당위성이었다. 바로 남한과 북조선은 한 민족이다, 남한과 북조선은 한 민족이므로 꼭 통일을 이루어야 한다는 이야기에 관한 것이다.

같은 민족이므로 통일을 해야 한다는 분단 국가주의의 주장이 그 민족의 다른 한쪽을 적대하는 아이러니를 보면 같은 민족이므로 통일을 해야 한다는 주장은 차라리 하지 않는 것이 낫다. 주장은 남한과 북조선이 같은 민족이어서 통일을 해야 한다는 것이지만 실제는 같은 민족이라는 이유로 — 잃어버린 반쪽을 다시 찾기 위하여 — 낯뜨거운 경쟁과 냉혹한 대결을 벌이기 때문이다. 또한 온갖 절차와 강제력이 동원되는 국가 정체성마저 흔들리는 마당에 남과 북은 하나였다는 과거형에 기대어 민족을 이야기할 수밖에 없는 통일 민족주의, 내부의 다양성과 차이에 주목하지 못하는 외세/민족 이분법에 따른 통일 운동은 무력하기 짝이 없다. 게다가 서로 단절되고 적대하면서 반세기를 살아오는 동안 남한과 북조선 사이에는 물리적인 휴전선만이 아니라 사람들의 머리와 가슴속에도 휴전선이 생겨났다. 이런 가운데 남과 북을 아우르는 하나의 민족이라는 것은 존재 자체가 분열되어 남과 북이 하나의 민족이니 당연히 통일을 해야 한다는 주장은 점차 설자리를 잃어간다.

그렇다면 이제는 남한과 북조선이 하나의 민족이라든가, 하나의 민족이니 통일을 해야 한다는 주장은 아예 폐기해야 하는가? 민족, 민족주의는 시대 착오적인 낡은 담론, 몇몇 지식인들과 학생들에게나 의미 있는 엘리트의 전유물일 뿐인가?

남한 사회에서 통일과 상관없이 제기되는 민족이라는 화두는 여전히 질기게 사람들을 묶어 두고 있다. 바람직하다고 할 수는 없지만 수재민 지원 모금에 참여한 많은 사람들이 "우리 민족은 시련에 강한 민족"이라는 이야기를 하는 것이 오늘 우리의 모습이다. 과거의 내우 외환을 견뎌낸 민족이니 오늘의 내우 외환도 이겨낼 것이고, 어려울수록 서로 돕는 민족이라는 이야기도 빠지지 않았다. 경제 위기가 발생하면서 금 모으기 운동에 바쳐진 그 많은 손길들, 월드컵 응원과 박찬호, 박세리 열풍, 국산품 애용 등은 감정적인 호소와 동원에 그친 것이긴 하지만 IMF 관리 체제로 들어선 이후 위기 의식이 자라면서 저항 민족으로서의 정체성이 새삼 확인되는 것처럼 보인다. 북조선은 북조선대로 민족에 골몰한다. 상상을 초월하는 식량난 속에서도 문을 열라는 요구에 따르지 않고 '고난의 행군'을 이어가는 이면에는 정권의 이해만이 아니라 "만약 현대성 modernity이라는 동시성의 철학이 자주성을 파괴할 때는 그러한 현대성을 철저히 반대한다는 입장"21)이 자리하고 있다.

남과 북의 이러한 현상들은 "오랜 역사를 통하여 종족과 언어에서 동질적인 집단으로 구성된 일종의 역사적 국가"22)였던 경험의 산물이다. 남과 북

---

21) 송두율, 「동구의 지성, 북한의 지성」, 『전환기의 세계와 민족 지성』, 한길사, 1991, 131쪽.

모두 쉽게 놓지 않는 과거의 끈을 거슬러 올라가다 보면 거기 남북 분단 이전, 하나의 국가를 이루고 살았고 같이 외부의 침략이나 지배를 받았던 경험이 자리하고 있다. 그리하여 분단의 세월을 살아오는 동안 남북을 아우른 민족적 일체감은 크게 훼손되었음에도 쉽게 남한과 북조선은 같은 민족이 아니라고 말하지 못한다. 다만 같은 민족이라고 해서 꼭 하나의 국가를 이루고 살아야 하는 것은 아니라고 말할 수 있을 뿐이다.

여기서 우리는 민족, 민족주의를 폐기하는 대신 열린 민족주의, 시민 사회의 토양이 갖춰진 민족 국가의 형성에 주목하게 된다. 이제 지향하는 민족주의가 '민족 자주를 통한 국제 협력, 남북 화합을 통한 평화 통일을 핵심 내용으로 하는 열린 민족주의[23]일 수 있다면, 또한 서로의 다양성을 인정하고 의사 소통을 해나가는 가운데 공존의 방법들을 체득해 나가는 민족 국가 형성이라면 남쪽과 북쪽의 통일을 한반도의 긴 역사 속에 위치 지을 수 있을 것이다. 이는 민족이란 화두를 완전히 버리는 것은 아니지만 예전처럼 남과 북이 하나의 민족이라는 것에서 출발하지 않고 남으로부터 시작하는 것이다. 남한 사회, 남한 사람들의 생활로부터 열린 민족주의를 위한 민족 정체성이 설 자리가 생겨나고 그 과정에서 남북이 같이 할 수 있는 민족적 일체감이 자랄 수 있다면 민족이라는 것이 통일의 여정 속에 자기 역할을 갖게 되리라 보는 것이다.

아직은 가능성이지만 남쪽 사회에 관용에 입각한 민족 정체성이 제도화된다면 개인들은 보다 더 분명한 민족 정체성을 갖게 될 것이다. 그리하여 민족 정체성을 뚜렷이 자각하게 되면 민족의 과제를 읽어 내고 실천하려는 의지

---

22) 도진순, 『한국 민족주의와 남북 관계 : 이승만·김구 시대의 정치사』, 서울대 출판부, 1997.
23) 같은 책.

가 생겨날 수 있다. 이 과정에서 통일에 대한 일상적 관심과 실천이 자리할 수도 있다. 서로간의 화해를 통해 남한 사람들과 북조선 사람들이 자유로이 만날 수 있게 되고 서로의 만남을 통해 같은 민족이라 느껴져 쉽게 가까워질 수 있다면 통일의 과정에서 마주치게 될 많은 문제들을 해결할 수 있는 실마리를 찾는 데 도움이 될 것이다. 그리고 그 문제들을 머리를 맞대고 풀어나가는 과정에서 더욱 분명한 민족적 일체감을 갖게 될 수도 있다.

문화적 동질화론에 딴지 걸기

1. 우리는 왜 문화적 동질화론에 딴지를 걸고자 하는가?

지금까지의 통일 논의는 상당 부분 정치 경제적 차원의 제도적인 문제로 환원되어 왔다. 국가와 체제, 정부 등의 수준에서 하나로 통합이 될 것이냐 아니냐의 문제가 주요 관심사였던 것이다. 그러나 이럴 경우 분단 체제의 현실을 직접 몸으로 부딪치며 살아가고 있는 사람들의 삶은 삭제되어 버린다. 통일은 그 구성원들이 직접 참여하여 만들어 가는 것이라는 점을 상기한다면, 정치 경제적 차원 못지않게 통일의 사회 문화적인 차원 또한 고려되어야 한다. 즉 분단 체제 속에서 왜곡된 일상을 살아가는 사람들의 삶이 삭제되지 않고 오히려 그들이 주체적으로 기여할 수 있는 다양한 영역들이 논의되어야 하는 것이다.

다행스럽게도 최근에는 이러한 노력들이 활발하게 이루어지고 있는 것으로 보인다. 북쪽의 식량난과 세계적 탈냉전의 기류가 확산되면서 통일을 그리 먼 일이 아니라고 인식하는 사람들은 바람직한 통일을 이루기 위해 사회 문화적 차원으로 접근하는 작업의 중요성을 강조하고 있다. 이미 앞에서 서술된 평화나 민족 등의 쟁점도 이러한 필요성에서 논의되고 있는 것들이다.

그런데 정부나 민간 운동을 비롯하여 통일 관련 전문가들이 사회 문화적 차원을 고려할 때 공통적으로 내세우는 논리가 문화적 동질화론이다. 이 논리의 요지는 통일 사회에서 남북 주민들간의 갈등과 마찰을 해소하려면 동일한 문화적 정체성을 확보해야 하므로 지난 50년 동안의 분단이 빚어낸 이질성을 극복하고 동질성을 확대시키자는 것이다. 문화적 동질화론은 그것에 대해 '딴지'를 거는 이들을 찾아보기 어려울 정도로 많은 이들의 호응을 얻고 있다.

그러나 이러한 논리는 다음과 같은 오해를 불러일으킬 수 있다. 남북이 각각 자신의 문화를 상대방의 문화보다 우월하다고 여기는 '자문화 중심주의'에 빠져 있다고 가정해 보자 — 실제로 앞 절에서 살펴본 바와 같이, 민족 정통성 등의 측면에서 남과 북이 치열하게 대립하고 있는 현실은 이러한 가정이 단순한 비약이 아님을 말해 준다. 그럴 경우, 현실적으로 동질화의 질적 가치와 기준은 (상대적으로) 우월한 문화에 있으며 그 우월성의 기준은 정치 경제적인 힘에 의해 좌우된다. 따라서 (상대적으로) 우월한 문화가 (상대적으로) 열등한 문화를 흡수 또는 배제하는 것이 문화적 동질화론의 숨은 요지일 수 있고, 이러한 점에서 이 논의가 획일성과 강제성을 갖고 있다고 볼 수 있다.

이 장에서는 먼저 문화적 동질화론이 구체적으로 어떤 배경을 가지고 있으며 또 어떻게 전개돼 왔는지 그 주요 개념들을 중심으로 살펴볼 것이다. 그리고 그 논리의 문제점들을 짚어보고자 한다.

2. 민족과 전통 문화에 기초한 남북의 '단일' 문화 창조

지금까지 통일 문화에 관한 논의는 우리에게 그다지 주요한 관심사가 아니었다. 그러다가 1985년에 이루어진 남북 고향 방문단과 예술단의 교류 사업을 계기로 남북 관계 개선의 실마리를 민족 화합의 차원에서 풀어보자는 데서 통일 문화에 대한 관심이 촉발되었다. 문화 예술을 비롯한 비정치적 분야로 초점을 옮김으로써 정치적으로 대치되어온 남북 관계를 개선해 보겠다는 의도에서 비로소 적극적인 관심사로 떠오르게 된 것이다.

이러한 배경에서 시작된 통일 문화에 대한 관심은 우선 그것에 관한 개념을 정의하고 규정하는 작업부터 전개되었다. 통일 문화는,

궁극적으로 '민족 통합'의 달성을 위한 '민족 공동체' 형성을 목표로 하며 민족 공동체는 '민족 의식'을 가진 구성원이 있을 때 가능하다.[1]

통일을 지향하고 '민족 통일체'를 열망하는 가치 체계와 행동 양식을 포괄적으로 수용하는 문화[2]

40년 동안 남북 분단 생활을 통하여 '각자성'을 갖게 된 이질화한 생활 양식 및 그 속에 들어 있는 법률, 도덕, 신앙, 지식, 예술, 관습 등의 각자성을 '민족사적 정통성'의 전개에 맞게 민족적 단원(단일한 근원)으로 통합해 나가는 능력과 의지 및 관습의 복합적 총칭[3]

---

1) 윤덕희, 「통일 문화의 개념 정립과 형성 방향 연구」, 『통일 문화 연구』, 민족 통일 연구원, 1994, 14-18쪽.

2) 조민, 「통일 문화의 개념과 형성 방향 연구」, 『통일 문화 연구』, 민족 통일 연구원, 1994, 20쪽 재인용.

3) 김창순, 「통일 문화의 창조 운동을 논한다」, 『북한』, 1984년 3월호, 21쪽 재인용.

‘남북 동포 누구나’… 받아들일 수 있는 평화 통일에 관한 이념(가치관, 신념) 지식 법률 정치와 경제 제도 예술 도덕 등의 총체적인 생활 양식이며, 기존 문화와 달리 새로이 형성되는 성격을 가지는 생활 양식이다.[4)]

이러한 정의들에서 공통적으로 사용되는 개념들은 민족 공동체, 민족 의식, 민족 통일체, 민족적 단일한 근원, 민족사적 정통성 등이다. 우리는 이러한 개념들로부터 어렵지 않게 하나의 논리를 발견할 수 있다. 즉 통일 문화는 민족 공동체의 문화이며, 민족 공동체를 형성(또는 회복)하기 위해 분단 기간 동안 심화되어온 이질성을 극복하고 동질성을 확대해야 한다는 것이다. 앞 절의 민족과 관련된 쟁점에서도 언급하였지만, 새로이 형성될 통일 문화의 준거점으로 작용하는 것은 또다시 ‘민족사적 정통성’이거나 ‘민족적 단원’이다. 결국 ‘통일 문화－민족 정체성－이질화 극복－동질화 확대’는 개별적으로 존재하는 것이 아니라 하나의 덩어리로 순환하고 있는 것이다.

이때 순환의 중심축이 되는 것은 민족 공동체인데, ‘민족사적 정통성, 민족 의식, 민족 통일체 또는 민족 공동체’라는 축은 신비롭게도 우리 자신을 의심의 덫에 걸려들지 않게 하는 마력을 지니고 있다. 이러한 단어들은 읽는 이들로 하여금 통일을 당연한 어떤 것으로 받아들이게 하는 주요 ‘코드’로 작동한다. 그도 그럴 것이 초·중등 교육의 일반적인 학습 과정을 밟아온 이들이라면 누구나 바른생활 또는 도덕, 국민윤리 교과서에서 가장 핵심적으로 다루어진 이 개념을 그다지 낯설게 느끼지는 않을 것이다. 더욱이 구체적인 실체는 경험해 보지 못했으면서도 생각하면 왠지 가슴이 벅차고 희생도 감수할 수 있을 것 같은 제일의 대의로서 뭉클함을 느끼기도 했을 것이다.

---

4) 양흥모, 「통일 문화 형성론 서설」, 『통일논총』 제5권 1호, 1985, 20쪽 재인용.

이렇게 민족(또는 민족 공동체)은 단지 당위적 감상으로서 학습되고 훈련되어 왔다. 따라서 냉혹한 사회적 현실 앞에서 개인이 갖고 있는 민족에 대한 감상은 자신의 일상 혹은 경험과 맥이 닿아 있지 않기 때문에 어느 순간부터 확실한 망각의 상태로 변화하게 된다. 그리고 '당위'라는 인식은 여전히 지속되지만 점점 더 원자화되고 복잡해지는 현실 속에서 민족에 대한 당위적 인식을 유지하기는 매우 어렵다. 오늘날은 오히려 민족과 국가라는 거대한 본체보다는 개인과 집단 간의 작고 사소한 이익들이 일상 속에서 부딪치고 있다. 그럼에도 불구하고 통일에 대한 연구, 특히 사회 문화적 차원으로 접근하는 대부분의 연구는 이 민족적 동질감의 논의에 사로잡혀 있다.

그러나 1990년대 중반부터 통일 문화에 관한 연구는 1980년대까지의 낭만적 민족주의 관점에서 한 차원 다른 양상으로 변화하기 시작하였다. 예를 들면, 윤경태[5]는 1980년대까지 연구자들의 핵심 단어인 '통일 문화'를 '남북한의 문화적 이질화'라는 개념으로 대체하였다. 물론 그 또한 남과 북의 문화는 문화 형성 주체들이 '한민족'이라는 단일성에 근거하여 공동 기반을 확보하고 있다고 전제하지만, 우리가 처해 있는 상이한 정치 체제와 생활 양식으로 인하여 남과 북의 문화간 이질화가 초래되었다는 현실적 문제를 제기한다. 그러면서 그는 남북간에 이질화된 문화를 다시 하나로 합치기 위해서 어느 쪽이 전통 문화를 더 발전시키고 있느냐를 꼼꼼히 따져보아야 한다고 주장한다. 그에게는 전통 문화의 계승 여부가 민족의 정통성을 판가름하는 규준이 되기 때문이다.[6] 하지만 전통 문화가 어떻게 그 기준이 될 수 있는지에 대해서는 설명하지 않는다.

---

5) 윤경태, 「민족 문화 공동체 형성과 민족 통일」, 『통일 문화 연구』, 민족 통일 연구원, 1994.

6) 이광규, 「민족 복리 우선 원칙의 이론적 고찰」, 『한국의 통일 정책』, 나남출판사, 1993.

　많은 이들이 남북간의 문화적 이질성을 극복하는 축으로서 전통 문화의 계승을 말한다. 그것은 아마도 전통 문화를 분단 전에 공유했던 민족 문화의 원형으로 또는 잃어버린 동질성을 찾거나 회복할 수 있는 공통된 문화적 감수성으로서 이해하기 때문일 것이다. 이와 달리 별다른 대안 없이 남북간 이질화 문제의 심각성만을 충고하는 연구들도 많다. 그러한 연구들은 분단 세대의 이질화가 심각하며 그것이 민족적 염원인 평화적 통일에 장애 요인이 될 것이라고 강조하면서 이질화의 원인을 남북 사회 문화 체제의 근본적 차이로 지적한다.

　그렇다면 여기에서 남과 북의 사회 문화적 이질화를 논하는 사람들이 그 이질적인 측면과 양상을 정리하는 방식을 살펴보기로 하자. 그들은 남과 북을 대립항으로 놓고 추상적인 수준에서부터 차이를 정리한다. 이들은 우선 남과 북의 명칭을 '한국 사회/북한 사회'로 제시한다. 엄밀하게 말하면 '남한/북조선'이어야 할 것이고 그렇지 않다 해도 '남쪽/북쪽'이어야 적절한 것 같다. 그런데 그들은 자연스럽게 '한국/북한'으로 표기하고 있다. 그리고 '한국'은 자본주의 국가이고 '북한'은 공산주의 국가이다. '한국'과 '북한'의 국가·사회적 목표는 상이한데, '한국'은 자유롭고 풍요로운 복지 사회를 건설하는 것이 목표이고 '북한'의 국가적 목표는 김일성과 당에 대한 무한한 충성을 주민에게 강요하는 데 있다고 설명한다. 민족사적 정통성을 기준으로 할 때는, '한국'은 그것을 계승 또는 창조적으로 발전시켰지만 '북한'은 이를 사회주의적으로 '변형'하든가 아예 '말살'시켰다고 지적하고 있다. 그들에 의하면 '북한' 사회는 문화 민족주의의 이상을 전혀 찾아볼 수 없는 곳이다. '북한'은 하나의 커다란 '병영 사회'이며 인간의 '존엄성과 개성이 말살된' 사회로 제시된다.

　의도했든 의도하지 않았든 이러한 논의가 기대하는 효과는 무엇인가? 즉 자유주의 남쪽 사회는 인간의 개성과 존엄성을 보장하는 가운데 민족사적 정통성을 지켜온 곳이고, 북쪽 사회는 이를 철저히 왜곡, 변질시켰다는 주장이 결과하는 것은 문화적 이질화를 심화시켜온 문제의 주체가 북쪽 사회였으니 동질화되어야 할 대상은 마땅히 북쪽 주민이라는 결론일 것이다.

3. 문화적 '흡수 통일'의 패권성

이러한 연구들이 많은 사람들에게서 지극히 상식적인 것으로 또는 매우 정당한 해석으로 인식되고 있으나 그것에 문제점은 없는 것일까? 이 논의가 현재 생략하고 있거나 혹은 빠져들 수 있는 함정은 다음과 같이 네 가지로 나누어 볼 수 있다.

첫째, 이 논의가 전제하는 '문화'에 대한 이해가 매우 편협하다는 것이다. 문화적 이질화와 동질화를 논할 때, '문화'는 흔히 사람들의 총체적인 생활 양식으로 규정되기보다는 정치, 경제, 사회와 구별되는 한 차원 또는 독립적인 영역으로 다루어졌다. 물론 이 글에서도 문화를 전자처럼 광의로 규정하기보다는 하위 영역, 즉 협의의 고유한 영역으로 다루고자 한다. 그러나 사회의 제 차원 중에서 하나의 영역으로 문화를 인식하고 규정한다 해도 광의의 개념으로서의 문화, 즉 사람들이 살아가는 총체적 양식 또는 생활 양식의 총체라고 하는 이해를 전제할 때만이 비로소 협의의 문화 개념 또한 분명하게 규정될 수 있을 것이다.

그러나 대부분의 통일 문화 연구자들은 이러한 선이해를 생략해 왔다. 사물과 상태를 나타내는 데에 남과 북이 사용하는 표현이 얼마나 다른가 등의 언어상의 문제만을 꼬집어 비교하곤 한다. 사물과 상태를 어떠한 맥락에서 그렇게 달리 표현하게 되었는지를 설명하지 못하면 단순히 다르다는 사실만 인지하게 될 것이다. 이렇듯 다름에 대한 지나친 강조, 이질성에 대한 강조는 국민들에게 통일 후의 혼란에 대한 두려움을 자극하여 그들이 가진 통일의 의지를 불식시킬 수 있는 어떤 정치적 의도가 있다고 오해를 살 수 있다.

그렇다면 통일 문화에 관한 연구, 특히 문화의 다름을 분석하고 설명하는 연구가 지녀야 할 정치적인 목적은 무엇인가? 그것은 바로 다름을 인지하고 그 이유를 분석함으로써 서로의 다름을 이해하고 존중하도록 만드는 것이어야 한다. 그러므로 다름을 올바르게 이해하기 위해서는 사소한 것에서부터 그 배경이 되는 정치, 경제, 사회, 역사 등 다양하고 복합적인 차원들을 두루 망라하여 이해하려는 총체적인 노력이 필요하다.

둘째, 문화적 동질화 논의는 현재 남과 북이 가지고 있는 왜곡된 문화의 동질성을 파악하지 못한다. 앞서도 지적하였듯이 기존의 통일 문화에 관한 연구들은 남북의 이질화 현상에만 초점을 맞추고 그 심각성을 경고하는 데에 집중하였다. 그래서 동질성을 확대하면 문화 통합을 이루는 데에 크게 기여하리라고 보았다. 그러나 조혜정은 남과 북의 두 체제가 너무나도 동질적이라는 사실에 한편으론 놀랍고 한편으로는 매우 염려스럽다고 지적하고 있다.

솔직히 말해서 두 사회는 어쩌면 그렇게 정치 권력 중심적이고 권력 과시적인가? 어떻게 그렇게 '민족'과 '가족'만을 강조할까? 어떻게 그렇게 국민을 동원해 내는 것에, 그리고 국민을 도구화시키는 데 성공적이었으며, 어떻게 그렇게 빈번히 시민 사회의 뿌리를 잘라 버릴 수 있었을까? 남자들은 어떻게 그렇게 한결같이 자존심이 강하고 뻣뻣할까? 또 여자들은 어떻게 그렇게 한결같이 억척같으면서 남자들 체제에 봉사하느라 정신이 없을까?[77]

이러한 맥락에서 동질성이 많으면 통일이 쉽게 이루어지고 또 그 후에도 혼란이 줄어들 것이라고 보는 단순 낙관론은 지양되어야 한다. 그리고 무조건 동질성을 확대하고 심화시키자고 주장하기 전에 동질성의 내용부터 충분히 검토해야 할 것이다. 아니 통일 문화로서 공동으로 지향해야 할 가치를 새롭게 발굴하고 모색하는 작업이 더 필요할 것이다.

셋째, 통일 문화에 관한 연구에서 자주 언급되고 있는 '전통' 혹은 '전통문화'에 관한 문제이다. 남과 북의 상이한 체제로 인하여 이질화된 것을 동질적으로 만들 때 그 기준을 전통으로 보는 것이다. 여기서 말하는 전통이란 분단 이전부터 공유해온 '본디 존재하는 어떤 것', 즉 민족 문화의 원형을 뜻한다. 그러므로 이것은 시대가 변하여 분단된 기간 동안에도 계속 이어져 왔으며 또 통일 과정에서도 민족을 통합하는 가장 주요한 근거 또는 영향력으로 작용할 어떤 본질적인 요소로서 해석된다. 일례를 들면 주강현에게는 북쪽 사람들의 생활에서 엿보이는 전통적인 요소들이 일상복 등의 옷차림과 전승 민요 등이다.8) 이러한 전통적인 요소들이야말로 일제 식민의 잔재를 청산한 민족적 정통의 문화이며 그것을 회복하는 것이 남북 통합의 길인 것이다.

그러나 민족이 원래부터 존재하는 어떤 본질적인 단위가 아니라 근대적 산물이라고 본다면 민족 문화의 원형이라고 하는 것조차 어떤 본질적인 것이라기보다는 하나의 사회적인 산물로 보아야 하는 것이 타당하지 않을까. 또 분단 이후 남과 북의 주민들의 삶을 규정해온 상이한 배경과 맥락을 무시

---

7) 조혜정・김수행, 「반공・반제 규율사회의 문화・권력: 한 남한 지식인의 탈북 지식인을 향한 말걸기」, 『통일 연구』, 연세대 통일연구원, 1998, 81쪽.

8) 주강현, 「북한의 문화 — 전통성과 현대성의 문제」, 강만길 외, 『민족의 화해와 통일을 위하여』, 심지, 1997.

하거나 단순하게 취급하고서 단지 시간적으로 분단 이전에 공유했던 문화를 회복하는 것이 과연 오늘의 통합을 유리하게 이끌 수 있을 것인가?

문화는 단지 표상되는 그 자체만을 의미하는 것이 아니라 끊임없는 의사 소통의 내용이며 방법이다. 그리고 고정된 것이 아니라 의사 소통의 결과로서 유기적이고 역동적으로 변형되는 것이다. 실제로 세계화가 진행되면서 남쪽 사회의 문화 개방은 한층 가속화되고 있고 젊은 세대는 판소리나 전통 예술보다는 코카콜라와 할리우드 문화에 심취되어 있다. 더욱이 일본 문화의 개방은 남쪽 사회의 소비주의 문화를 더욱 부추길 것이라는 전망이 나오고 있다. 그렇다면 이러한 상황에서 전통 문화를 복원하고 그것으로 민족 공동체를 회복한다는 것이 얼마나 남북 통합에 유의미한지 우리는 질문해야 할 것이다. 따라서 ‘본디 존재하는 어떤 것’보다는 지금 현재에 소통되고 있는 문화를 통일 문화의 이상적인 상태로 재구성하려는 대안적인 노력이 필요하다.

다시 한번 강조하지만, 문화는 고정된 것이 아니라 시대와 역사를 살아가는 사람들과 함께 살아 숨쉬는 것이기 때문이다. 통일을 사람과 삶의 양식의 통합이라고 말하면서도 오늘을 살아가는 사람들의 관심과 욕구에 대하여 그리고 그것에서 빚어지는 갈등과 긴장을 포착하지 못하는 문화 연구는 그다지 바람직하게 보이지 않는다.

넷째, 문화적 동질화 논의는 동질성을 ‘선’ 또는 ‘정상적인 것’으로 이질성을 ‘악’ 또는 ‘비정상적인 것’으로 구분하는 이분법적 접근을 취하고 있다. 그러나 문화는 모두 상대적인 것이며 그 나름의 고유한 배경과 맥락을 가지고 있다는 점은 이미 주지의 사실이다. 흔히 문화 인류학자들이 주장하는 문화 상대주의가 그것이다. 어떤 한 문화가 보편적이고 절대적인 가치가 될 수 없으며 문화의 상대성과 다양성, 고유성과 특수성을 인정하지 않고 문명

과 야만, 현대와 미개 등 이분화시키는 접근 방식은 일종의 폭력에 다름이
아니다.

그렇다면 여기서 중요한 것은 동질성과 이질성의 문제가 아니라 그 질적
가치와 기준을 무엇으로 혹은 어느 쪽으로 보고 있느냐가 문제시된다. 즉
이질성이 정상적이지 못하므로 동질성을 회복하여 통일하자고 하는 주장은
어떤 정치적 가치와 기준을 갖고 있는가 하는 것이다. 어쩌면 이 문제는 문화
적 동질성 회복을 주장하는 이들에게 있어서도 전혀 의도하지 않은 결과일
수도 있겠다. 하지만 앞에서도 밝혔듯이 남쪽의 문화가 개성과 다양성을 존
중하는 반면 북쪽은 강제적인 획일성으로 통제되는 문화라고 한다면, 이미
문화적 동질화론을 주장하는 이들은 남쪽 문화의 질적 우수성에 손을 들어
주고 있는 것이 아닌가. 남쪽 문화가 북쪽 문화에 비해 우월하고 선진적이라
는 판단은 곧 통일 과정에서 혹은 통일된 후에 북쪽의 문화를 압도하고 개선
하는 책임을 남쪽의 문화에 부과한다는 것을 의미한다.

이것은 비단 통일 문화를 연구하는 관점에서만 문제되는 것이 아니다. 남
쪽 사회 전반에 걸쳐 지속적으로 생산·재생산되고 있는 일종의 터부 문화
(왕따 문화)와 그 맥을 같이 한다. 그와 관련하여 이미 많은 연구자들이 터부
문화의 폐쇄적이고 위계적인 속성에 대하여 그 폭력성을 지적해 왔다.

박유하는 "우리가 오랜 미덕으로 여겨온 '정(情)'이란 것도 실은 모르는 이
에겐 거의 발동되지 않는 폐쇄적 공동체 내부의 것에 불과하"다고 지적하고
있다. "왜 아는 사람에게는 온갖 정성을 다해 마음을 표시하는 일에 인색하
지 않으면서 '모르는' 이에게는 무관심할 뿐 아니라 적대적이기까지 한가?
'타자=침략자'로 간주하는 경직적 사고, 타자에 대한 뿌리 깊은 경계 의식이
거의 본능적이다."[9] 조형 또한 "차이를 차이로 인정하기보다는 차등으로 인
지함으로써 자기 위치를 확인하는 습성은 어디에서 온 것일까? 사람간의 평

등한 수평적 관계를 불편하게 여기고 반드시 위계 서열을 만들며 특히 자신을 맨 꼭대기에 올려놓아야 직성이 풀리는 전근대적이고 미성숙한 행태들"에 대하여 날카롭게 비판하고 있다.10)

　문화적 다양성을 북에 대한 남쪽 문화의 우월한 근거로 제시하면서도 실제 그 다양함의 폭이란 매우 좁고 제한적이다. 따라서 사회적으로 소수이고 열등하다고 '여기는' 것들에 대해서 끊임없이 주변화시키고 소외시키며 비정상적인 것으로 왜곡하는 주류 문화의 폭력성은 이미 도처에서 발견되고 있다. 이러한 연장선상에서 민족 동질화론은 민족이라는 이름으로 통일을 말하지만 민족 정통성을 내세워 사실은 남쪽만을 민족의 본류로 놓고 북쪽은 그의 아류쯤으로 치부하는 태도로서 비춰질 수 있다. 그렇다면 이미 민족 공동체를 설계하기에는 민족에 대한 실제적인 이해가 너무 편협한 것이 아닌가 생각된다. 이러한 맥락에서의 통일 문화 연구는 결국 북쪽에 대한 남쪽의 문화적 식민 정책, 동화 정책에 다름 아니라는 비판을 피할 수 없을 것으로 보인다.

　이렇듯 문화적 동질화론은 몇 가지의 문제점이 있음에도 불구하고 사회적으로 지극히 당연한 것으로서 받아들여지고 있다. 어쩌면 이러한 현상이 오히려 더 큰 문제일 수도 있다. 사실 문화적 동질화론이 전제하고 있는 남쪽의 문화적 패권주의는 통일 과정에서 가장 우려되는 일이기 때문이다. 정치와 경제의 제도적 차원에서 대등하게 협상하고 합의된다 해도 문화적 차원에서 지역적으로 차등화된다면 북쪽의 주민들은 합의된 제도에 대하여 변함없이 지지하고 승인하게 될 것인가? 만약 그렇지 않다면 어떤 혼란이 발생할 것인

---

9) 박유하, 「한국적 경계 의식의 기원」, 『문학과 사회』, 1998 가을, 1183-1184쪽.

10) 조형, 「통일로 가는 길, 더불어 사는 연습」, 『통일된 땅에서 더불어 사는 연습』, 1996, 38쪽.

가? 남북 통합의 사회 문화적 차원이 중요한 것은 바로 그 때문이다.

4. 공존의 문화를 여는 연습

우리는 그 동안 이루어져 온 문화적 동질화 논의가 어떤 위험성을 지니고 있는지에 대하여 충분히 살펴보았다. 물론 이 논의들을 비판하는 이유는 이러한 연구가 좀더 객관적이고 생산적인 대안들을 모색하고 창출하는 데에 기여하기를 바라기 때문이다.

그런 점에서 통일을 지향하는 연구자들은 남과 북 어느 한쪽에 시선을 고정시키지 말고 좀더 자유롭고 중립적이어야 할 것이다. 그러기 위해서는 남쪽을 '나' 또는 '우리'로 인식하고 북쪽을 '남' 또는 '그들'로 규정해 온 무의식적 혹은 의식적 사고로부터 해방되려는 노력이 필요하다. 통일 문화에 대한 연구가 통일을 지향하고 그것을 실현하는 데에 기여하기 위해서는 철저히 문화 상대주의적 입장을 견지해야 한다.

아울러 통일 문화라는 개념 속에 내재되어 있는 민족 또는 민족적인 관점 또한 대안적인 시각을 모색해야 할 필요가 있다. 이를테면, 헨리 임 Henry H. Em은 남북 통일을 말할 때 민족주의적 관점에서 탈민족주의적 시선으로 옮아갈 것을 권고한다. 그 이유는, "민족주의적 관점에서 남북 통일에 제기되는 문제는 어떻게 이질성을 극복하고 동질성을 회복할 것이냐는 문제이다. 그러나 탈민족주의적 관점에서 이질성은 '극복'할 문제가 아니다. 탈민족주의적 입장은 동화 정책이 아니라 우리가 차이 속에서 함께 살아갈 수 있는 길을 모색하고자" 하기 때문이다.[11]

이는 비단 남북 관계를 개선하고 통일을 이루는 것에만 요구되는 과제가 아니다. 이미 남쪽 사회에 존재하고 있는 수많은 다름, 때로는 갈등과 반목으로까지 치닫는 그 다름들을 이해하고 조정하며 존중하기 위한 좋은 수단이기도 하다. 다름의 원인이 무엇이고 다름을 어떻게 이해할 것인지에 대해 진지하게 성찰하고, 다름이 서로 만나 자유롭게 소통하고 조화로울 수 있는 사회 문화적 분위기를 형성해야 한다. 이것이 바로 우리가 제안하고자 하는 공존의 문화를 여는 연습이다. 더불어 사는 연습이야말로 우리를 더욱 안전한 통일 사회로 이끌어 줄 것이다.

---

11) Henry H. Em, "탈민족주의 역사학과 국학의 세계화", 안동대학교 제2차 국제학술회의, 1998.

찾아보기

통일을 준비하는 사람들

초판 발행 | 1999년 11월 3일
지은이 | 또 하나의 문화 통일 소모임
펴낸이 | 유승희
펴낸곳 | 도서출판 또 하나의 문화
편집장 | 안희옥   영업 | 고진숙   총무 | 손미경
120-180 서울 서대문구 창천동 53-57 우일빌딩 4층
전화 | (02) 324-7486   팩스 | (02) 323-2934
E-mail | tomoon@thrunet.com
홈페이지 | tomoon.com
등록번호 | 1987년 12월 29일 제 9-129호
ISBN | 89-85635-38-7   03330

* 책값은 뒷표지에 있습니다.
* 잘못된 책은 바꾸어 드립니다.